BARBIE
E O IMPÉRIO DA
MATTEL

Robin Gerber

BARBIE
E O IMPÉRIO DA
MATTEL

como a criadora da boneca
mais famosa do mundo revolucionou
a indústria de brinquedos

Tradução
Alda Lima

Rio de Janeiro, 2023

Copyright © 2009 by Robin Gerber.
Copyright da tradução © 2023 por Casa dos Livros Editora LTDA. Todos os direitos reservados.
Título original: *Barbie and Ruth: The Story of the World's Most Famous Doll and the Woman Who Created Her*

Todos os direitos desta publicação são reservados à Casa dos Livros Editora LTDA. Nenhuma parte desta obra pode ser apropriada e estocada em sistema de banco de dados ou processo similar, em qualquer forma ou meio, seja eletrônico, de fotocópia, gravação etc., sem a permissão do detentor do copyright.

Diretora editorial: *Raquel Cozer*
Gerente editorial: *Alice Mello*
Editora: *Lara Berruezo*
Editoras assistentes: *Anna Clara Gonçalves e Camila Carneiro*
Assistência editorial: *Yasmin Montebello*
Copidesque: *Thaís Carvas*
Revisão: *Pérola Gonçalves e Lui Navarro*
Capa: *Anderson Junqueira*
Diagramação: *Abreu's System*

A foto de Ruth Gerber é uma cortesia do Departamento de Coleções Especiais da Biblioteca Charles E. Young, da Universidade da Califórnia (UCL).
Los Angeles Times Photographic Archives, © Regents of the University of California, UCLA Library.

Dados Internacionais de Catalogação na Publicação (CIP)
(Câmara Brasileira do Livro, SP, Brasil)

Gerber, Robin
  Barbie e o império da Mattel : como a criadora da boneca mais famosa do mundo revolucionou a indústria de brinquedos / Robin Gerber ; tradução Alda Lima. – Rio de Janeiro : HarperCollins Brasil, 2023.

  Título original: Barbie and Ruth
  ISBN 978-65-5511-467-6

  1. Barbie (Boneca) 2. Bonequeiros – Estados Unidos – Autobiografia 3. Handler, Ruth 4. Mattel, Inc. I. Título.

22-132930   CDD-338.476887221092

Índices para catálogo sistemático:

1. Barbie : Boneca : Criação : Autobiografia 338.476887221092
Cibele Maria Dias – Bibliotecária – CRB-8/9427

Os pontos de vista desta obra são de responsabilidade de seu autor, não refletindo necessariamente a posição da HarperCollins Brasil, da HarperCollins Publishers ou de sua equipe editorial.

HarperCollins Brasil é uma marca licenciada à Casa dos Livros Editora LTDA.
Todos os direitos reservados à Casa dos Livros Editora LTDA.
Rua da Quitanda, 86, sala 218 – Centro
Rio de Janeiro, RJ – CEP 20091-005
Tel.: (21) 3175-1030
www.harpercollins.com.br

Para Ariel, Julia e Tasha

Sumário

Introdução 9

A boneca que ninguém queria 13
A décima filha 31
Um novo amor por cinco centavos 39
Ruth, Elliot e Matt 51
Uma mãe que trabalha fora 67
Uke-A-Doodles 77
Músicos e notas ácidas 85
Apostando tudo no Mickey Mouse 97
A mulher e a boneca 109
Disparando nos anos 1960 125
Brinquedos, dinheiro e poder 139
Hot Wheels e novos acordos 151
O câncer interno 169
A trama se desfaz 187
Quase eu 199
O preço da fraude 215
Serviço forçado 227
Ken e uma era de praga 235
Do jeito dela 247

Nota da autora 257
Agradecimentos 261
Bibliografia 263

Introdução

Na tarde de 11 de dezembro de 1978, uma mulher na casa dos sessenta anos de idade, com cabelos brancos como a neve e bem penteados, subiu os degraus do tribunal federal no centro de Los Angeles, acompanhada do marido. Pairando sobre o casal estava a torre de granito polido do prédio de dezessete andares, revestida de rosa-claro e terracota envidraçada, com porções inferiores maciças na frente. Como lugar de trabalho do governo e da lei, o complexo exibia uma geometria ordenada. Águias estilizadas planavam quinze metros acima das portas duplas de bronze de cada uma das cinco entradas quando Ruth e Elliot Handler chegaram.

Seguindo os advogados de Ruth, o casal entrou no cavernoso tribunal do juiz Robert Takasugi, no segundo andar. Elliot se sentou no auditório enquanto Ruth ocupou o lugar dela na defesa. O belo e jovem procurador adjunto dos Estados Unidos da América, John Vandevelde, da Procuradoria Especial, havia se acomodado na mesa da acusação quando o oficial de justiça pediu ordem no tribunal. A audiência de sentença de Ruth estava prestes a começar.

Ruth não foi a primeira ré celebridade a entrar neste tribunal de Los Angeles com uma expressão preocupada no rosto. Clark Gable e Charlie Chaplin enfrentaram casos de paternidade ali nos anos 1940. Bette Davis forçou a Warner Brothers a se defender em uma ação por quebra de contrato nos tribunais do segundo andar. Apenas alguns anos antes, o governo federal julgou Daniel Ellsberg, um analista militar da RAND Corporation, por vazar documentos do Pentágono. Mas nunca havia existido uma criminosa como Ruth.

Ela era a fundadora da Mattel, a maior companhia de brinquedos do mundo; criou a icônica Barbie, a boneca mais famosa do planeta, e ajudou a construir a indústria dos brinquedos moderna. Em uma época em que poucas mulheres tinham qualquer poder corporativo, ela estava no mais alto escalão. Ruth não chegou lá ao ser promovida ou por hereditariedade, mas sim por criar uma empresa que ela mesma controlava. Ela também permitira adulterações e fraudes nos registros contábeis da empresa, e seus protestos de inocência e recusa em assumir responsabilidade deixaram a acusação determinada a pressionar por uma sentença rigorosa.

Ruth estava sendo bem representada; mesmo assim, ficou sentada ali em um silêncio ansioso. Herbert "Jack" Miller, um poderoso advogado de Washington D.C., comandava a equipe de defesa. Durante quatro anos, ele trabalhara como assistente da Procuradoria-Geral na Divisão Criminal do Departamento de Justiça dos Estados Unidos, sob o comando do procurador-geral Robert Kennedy. Lá, ele ajudou a condenar o chefe do sindicato International Brotherhood of Teamsters [Irmandade Internacional dos Caminhoneiros], Jimmy Hoffa, e depois representou o Presidente Richard Nixon no caso Watergate. No dia do julgamento de Ruth, Miller, como sempre, usou o prendedor de gravata no formato de PT 109 dado a ele pelo presidente John F. Kennedy.

Dois meses antes, depois de fracassar nas diversas manobras legais para se livrar das acusações, Ruth alegara *nolo contendere*, ou "não vou contestar", nas acusações de fraude federal envolvendo a Mattel, Inc. Ela sabia que as acusações podiam colocá-la na cadeia, um destino que esperava evitar com seu apelo. O Departamento de Justiça, no entanto, tinha outros planos. Para eles, Ruth era uma criminosa, uma mulher que mentira e defraudara pessoas. Não importava se era amada por funcionários extremamente leais, ou se era a mulher que proporcionara incontáveis horas de diversão às crianças, tampouco que ela aliviara a dor e a vergonha de centenas de sobreviventes do câncer de mama com as próteses que fabricou após a própria mastectomia. Para a acusação, Ruth cometera um crime federal. E o crime era tudo que importava para eles e os acionistas que haviam perdido milhões de dólares.

Ruth observou ansiosamente o juiz Takasugi, esperando que o inescrutável jurista fosse tolerante. Diante dele, estava sentada uma esposa e avó, assolada pela doença, massacrada por anos de litígios, morrendo de medo de ser presa.

Como ela havia chegado em tal situação? Ruth e Elliot tinham celebrado o aniversário de quarenta anos de casamento no verão anterior. Como ela passara dos dias de esperança e promessa tantos anos antes para aquele momento de medo e desespero? Ruth vencera tantos desafios. Ela controlara seu destino, lutara por ele, jogara com ele, e sempre ganhara — até ali. Por mais que tentasse, ela não podia encontrar qualquer coisa em seu vasto arsenal de talentos, nem charme, inteligência ou coragem que pudesse ajudá-la.

O tribunal todo gelou, cheio de expectativa. O juiz Takasugi estava pronto para anunciar o destino de Ruth.

A boneca que ninguém queria

Meninas só querem ser adultas.
— Ruth Handler

Ruth Handler conseguia vender qualquer coisa. Em 1959, ela chegou em Nova York para a Feira de Brinquedos Nacional, confiante de que poderia vender uma nova boneca que havia criado. Ela estivera lutando contra pessimistas, no entanto, havia sete anos. Disseram a ela que a boneca era uma péssima ideia.

Como a vice-presidente executiva de 43 anos da Mattel, Inc., Ruth havia criado em 1944 uma companhia novata na indústria, que se tornara a terceira maior empresa de brinquedos da América. A Mattel, baseada em Hawthorne, Califórnia, nos arredores de Los Angeles, era um negócio de catorze milhões de dólares. Ruth, uma trabalhadora incansável de 1,55 metro de altura, sorriso fácil e temperamento mais fácil ainda, havia triplicado o tamanho do negócio desde o início da década. Com o marido Elliot como designer-chefe de brinquedos, ela superou e geriu sua empresa melhor que as principais rivais, Louis Marx and Company e Kenner Products, e seus rendimentos logo excederiam os delas.

Ruth se dirigiu para o hotel New Yorker, onde um salão havia sido transformado em local de exibição. O número de empresas que foram à feira levando diversos brinquedos para mostrar foi tão grande, que elas transbordaram para hotéis vizinhos ao salão principal. Camas, cadeiras e mesas foram todas removidas para dar espaço a elaboradas vitrines como a montada para a boneca de Ruth.

Naquela manhã, Ruth se vestiu para parecer elegante e exibir a cintura fina e os seios fartos. Andando inquieta pela sala, ela ajustava e examinava minuciosamente cada cena em escala de doze polegadas, sem dúvida pensando em tudo que estava em jogo. Ruth fizera uma enorme encomenda com seus fabricantes japoneses. Vinte mil de suas pequenas bonecas fashionistas eram fabricadas semanalmente, junto com quarenta mil peças de roupas diferentes que haviam sido criadas para caber na pequena e voluptuosa silhueta da boneca. Mas o custo de levar aquele estoque para as prateleiras das lojas não era a única coisa na cabeça de Ruth.

Ela também estava preocupada com a própria credibilidade. Era a fundadora da companhia, e os homens daquela indústria predominantemente masculina lhe davam crédito por seu brilhantismo como empreendedora. Mas Ruth jamais inventara ou desenhara um brinquedo. Além disso, era dona de um otimismo, às vezes até irracional, que fomentava líderes e permitia pouca tolerância para o fracasso. Mesmo que os designers tivessem dito a Ruth muitas vezes que lucrar com aquela boneca seria impossível, ela continuou insistindo na ideia.

Ruth acendeu um cigarro no final daquele que havia acabado de fumar. Ela ladrou ordens permeadas com palavrões e espanou grãos de poeira. Sua bravata escondia um motivo mais pessoal, um que justificava a boneca ser tão importante para ela. Considerava a boneca mais do que um objeto para se brincar. Ela estava determinada a fazer os compradores entenderem que o pequeno brinquedo de plástico tinha potencial para ocupar uma posição gigantesca na vida das meninas.

A Feira de Brinquedos cintilava com toda a propaganda e comoção, como uma junção de circo espetaculoso e show da Broadway. A extravagância era sobre inovação, design, um toque de genialidade, e empresas apostando em acertar o *zeitgeist* cultural. Fabricantes de brinquedos, determinados a hipnotizar os compradores de varejo, jorravam do principal espaço da convenção, o Toy Center, no número 200 da Quinta Avenida; um endereço lendário na história da fabricação de brinquedos. Construído logo após a virada do século XX, o prédio recebeu novos inquilinos quando a Primeira Guerra Mundial acabou e o centro da fabricação de brinquedos migrou da Alemanha para os Estados Unidos.

Grandes e exuberantes banners decoravam a entrada da feira. Adultos desfilavam fantasiados de personagens e, em cima de elaborados displays, brinquedos piscavam, giravam e encaravam os visitantes. Brincadeiras de criança mascaravam o negócio sério que era conseguir vender brinquedos. Em um dia atipicamente quente, quase sete mil compradores de varejo perambularam pelo número 200 da Quinta Avenida. Os novos itens apresentados na feira de 1959 incluíam uma máquina de refrigerantes de verdade, feita sob medida para crianças, um cavalo de madeira que andava, um carro operado a gás que chegava a 35 quilômetros por hora e um zoológico do dr. Seuss.

Desde 1903, as companhias de brinquedo chegavam à Feira de Brinquedos para exibir suas invenções e tentar atrair a atenção e o espaço nas prateleiras de compradores das lojas. A primeira feira fora perto das docas, para acomodar brinquedos importados da Europa. Naquele ano, brinquedos americanos incluíam o circo Humpty Dumpty, giz de cera Crayola, os trens Lionel e os ursinhos de pelúcia Teddy Bears, supostamente batizados em homenagem ao presidente que se recusara a matar um filhote de urso órfão.

Antes da feira começar, a mídia ignorara a boneca de Ruth. Com a era espacial dominando a imaginação dos americanos, o *New York Times* focou no foguete de plástico de dois andares da Mattel que, medindo 1,5 metro, conseguia subir sessenta metros. Jack Ryan, antigo engenheiro de projeto da Sparrow Mission da Marinha, foi seduzido de seu emprego na Raytheon Company para desenhar o míssil em miniatura. A Mattel tinha os atrativos das grandes empresas de aviação, com seu próprio departamento de pesquisa e desenvolvimento e vinte engenheiros com um grande orçamento para idealizar o próximo brinquedo da moda. Escolhidos pela criatividade única e uma competitividade feroz, eles eram chamados de "blue-sky group", e esperava-se que pensassem de dois a quatro anos à frente.

Um brinquedo como o foguete de plástico era enviado a uma equipe de dez engenheiros industriais, que planejavam a produção. "No caso de um item novo, passamos por até cem planilhas de custo até escolhermos um design", explicou Ruth a um repórter. Ela tinha plena confiança nos sistemas de gestão e produção que havia criado. As fábricas da Mattel eram mais mecanizadas e os custos mais refinados do que as de qualquer um dos concorrentes. Com a típica grandiosidade, Ruth contou ao *New York Times*: "Com nossos sistemas, poderíamos até criar aviões ou projéteis de verdade um dia". Em vez disso, alimentados pelo gênio de Elliot por invenções, Ruth vendia brinquedos para um mercado pós-guerra sedento por esse tipo de produto.

Ruth e Elliot haviam construído uma reputação por inventarem brinquedos inteligentes e de bom preço que lucravam com a cultura popular. Para evitar que suas ideias fossem roubadas, Ruth nunca mostrava os produtos antes da feira. Ela também usava designs difíceis de copiar e fáceis para a Mattel registrar. Em 1959, os showrooms da Mattel ocupavam uma boa parte do hotel no qual Ruth esperava pelos compradores. Centenas de companhias menores encurralavam compradores nos saguões e corredores, tentando convencê-los a ver um novo brinquedo, enquanto a Mattel agendava horários para suas apresentações roteirizadas e dramáticas. Compradores das maiores companhias chegavam a esconder seus crachás para evitar vendedores agressivos de empresas pequenas, mas iam atrás dos representantes da Mattel. Enquanto arrumava o grosso cabelo castanho, que ela enrolara para o alto de sua testa larga, Ruth mantinha o olhar atento à espera do homem que podia fazer toda a diferença.

Dos milhares de compradores inscritos na Feira de Brinquedos, ninguém era mais poderoso que Lou Kieso, da Sears, Roebuck and Company. Ele podia consagrar ou destruir um brinquedo no mercado. Um pedido de Lou significava garantir um espaço em prateleiras de todo o país e nas páginas do cobiçado catálogo de Natal da Sears. Kieso fizera bons negócios com a

Mattel no passado, e Ruth estava determinada a convencê-lo de que seu brinquedo predileto daquele ano pertencia às lojas da Sears.

Marca da nação em 1959, a Sears estava construindo grandes lojas nos subúrbios havia mais de uma década. Os americanos contavam com os cartões de crédito da Sears para comprar tudo, de roupas e brinquedos a utensílios domésticos e os contratos de serviço que vinham com eles. Algumas pessoas até moravam em casas da Sears, montadas a partir de kits que foram vendidos até 1940.

Na sala onde Ruth aguardava, as pesadas cortinas do hotel estavam fechadas, para que a iluminação pudesse ser ajustada de acordo com o destaque de cada display. O cenário mais dramático trazia uma escadaria branca curvada que parecia surgir do nada. Uma única boneca, de apenas 29,2 centímetros de altura, estava a dois degraus do topo. Ela usava um vestido de noiva branco, a ampla saia varrendo os degraus. Um véu pequenino e realista cobria o cabelo loiro e o rosto liso. Seus braços, que moviam na altura do ombro, carregavam um buquê de flores grande para suas proporções, e ela parecia estar na ponta dos pés, apesar de uma haste invisível espetada em cada pezinho manter a boneca ancorada. Ao redor da sala, outras 21 roupas, incluindo um vestido de verão listrado em estilo *Plantation Belle* com chapéu combinando, um maiô simples tomara que caia com estampa de zebra e pequenos óculos de sol, argolas douradas e sapatos *peep-toe*, eram exibidas em cenários temáticos, vestindo bonecas diferenciadas apenas pela cor dos cabelos. Haviam duas vezes mais bonecas de cabelo loiro do que de escuro.

Ruth passara anos convencendo seus designers, incluindo Elliot, de que existia um mercado para uma boneca de aparência adulta fabricada em massa. A ideia surgiu enquanto observava sua filha, Barbara, brincando com amigas no começo dos anos 1950. Ruth escutou muitas vezes em casa, que ficava na parte Beverlywood de Los Angeles, as meninas brincarem de faz-de-conta com bonecas de papel.

Existiam muitos brinquedos de papel no mercado no começo da década de 1950. Animais, bebês, crianças, famílias e personagens folclóricos eram populares. Porém, dentre todas as escolhas disponíveis, Ruth notou que as meninas focavam a atenção em um tipo: mulheres adultas.

Barbara e as amigas não brincavam com a popular boneca de papel Betsy McCall, encontrada na revista *McCall's*, nem com outras do tipo. Betsy, uma garota da idade delas, aparecia todo mês tocando piano, cuidando do jardim, assando um bolo ou fazendo outras atividades. Mas Barbara e as amigas eram atraídas para o tipo de boneca que frequentemente encontravam nas páginas de quadrinhos. A fim de atrair leitoras depois da Segunda Guerra Mundial, os editores de quadrinhos incluíam bonecas de papel em suas páginas. Eles até convidavam as leitoras a lhes mandar ideias de roupas. A leitora com as melhores ideias tinha o nome publicado junto com a sua criação. Muitas dessas bonecas de papel eram retratadas como modelos, uma carreira que dava um bom motivo para as garotas trocarem suas roupas.

A maneira com que as meninas seguravam as bonecas de cartolina como marionetes e inventavam conversas sobre uma vida adulta imaginária fascinou Ruth. Ela notou que elas se viam no papel que imaginavam para a boneca. Elas também estavam reproduzindo os assuntos dos adultos.

As bonecas de cartolina tinham a vantagem de um guarda-roupa variado de papel, mas as roupas eram presas com frustrantes e ineficazes abas e nunca ficavam perfeitas. As próprias bonecas eram cartazes unidimensionais, as mais básicas ferramentas para a imaginação.

Como a brincadeira seria mais rica se em vez de frágeis bonecas de papel elas tivessem uma verdadeira boneca adulta?, pensou Ruth. "Eu sabia que se conseguíssemos pegar este padrão de brincadeira e dar a ele três dimensões, teríamos algo muito especial", contou ela em uma entrevista anos depois. Ela imaginou uma mulher em miniatura feita de plástico moldado com roupas realistas, talvez um pouco de maquiagem e unhas pintadas.

Haviam bonecas fashionistas na época: Dollikin, Little Miss Ginger, Sindy, Miss Revlon, entre outras; apesar de algumas serem rotuladas como "adolescentes", elas pareciam bebês maquiadas e penteadas. Apesar de terem roupas adultas que podiam ser trocadas, seus corpos eram infantis ou pubescentes e variavam de tamanho. "Elas eram feias e desajeitadas, e tinham corpos de criança para situações adultas. Simplesmente não combinava", lembrou Ruth. Ela imaginava uma versão mais sofisticada daquelas bonecas, mais mulher e realista do que qualquer uma já disponível. Ela queria uma boneca como a personagem das tirinhas do *King Features Syndicate*, Tillie the Toiler, e seu parceiro adolescente do *Chicago Tribune Syndicate*, Harold Teen, que faziam sucesso na época. Tillie trabalhava em uma estilosa empresa de moda feminina presidida pelo magnata da moda J. Simpkins. Ela era secretária, fazia fotos como modelo e até se alistou no exército durante a Segunda Guerra Mundial. Tudo isso impecavelmente vestida.

Os fabricantes de bonecas fashionistas não tinham a sensibilidade às sutilezas necessárias para dar ao brinquedo o tipo de valor imaginativo que Ruth previa. As bonecas deles tinham rosto de bebê, pescoço curto, barriga redonda, peito achatado, e pernas retas; pareciam cômicas usando figurinos de noiva ou de baile. Ruth acreditava que as adolescentes não podiam brincar como adolescentes com bonecas tão infantilizadas.

Bonecas fashionistas eram uma inovação dos anos 1950 após a onipresente boneca bebê. Plásticos recentemente criados, e depois vinil, tornaram possível a fabricação de bonecas menores e mais detalhadas. Mas os compradores de varejo se agarraram ao convencional bom senso da época. Naquela era pós-guerra, garotinhas eram encorajadas a ter o casamento e a maternidade como suas mais elevadas aspirações. Como resultado, bonecas bebê ainda dominavam o mercado. As companhias de brinquedo e seus designers, em sua maioria homens, seguiam o exemplo.

Ruth e Elliot estavam considerando entrar no negócio de bonecas, mas queriam encontrar uma porta diferenciada. "Jamais entramos em nenhum negócio da mesma maneira que outras pessoas. Jamais copiamos os outros, jamais", lembrou Ruth. Mas quando ela contou sobre sua ideia de uma boneca adulta para Elliot, o marido hesitou: "Ruth, nenhuma mãe vai comprar uma boneca com seios para a filha", advertiu, apesar do habitual apoio às ideias da esposa. "Ela ficou devastada com a reação dele", contou Fern Field, amiga de Ruth. O restante da equipe, formada por homens, concordou com Elliot. Eles se sentiam confortáveis com armas de brinquedo e foguetes, instrumentos musicais e brinquedos *pop-up*, mas a boneca que Ruth descrevera desafiava a imaginação. Eles alegaram que as mães ficariam horrorizadas com uma boneca de aparência sexualizada. A boneca que Ruth havia idealizado tinha muitas curvas. Os pais iriam se opor. Garotos e garotas não apenas brincavam com brinquedos diferentes; eles cresciam para virarem homens e mulheres que criavam brinquedos diferentes.

Além disso, eles garantiram a Ruth que uma pequena boneca de plástico com os detalhes que ela desejava não podia ser feita. E mesmo que conseguissem produzir, seria cara demais para vender. Ruth queria roupas realistas, com zíperes, pregas e bainhas. Ela queria delineador e blush no pequeno rosto, e esmalte colorido nos dedos. Os custos para criar os moldes e maquinário, sem mencionar os salários pós-guerra, faziam da visão de Ruth um experimento muito caro. "Por que ela não se concentra apenas no gerenciamento e no marketing?", balbuciavam os designers.

Mas nada fomentava mais a vontade de Ruth do que lhe dizerem que uma coisa não podia ser feita. Ela insistiu, e o impasse se arrastou enquanto Barbara entrou na adolescência ainda brincando com bonecas de papel. Então, em 1956, durante férias da família Handler na Europa, Ruth encontrou exatamente o que precisava para fazer os designers mudarem de ideia.

Os Handler haviam planejado uma grande viagem de seis semanas pela Europa, que iria de meados de julho a início de setembro. Com os dois filhos, eles embarcaram no navio *Queen Mary*, em Nova York, rumo à Inglaterra, onde passaram uma semana em Londres, e depois foram para Paris. De lá, um carro particular os levou, passando pelos Alpes até o Grand Hotel National, com vista para o lago em Lucerna, na Suíça. No primeiro dia, eles pegaram a ferrovia até o topo do Monte Pilatos e depois fizeram o Grand Tour, vendo o lugar no qual os rios Reno e Ródano descem por geleiras. Antes de partirem para Veneza, os Handler tiveram um dia livre em Lucerna para fazer compras e passear pela perfeita cidade suíça. Caminhando pelas ruas de pedras, eles encontraram uma loja de brinquedos, provavelmente a Franz Carl Weber, batizada assim em homenagem ao famoso fabricante de brinquedos. Ken, o filho do casal, na época com doze anos de idade, queria entrar logo, mas Ruth e Barbara, com quinze anos, pararam do lado de fora, hipnotizadas por uma vitrine. Bonecas de madeira estavam penduradas ao lado de uma boneca de plástico. Aquela boneca chamava-se Lilli.

As bonecas Lilli eram alongadas, caricatas e usavam lindíssimas roupas. Uma delas vestia um traje completo de esqui; a outra tinha um figurino tipicamente europeu. Mãe e filha nunca tinham visto bonecas como aquela, e Ruth se ofereceu para comprar uma para Barbara enfeitar o quarto, pois ela já havia passado da idade de brincar de boneca. Barbara ficou maravilhada, mas foi difícil escolher uma entre as bonecas e suas roupas diferentes. Ruth queria comprar as roupas separadamente, mas lhe explicaram que não era possível. Se um cliente quisesse uma roupa diferente, precisava comprar junto a boneca que a vestia.

Um tempo depois, na mesma viagem, já em Viena, Ruth e Barbara viram mais bonecas Lilli em uma lojinha local, embaladas em caixas de plástico transparente, com roupas diferentes que Barbara amou. Ruth tinha certeza de que os fabricantes da Lilli haviam errado ao não oferecer roupas individualmente. Ela comprou várias bonecas para levar de volta para a Mattel, além de mais uma para Barbara.

As bonecas Lilli de plástico tinham pouco menos de trinta centímetros de altura, todas com o mesmo rosto de uma mulher adulta, sobrancelhas finas subindo em um agudo V, olhos para o lado e lábios vermelhos em um biquinho provocante. Tinham pernas compridas e torneadas, seios fartos e cinturinha de pilão.

"Bild-Lilli", como essas bonecas eram chamadas, a princípio não eram brinquedos para crianças na Europa. Ela foi criada para ser um brinquedo erótico. Lilli nasceu em um quadrinho cheio de diálogos sugestivos de um jornal de fofocas vulgar chamado *Bild-Zeitung*, e perseguia homens ricos fazendo poses provocantes em roupas reveladoras. Em um quadrinho, enquanto segura um jornal na frente do corpo nu, Lilli confessa a uma amiga: "Tivemos uma briga e ele pegou de volta todos os presentes que já me deu". Ela era ingênua e esperta ao mesmo tempo, com os cabelos presos para trás em um rabo de cavalo apertado e um grande cacho descendo pela testa.

Lilli nascera apenas quatro anos antes da viagem de Ruth à Europa, quando Reinhard Beuthien, cartunista responsável por sua criação, se juntou ao designer Max Weissbrodt. Os dois viram o potencial em tirar a personagem das páginas e transformá-la em um lascivo brinquedo tridimensional. Weissbrodt trabalhava para a companhia O&M Hausser, com sede em Hamburgo, famosa desde 1904 por seus bonecos moldados de Elastolin, e nos anos 1950 pelo trabalho inovador com plástico moldável. Lilli, com suas longas pernas terminando em um sapato preto, estava a um salto alto de distância de ser uma prostituta, o que em Hamburgo era uma profissão licenciada e liberada pelo governo.

As bonecas Lilli podiam ser compradas em tabacarias, bares e lojas de brinquedos adultos. Homens ganhavam de presente em festas de despedida de solteiro, colocavam-nas nos painéis dos carros, penduravam-nas do espelho retrovisor, ou as davam para namoradas como uma lembrança sugestiva. Lilli também era uma ferramenta de marketing para o jornal *Bild*. Com o tempo, a boneca inusitada, com seu guarda-roupa e acessórios, se tornou um brinquedo para crianças também. Mas Ruth não sabia qualquer coisa sobre o passado de Lilli, tampouco se importava. Ela finalmente tinha o modelo para uma boneca que sabia que seria um sucesso. De volta à Califórnia, bonecas nas mãos, ela foi ao trabalho.

Jack Ryan, diretor da equipe de pesquisa e desenvolvimento da Mattel, estava prestes a ir ao Japão para cuidar de um projeto. Ruth colocou uma boneca Lilli na mala dele. "Enquanto estiver lá, veja se acha alguém que possa fazer uma deste tamanho. Vamos esculpir nosso próprio rosto e corpo e desenhar uma linha de roupas, mas veja se consegue encontrar um fabricante", pediu ela.

Em uma rara admissão de vulnerabilidade, Ruth depois admitiu que a boneca poderia ter sido feita nos Estados Unidos "se tivéssemos tido a vontade e a motivação, mas não tínhamos alguém assim naquela época, nem eu estava tão segura". Ela queria suavizar o plástico duro da boneca alemã, mas plásticos mais macios eram uma inovação recente e não existiam muitos fornecedores. Também havia o problema de moldar um material tão novo até alcançar os detalhes que Ruth idealizava para o rosto e o corpo da boneca. E encontrar pessoas para produzi-la em larga escala, com aquelas roupas pequenas e realistas, a preços que mantivessem o brinquedo acessível, era desencorajador. Ruth acreditava que Ryan encontraria um fabricante no Japão, país conhecido pelas habilidades e de seus trabalhadores em relação a produtos mais detalhados. Mas Ryan também encontraria problemas no país. Os designers da Mattel estavam certos quanto à dificuldade para produzir a boneca que Ruth queria.

Quando Jack Ryan e Frank Nakamura, um jovem designer de produto que Ryan levou com ele ao Japão, mostraram Lilli aos fabricantes japoneses, eles reagiram com aversão. "Eles acharam que ela parece meio má — com aquelas sobrancelhas finas e usando sombra nos olhos", explicou Nakamura, que falava japonês. Finalmente, Ryan encontrou Kokusai Boeki, uma pequena empresa que distribuía brinquedos e outros produtos no país. O equipamento de rotomoldagem deles, usado para fazer bonecas a baixo custo, era muito simples, e eles estavam acostumados a trabalhar com plástico duro. Eles derretiam material polímero granulado duro que formava o plástico até virar um líquido, e o espremiam em um molde, enchendo suas cavidades. O plástico era então resfriado até a dureza original, encolhendo durante o processo, e assim sendo facilmente retirado da forma. Mas o vinil mais macio nem sempre enche as pequenas reentrâncias durante um processo de molde. Se a Mattel queria que a Kokusai Boeki fizesse a estranha boneca, os japoneses explicaram a Ryan e Nakamura, teriam que descobrir um material e método de molde melhores.

De volta aos Estados Unidos, Ruth começou a procura por plásticos, e logo descobriu uma forma maleável de policloreto de vinila, ou PVC. Em 1926, Waldo Semon, um químico orgânico da B. F. Goodrich, estava tentando juntar borracha e metal. Ao experimentar o policloreto de vinila, ele descobriu que podia transformá-lo no plástico gelatinoso que hoje conhecemos como vinil. Ele testou o novo material fazendo bolas de golfe e saltos para sapatos. Depois, Semon descobriu que o vinil era barato, durável, resistente ao fogo e facilmente moldável, mas foi só no final dos anos 1930 que este PVC plastificado foi comercializado para tubulações e vedações. A Segunda Guerra Mundial impulsionou a indústria por meio de fábricas de PVC fundadas pelas Forças Armadas para a produção do arame coberto por vinil usado nos navios militares norte-americanos. No final da guerra, a

B. F. Goodrich dominava o mercado, fabricando mais de cinco milhões de quilos de PVC por ano. O policloreto de vinila era usado para tudo, desde canos a bolas de praia, brinquedos de apertar, aspiradores nasais, garrafas macias, almofadas cheias de ar, e estofados de sofás.

Apesar de todas as vantagens, entretanto, o novo vinil ainda demandava um método de molde especial, chamado "rotomoldagem", para atingir os ricos detalhes da boneca que Ruth queria. Essa técnica exigia a constante rotação do molde de metal oco sobre uma chama, e o processo era lento e inconsistente. Mas, no começo da década de 1950, Goodrich descobriu uma forma de PVC em pó que funcionava particularmente bem em rotomoldagem, e o processo em si foi revolucionado por um novo tipo de forno. Com mais controle sobre o aquecimento, o tipo especial de pó plástico podia entrar nos pequenos canais do molde conforme ele girava durante os processos de aquecimento e resfriamento.

Entretanto, mesmo que o processo fosse mais rápido e produzisse resultados mais previsíveis, os avanços eram tão novos que nem os criadores de bonecas japoneses nem Seymour Adler, diretor de produção e engenharia que a Mattel enviou dos Estados Unidos para ajudar, jamais haviam o experimentado. "Eles basicamente tiveram que descobrir", explicou um designer da Mattel. "Precisaram criar o processo de fabricação e trabalhar perfeitamente com os japoneses para conseguir. Tiveram problemas para entender o molde. Quando tiravam a mão, os dedos da boneca quebravam… haviam bolhas no nariz." Adler chegou no Japão portando os mais modernos periódicos da indústria do plástico, mas ele e os colegas japoneses tiveram de criar o processo conforme trabalhavam.

Enquanto a equipe japonesa lutava para aperfeiçoar o processo de moldar, fundições simples dos moldes galvânicos eram enviadas de volta à Mattel para aprovação. A boneca se assemelhava muito a uma prostituta para o gosto da empresa, de modo que passou por uma transformação. Para criar o novo rosto, a Mattel contratou Bud Westmore, que era maquiador desde os anos 1930 e trabalhara em diversos filmes, assim como no programa de TV *Alfred Hitchcock Apresenta*. O bico de viúva de Lilli curvava-se como o topo de um coração, acentuando sua grande testa. O contorno da testa foi então alterado para parecer mais convencional. Designers relaxaram o biquinho exagerado de Lilli, apesar de seus lábios terem permanecido pintados de vermelho-vivo. As sobrancelhas arqueadas desceram para uma linha mais reta, e seu rosto tornou-se menos pontudo, enquanto os cabelos foram inseridos por raízes para serem penteados e arrumados. As mudanças foram sutis, mas Ruth as quis mesmo assim. No final, era complexo diferenciar Lilli da nova irmã, exceto para a criadora da nova boneca.

Cada mudança no molde exigia pelo menos seis amostras. Barreiras culturais e de linguagem levavam à erros. Os japoneses não entendiam o gosto nem os padrões de qualidade americanos, e a fábrica era basicamente rudimentar. A Mattel achou que a primeira leva das bonecas tinha olhos muito puxados. E, depois, os seios foram feitos com mamilos, apesar dos repetidos pedidos por parte de Jack Ryan para que fossem lisos. Finalmente, ele desistiu de usar as palavras e pegou uma boneca. "Peguei meu refinado canivete suíço e lixei delicadamente os mamilos da boneca", contou Ryan.

Ruth tratava sua criação como a uma filha, batizando-a no começo do processo de inspiração no design como a filha, Barbara. Ela queria usar o apelido de sua primogênita, Babs, mas aquele nome estava protegido por direitos autorais, assim como "Barbara". Mas "Barbie" estava disponível, então ela o garantiu. Consumida pela fabricação da boneca, Ruth às vezes chamava a filha de Barbie, um engano do qual a adolescente não gostava nada.

Conforme a fabricação da Barbie prosseguia, Elliot fez uma viagem ao Japão para verificar o progresso da boneca e começar a produção dos móveis da casa de boneca que ele desenhara. Ruth amou a mobília, que era moderna e feita de madeira. Ela viu a possibilidade de usar a ideia de Elliot como um acessório para sua nova criação, mas o marido precisaria adequar o tamanho dos móveis. Conforme Ruth explicou depois, no entanto, quando tentou conversar com ele a respeito disso, a resistência de Elliot em relação a Barbie veio à tona. Ele insistiu que os móveis eram "uma coisa totalmente diferente", apesar de não poder explicar por quê. Ruth sentiu que eles não estavam se comunicando, e tinha certeza de que Elliot estava cometendo um erro. Ela sentia que ele estava aceitando a ideia da boneca, mas que não acreditava de verdade nela. Frente aos muitos problemas de produção e marketing que Barbie criara, Ruth desistiu de tentar convencê-lo.

Mas Ruth conseguiu um guarda-roupa de luxo para sua Barbie. Ela começara a reunir ideias entrando em contato com Obletter Spielwaren, o vendedor de brinquedos alemães, em novembro, e encomendou mais bonecas Lilli. Apesar de as roupas de Lilli não poderem ser compradas separadamente em lojas, Ruth convenceu o fabricante a enviá-la roupas individuais. Ela pediu seis bonecas em roupas diferentes, incluindo um vestido azul claro e uma fantasia de carnaval. Ela também escolheu mais nove roupas, incluindo um vestido de noite azul, uma blusa feminina e um vestido *dirndl*, com um avental curto e corpete. No mês seguinte, ela encomendou mais doze bonecas Lilli das lojas Franz Carl Weber.

Armada com sua coleção de modelos de bonecas e roupas Lilli, Ruth procurou um estilista. Elliot sugeriu ligar para a Escola de Artes Chouinard de Los Angeles. Lá, eles descobriram Charlotte Buettenback Johnson, uma estilista norte-americana que trabalhava na indústria de roupas de Nova York desde os dezessete anos. Divorciada e sem filhos, Johnson mudara-se para a Califórnia, onde tinha um negócio em que desenhava e costurava roupas infantis. Ela também dava aula de desenho de moda na Chounaird. Ruth convidou-a para ser a estilista pessoal de uma nova boneca, contando-lhe: "Quero roupas americanas, pensando em brincadeiras com situações pelas quais adolescentes passariam. Quero vestidos para formatura, vestidos de noiva e vestidos para o trabalho. Quero que ela possa se arrumar, quero calças". Roupas que poderiam ser trocadas seriam a chave para aumentar o valor lúdico da boneca, decidiu Ruth. As roupas também tinham potencial de se tornarem a parte mais lucrativa do novo projeto.

Johnson influenciou cada parte do processo de design, e algumas pessoas afirmavam que a versão final da boneca tinha o mesmo formato de cabeça e cabelos da escultural estilista. A princípio, Ruth levava bonecas ao apartamento de Johnson uma ou duas noites por semana, e juntas elas decidiam as roupas. Johnson encontrou uma mulher japonesa em seu bairro para costurar as pequeninas amostras. Mas, conforme a linha se desenvolveu, a equipe de produção de Ruth lhe explicou que todos os zíperes, colchetes, botões, pregas e bainhas deixavam as roupas detalhadas demais para serem produzidas com um bom custo-benefício nos Estados Unidos.

A estilista pediu demissão de seu emprego e passou os dois anos seguintes no Japão, trabalhando com fornecedores locais para criar um guarda-roupa apropriado para uma mulher adulta ou adolescente, de acordo com o que Ruth sentia que as meninas desejavam. Ela pesquisou tecidos com o peso certo e estampas pequenas o bastante para as proporções de roupas que planejava, todas feitas com pequenos colchetes, botões medindo menos de três milímetros de diâmetro e zíperes em miniatura.

Nascida um ano depois de Ruth e criada em Omaha, Johnson era tenaz. Ela também tinha opiniões fortes a respeito de moda e design, o que era ótimo para seu novo trabalho. Em Tóquio, morando no hotel Imperial, projetado por Frank Lloyd Wright, ela fez exigências incansáveis para o designer japonês e as costureiras com quem se encontrava seis dias na semana. Ela convenceu comerciantes de tecido a fazerem panos segundo suas especificações em remessas pequenas, e consequentemente mais caras. Ela insistiu em tricô pastel para as roupas de baixo. Seus primeiros desenhos incluem dois sutiãs sem alça, uma combinação, uma anágua florida e uma cinta. Nenhum detalhe lhe escapava.

Ruth enfatizou que os detalhes eram a chave para fazer desta boneca única e comerciável. Ela acreditava que mães e filhas apreciariam o cuidado que havia sido dado às roupas. Anos depois, Ruth disse que os concorrentes nunca conseguiram copiar a Barbie com sucesso porque não criaram o produto de qualidade no qual ela tanto insistira.

A montagem da Barbie foi feita por funcionários japoneses que trabalhavam ou em fábricas, ou de casa. Parte do que tornou a boneca possível de ser feita no Japão era o baixo custo da mão de obra no país, combinado à diligência e cuidado de seus profissionais. Grande parte do guarda-roupa da boneca foi costurado por *homework people*, chamados assim por seus lares serem também ambientes de trabalho. Como os trabalhadores imigrantes do começo do século nos Estados Unidos, eles exerciam seus ofícios com rapidez e eram pagos por peça produzida. O especialista em eficácia da Mattel, Joe Cannizzaro, ficou maravilhado com a paciência e a limpeza daquelas costureiras. "Nunca vi nenhum vestido — nem mesmo vestidos de noiva brancos — chegarem sujos, apesar de estarem em suas casas e nos chãos de tatame. Tudo vinha impecável... Eram entregues de bicicleta e caminhão. Eram manuseados quatro, cinco, seis vezes. E nunca chegavam sujos." Para a Mattel, estes diligentes trabalhadores de baixo custo valiam a taxa de importação de trinta e cinco por cento.

Os operários da fábrica que montavam a boneca vinham das áreas rurais do Japão, dispostos a trabalhar por salários baixos até a época das colheitas. Eles moravam em dormitórios da empresa e comiam em seus refeitórios. Em agosto pediam demissão em massa para cultivar arroz. Eles costuravam à máquina os fios loiros ou castanhos de plástico Saran na cabeça das bonecas e os penteavam em rabos de cavalo altos e franjas cacheadas. Um molde para pintura cobria o rosto da boneca para que seus lábios carnudos pudessem ser coloridos, assim como os olhos mirando para o lado e íris branca como a neve. Braços e pernas reformuladas por Jack Ryan eram inseridas em suas cavidades e, como Charlotte Johnson planejara tão meticulosamente, as roupas eram fáceis de vestir.

Usando sua primeira roupa, um maiô de zebra, a nova boneca parecia implorar pelo resto de um guarda-roupa. Para isso, Johnson trabalhou com Ruth para criar as roupas com as quais as garotas dos Estados Unidos dos anos 1950 sonhavam. Além do vestido de noiva que estaria na apresentação dramática da Feira de Brinquedos, a boneca tinha modelos para assistir a uma partida de futebol, jogar tênis e fazer ballet. Havia também um *négligé* de mangas bufantes e um vestido de gala com uma estola de pele falsa branquíssima. O programa de televisão Donna Reed havia estreado no outono anterior. A boneca nova de Ruth alimentaria as fantasias das garotas que se imaginavam, como Reed, mães e esposas felizes no casamento.

Ruth demorou três anos para preparar Barbie para ser comercializada, e depois disso mergulhou no marketing da boneca. "Ficamos tão entusiasmados pelo ânimo de Ruth, que começamos a acreditar também", contou um dos representantes de vendas que estava na Feira de Brinquedos de 1959.

"A boneca era radicalmente diferente, mas a lógica de Ruth fazia sentido para nós. Achamos que crianças que gostavam de bonecas de papel gostariam daquele produto." A Mattel chamou a boneca de Barbie Modelo de Moda Adolescente, tentando aplacar sua sexualidade e invocar, para os pais, a ideia de que muitas garotas gostariam de ser tratadas como uma modelo. Mas nenhuma quantidade de redatores publicitários conseguiria disfarçar as proporções da Barbie, calculadas como tendo 99 centímetros de busto, 53 de cintura, e 83 de quadril em uma mulher adulta.

Além disso, as bonecas fashionistas que Ruth odiava haviam saturado o mercado. As lojas estavam lotadas delas e de suas roupas, e não conseguiam vender os estoques, por isso se mostravam resistentes a trazer mais bonecas para as prateleiras. Quando estivessem inclinadas a comprar, provavelmente não iam querer uma boneca que acreditavam poder horrorizar as mães com seus seios e apelo sexual.

Mas parada ali, no showroom da Barbie, na Feira de Brinquedos, Ruth exalava a confiança de sempre. "Um dos meus pontos fortes é ter coragem em minhas convicções e garra de me posicionar", disse Ruth a um entrevistador. "Posso ser muito persuasiva em fazer os outros enxergarem a luz." Mas sua audácia começou a se esvair quando comprador após comprador fazia um tour pela sala e saía sem fazer nenhum pedido. "Quase todos odiaram a boneca", lembrou um representante de vendas da Mattel. "Os compradores homens achavam que havíamos ficado loucos por causa daqueles seios, além do fato de que aquele negócio era dominado pelos homens." Quando Lou Kieso, o comprador da Sears, entrou na sala enfumaçada, Ruth não tinha ideia alguma do que esperar.

Ela abriu o sorriso mais cativante para Kieso, apertando a mão dele e olhando-o diretamente nos olhos. Ao mostrar a o showroom, ela enfatizou a profissional pesquisa de mercado que a Mattel fizera para a boneca e os comerciais de TV que estavam planejando. Kieso não se impressionou. Ele se recusou a levar uma amostra da boneca de volta para a sede da Sears em Chicago e saiu sem fazer um único pedido, assim como metade dos compradores que passaram pelo estande da Barbie.

Ruth percebeu que as projeções de sua produção eram um desastre. Foram encomendadas vinte mil bonecas por semana durante os próximos seis meses, o que parecia razoável devido à distância das fábricas japonesas. Ela também planejara vender três ou quatro roupas por boneca. Ruth queria evitar atrasos de estoque, mas agora se via frente a depósitos cheios de produtos não vendidos. Em pânico, ela mandou um telegrama ao Japão para que cortassem a produção em quarenta por cento.

Naquela noite, em seu quarto no New Yorker, Ruth irrompeu em lágrimas. "Ela ficou muito chateada", lembra Elliot. "Eu não achei que seria um sucesso, mas ela sim. Era o sonho dela. Ela dedicou tanto esforço em realizar aquilo. Ruth não chorava com frequência, mas chorou porque tinha aquele coração", explicou ele, apontando para o próprio peito. "A boneca era como uma obra de arte para ela, e continha um pedaço de seu coração."

Apenas Elliot poderia ter compreendido o quanto de si mesma Ruth havia colocado na boneca Barbie. Por mais que ele não tivesse acreditado em Barbie como um brinquedo comerciável, entendia por que a esposa a havia criado. Ruth afirmara repetidas vezes aos que duvidavam de sua ideia, com forte confiança, que meninas só querem ser adultas. Ela sentia-se certa, apaixonada e inabalável, porque não estava falando de qualquer menininha. Ruth estava falando de uma menina em particular, a que, antes de se casar com Elliot, era conhecida como Ruthie Mosko.

A décima filha

Eu idolatrava minha irmã.

Jacob Moskowicz, pai de Ruth, era um homem corpulento de 1,80 metro de altura. Em 1907, ele desembarcou do navio que o trouxe pelo Atlântico de Varsóvia, Polônia. Passando pela imigração em Ellis Island, mandaram que seguisse para Denver, Colorado, onde suas habilidades como ferreiro poderiam ser aproveitadas na florescente Union Pacific Railroad. Jacob não gostou do que viu na cidade de Nova York, então rumou para o oeste.

Ele deixou uma comunidade judaica em Varsóvia que só era menor do que a de Manhattan. Os judeus de Varsóvia eram atormentados pelos caprichos antissemitas de seus supervisores russos, e Jacob havia se tornado um alvo para recrutamento do exército russo, onde o número de soldados judeus superava de longe a proporção entre a população geral.

Nicholas I começara o recrutamento de judeus em 1827, em um esquema para forçar a assimilação e erradicar o judaísmo, uma campanha aumentada no século seguinte por ataques cruéis às comunidades judaicas. Regulamentos antissemitas do exército tornaram a vida dos judeus, já forçados a prestar serviço e geralmente pobres, cada vez mais dura. Jacob fugiu de sua unidade no exército a caminho da Turquia, e conseguiu embarcar para a América.

Jacob deixara uma família em Varsóvia e uma montanha de dívidas de jogo que não conseguia pagar. Enquanto atravessava o Atlântico, seus pensamentos e preocupações sem dúvida eram tanto por sua esposa, Ida, e as sete crianças que ficaram para trás, quanto pelo que o esperava nos Estados Unidos. Será que os filhos mais velhos, Sarah, de doze anos, e Reuben, de onze, ajudariam a mãe a cuidar dos mais novos, Lillian, Louis, Doris e, especialmente, os bebês Max e Joseph? E quanto tempo ele levaria para conseguir trazê-los para os Estados Unidos?

Jacob viajou para o oeste usando um novo nome, provavelmente dado a ele na imigração, apesar de alguns familiares alegarem que ele o encurtou para que fosse mais facilmente compreendido em um país no qual ele não falava a língua. A próspera e diversificada comunidade judaica de Denver o conheceria como Jacob Mosko, um homem duro e empreendedor.

Em dois anos, primeiro trabalhando na ferragem de cavalos e depois construindo carruagens e carcaças de caminhão, Jacob economizou dinheiro suficiente para enviar à família. Ida e as crianças fizeram a travessia na terceira classe, misturadas à grande massa de imigrantes leste-europeus que inundaram a América na primeira década do século XX.

Jacob logo abriu a própria empresa, fornecendo carcaças de caminhão para a família Cohen, dona da Denver Chicago Trucking Company, destinada a ser uma das maiores companhias de mudanças do país. Os negócios de Jacob cresceram conforme os de Cohen expandiram. Os clientes gostavam de Jacob e ele tinha bom tino comercial. Ele tinha a própria loja, e se mudou com a família em uma modesta casa de um banheiro na esquina da rua 21 com a Gilpen. O crescente clã Mosko frequentemente lotava o grande parque perto da residência que marcava a beirada leste de Denver. Em 1915, os Mosko haviam virado uma família de nove crianças, com o nascimento de Aaron e Maurice.

A força e o temperamento de Jacob eram lendários. Seu filho Aaron lembrava dele como "o homem mais forte que já conheci. Eu o vi levantar pessoas pela camisa, duas ao mesmo tempo. Ele pegava uma ponta de uma carcaça de caminhão enquanto todos nós ficávamos na outra, levantando junto. Eu o vi levantar um carro atolado na neve". De acordo com outra história, uma vez Jacob bateu o carro em um bonde. Furioso, ele tirou o bonde do trilho. Ele tinha orgulho de seu trabalho e era um duro chefe para os filhos que trabalhavam em sua empresa. Eles cresceram sob a ameaça de tapas caso se comportassem mal.

Infelizmente para as finanças da família, às vezes Jacob se dedicava tanto ao pôquer quanto aos negócios. Em algumas ocasiões, os jogadores iam à sua casa. Outras vezes, ele desaparecia por vários dias. Ele era um apostador regular em uma sauna turca, onde os jogadores levavam *schnapps*, pão de centeio e arenque, e se acomodavam para jogar, beber e comer por um fim de semana inteiro. A compulsão de Jacob pelo jogo seria perpetuada na família. Todos os seus filhos se tornaram também apostadores, alguns com mais controle que outros, mas todos influenciados por seu exemplo.

As perdas de Jacob no jogo castigaram a família. Os irmãos mais velhos de Ruth deixaram os estudos para trabalhar e sustentar a mãe e os mais novos. Sarah, a mais velha, deixou a escola aos catorze anos de idade para trabalhar na Golden Eagle Dry Goods, uma loja de descontos.

Ida cuidava da casa, cozinhando, assando, limpando e tomando conta dos filhos e do grupo de crianças da vizinhança que brincavam com eles. Ela era naturalmente afetuosa, mas o desgaste de suas gestações e a vida em Denver a deixaram cada vez mais frágil. No verão de 1916, Sarah se casou com Louis Greenwald no Marble Hall, em Denver. Ida ficou a seu lado, grávida de Ruth, a décima e última filha, aos quarenta anos de idade.

Seis meses depois de a caçula nascer, Ida foi para o hospital para uma cirurgia de vesícula biliar. Sarah, a recém-casada de vinte anos, levou a irmãzinha bebê para morar na sua casa enquanto mãe se recuperava. Mas quando Ida voltou para casa, a bebê continuou com Sarah. Semanas viraram meses, e Ruth nunca chegou a deixar a casa da irmã.

Não há registros indicando se Ida tentou levar Ruth de volta para casa. Parece razoável que Ida tenha visto a caridade e praticidade em deixar a filha mais nova com a mais velha. Afinal, eles estavam em família, e a casa de Jacob Mosko frequentemente beirava a falência. Sarah e Louie, como ele era chamado, viviam confortáveis financeiramente. O bebê estaria melhor, Ida certamente pensou, mas aquele arranjo deixaria sua marca na única pessoa que não pôde opinar sobre o assunto.

Ruth negava veementemente que se sentia rejeitada pela mãe ou que sua criação a fez sentir que precisava provar o próprio valor a todo momento. Ela argumentava que sempre soube quem eram seus pais. Elliot lembrava que "Sarah e Louie eram seus pais. Eles a criaram". Enquanto Ruth chamava Sarah e Louie pelos respectivos nomes, ela chamava Ida e Jacob de "Ma" e "Pa", e os considerava avós "amorosos e indulgentes". Mas, mesmo quando os encontrava, eles mal conversavam. Ida e Jacob falavam iídiche. O inglês do casal era precário, com sotaques fortes, e Ida já não escutava muito bem. Enquanto as crianças que haviam crescido com eles aprenderam iídiche o suficiente para serem compreendidas, Ruth cresceu em uma casa em que só se falava inglês. Por mais que tentasse falar lenta e claramente, ela admitia que era difícil se comunicar com os pais.

As negações e explicações de Ruth a respeito dos pais biológicos são reveladoras. Ida, sua mãe, teve dez filhos, mas apenas uma das crianças não fora criada por ela. Apenas uma de suas crianças morava separada da maior parte dos irmãos, a mais de 1,6 quilômetro da casa dos pais, frequentando uma sinagoga diferente, sem brincar na casa da família e estudando em outra escola. Sarah, Louie e Ruth iam à casa dos Mosko para jantar às sextas-feiras e feriados, como parentes normais, mas Sarah raramente recebia a família na própria casa.

Pelo que todos sabiam, Sarah Greenwald adorava a irmã mais nova. Ela era uma criança de uma beleza rara. Anos mais tarde, Ruth riria ao contar a história da mulher que a abordou quando ela tinha vinte e poucos anos e perguntou: "Você não é Ruth Mosko?". Quando Ruth respondeu que sim, a mulher falou: "Mas você era uma menina tão bonitinha". Como lembrou Aaron, irmão de Ruth, "Sarah só estava tentando aliviar o peso nas costas da minha mãe, mas ela se apegou a Ruth e de maneira alguma queria devolvê-la". Além disso, Sarah descobriu, logo depois de acolher Ruth, que não poderia ter filhos.

Os Greenwald eram uma família de três, mais moderna e próspera que os Mosko. Ruth teve uma infância muito mais confortável do que a dos irmãos, apesar de resistir aos mimos. "Fico extraordinariamente desconfortável em depender de qualquer pessoa", expressou ela anos depois. "Acho que tive essa compulsão esmagadora de provar quem sou durante toda a minha vida." Ela parecia estar provando quem era para os pais que a haviam doado, os pais que se tornaram parentes amorosos, mas que escolheram não tê-la por perto.

Na casa dos Greenwald, no número 855 da rua Garfield, em Denver, Ruth era "tratada como uma rainha", segundo Aaron. Ruth concordou que nunca precisou de nada, mas também acrescentou: "Eles nunca fizeram eu sentir que estava ganhando tudo de mão beijada". Para ela, a ideia de passar a imagem de aproveitadora sempre foi intolerável. Ela procurou por oportunidades de trabalho, atravessando a infância às pressas, como se tivesse uma dívida incalculável com alguém.

A casa de um andar dos Greenwald tinha um pequeno gramado inclinado e ficava a apenas duas quadras da farmácia que Louie e Sarah abriram quando Ruth tinha oito anos. Uma das primeiras farmácias de Denver, o estabelecimento ficava do lado oposto à rua do hospital Denver General, em uma área da cidade que prosperava. Os Greenwald eram astutos nos negócios, e Sarah e o marido trabalhavam duro. Quando Ruth completou dez anos, implorou para trabalhar com eles. Ela adorava Sarah e queria ficar mais tempo perto da irmã, e começou a se ressentir de Louie por não tratar Sarah tão bem quanto Ruth achava que devia. Como o sogro, Louie era um ávido jogador de pôquer, e frequentemente deixava a esposa cuidando dos negócios enquanto ia jogar. A mão firme de Sarah foi a responsável por evitar que ele colocasse os Greenwald na mesma posição financeira que os Mosko.

A escola de Ruth não era longe da farmácia, portanto ela ia trabalhar assim que saía da aula. "Eu adorava. Vendia. Cuidava do caixa. Eles tinham uma pequena máquina de refrigerantes, pela qual me tornei responsável", relembrou ela. Ruth preferia trabalhar do que ir brincar com outras crianças e, apesar de ter amigos, jamais se sentiu próxima deles. Mais tarde, ela se recordaria de que nunca teve o tipo de relacionamento duradouro que muitas pessoas têm. Ruth geralmente se entediava com as coisas que outras crianças achavam interessantes. Ela considerava que a maioria das garotas eram "frescas", e que suas conversas eram bobas. Enxergava-se como uma moleca que preferia os jogos atléticos dos meninos. "Os garotos me adoravam, e eu adorava os garotos", narrou ela. As meninas a excluíam de sessões de conversas íntimas, e quando ela era incluída, sentia-se desconfortável.

Ruth também tinha uma forte necessidade da aprovação de Sarah. Ela tacitamente reconheceu Sarah como mãe neste comentário de *Dream Doll*, sua autobiografia: "[Sarah] parecia florescer ao trabalhar, logo cresci com a ideia de que uma mulher — uma mãe — com emprego não era estranho nem incomum". Para Ruth, a ideia de ter um emprego era intensa e encorajadora. Por meio do trabalho, ela podia ficar mais próxima de Sarah e sentir que estava pagando uma dívida que considerava ter, mesmo que ninguém cobrasse.

Em 1933, os Greenwald expandiram os negócios. Eles fecharam a farmácia e abriram uma nova empreitada no Home Public Market, um cavernoso edifício de pedra com claraboias redondas e janelas altas que se estendia pela rua Califórnia, em Denver, por um quarteirão inteiro. As pessoas entravam e saíam o dia todo, pegando cestos de vime e comprando carne fresca na Public Meat Company; além de frango, verduras, enlatados e a marca local de pães Pollyanna nas barraquinhas. Sarah tinha um pequeno restaurante lá dentro, chamado Greenwald's Soda Fountain.

Apesar da Depressão que se acelerava desde a quebra da bolsa em 1929, a esperança prevalecia. Franklin Delano Roosevelt acabara de ser eleito presidente. Um de seus primeiros atos foi começar a anulação da Lei Seca. Enxergando aí uma oportunidade, Louie abriu uma loja de bebidas assim que o álcool se tornou legal, empilhando garrafas até o teto em uma vitrine do mercado que ficava de frente para a rua.

Para Ruth, era animador ver o mercado cheio, e uma inesperada oportunidade de ter mais responsabilidades. Ela queria crescer logo, e trabalhar foi, segundo ela, "o que me fez crescer. O que me fez ser quem sou".

Louie se saiu muito bem na venda de bebidas alcoólicas, e o Greenwald's Soda Fountain de Sarah, com seu balcão comprido, oferecia o único lugar em que era possível comer sentado dentro do movimentado mercado. Ruth teve a oportunidade de trabalhar ali durante o verão de 1934. Louie ganhara um prêmio de uma grande destilaria por ter vendido mais garrafas da bebida. O prêmio foi uma viagem com tudo pago para a Europa. Louie não tinha vontade de ir, mas Sarah sim. Ela tinha idade suficiente quando foi para os Estados Unidos para ainda lembrar de sua família na Polônia. Ruth ficou em casa para cuidar do negócio de Sarah, conferindo o dinheiro, fazendo depósitos bancários, encomendando comida e suprimentos, e organizando os horários dos funcionários. "Eu fiquei mais tonta que uma barata", recordou Ruth. Ela amava o trabalho e a dignidade de ser paga por ele, mas apenas um emprego não era o bastante. Seu irmão Joe abrira um escritório de advocacia, mas ele pagava a faculdade com o que ganhava trabalhando e não tinha dinheiro para contratar uma secretária. Ruth aprendera a datilografar quando ainda cursava o nono ano e se ofereceu para ajudá-lo a começar. Ela ia ao escritório depois das aulas diariamente, e trabalhava no balcão do restaurante aos sábados. Em um verão, ela conseguiu um emprego na Frankel Carbon Company. Como ela contava, estava sempre "ocupada, ocupada, ocupada".

Trabalhando com o irmão, Ruth começou a pensar em se tornar advogada. Quando se formou no ensino médio, matriculou-se na Universidade de Denver, conciliando o horário de trabalho com os estudos na faculdade. Porém, outra faceta de sua vida também estava consumindo tempo e muita emoção. Ela estava levando a sério um jovem que começara a namorar na escola, e Sarah não aprovava.

Um novo amor por cinco centavos

A química era inacreditável.

Os compromissos profissionais e estudantis de Ruth não lhe deixavam muito tempo para socializar, mas ela não era indiferente aos garotos. Seu grande encontro com o amor aconteceu na rua Welton em 1932, durante um novembro incomumente quente. Tendo acabado de completar dezesseis anos, Ruth estava dirigindo para o centro da cidade atrás do volante do carro que ganhara de presente de aniversário de Sarah e Louie: um Ford Coupe de três janelas novinho em folha. Substituindo o Modelo A, o Coupe tinha um design elegante, com faróis parecidos com olhos de inseto de cada lado da comprida grade vertical frontal e, para o deleite de Ruth, um assento dobrável que levantava em um compartimento semelhante a um porta-malas logo após a janela traseira. O "little deuce coupe" estava destinado a se tornar uma lenda da época. Aquele veículo despertou a paixão de Ruth por carros, talvez porque ela estava atrás do volante dele quando viu o homem que se tornaria o amor de sua vida.

Ruth estava passando pelo Home Public Market quando viu Leonard Phillips, um jovem de quem não gostava muito, caminhando com um amigo na rua Glenarm. Ruth conhecia Leonard porque a mãe dele jogava cartas com Sarah. Ela não sabia quem era o rapaz alto de cachos escuros andando ao lado de Leonard, mas desejou conhecê-lo. Buzinando, Ruth tentou atrair a atenção dos garotos, mas o plano fracassou e o trânsito a forçou a seguir seu caminho. Depois de dar a volta no quarteirão, ela tentou mais uma vez, acenando para Leonard para poder ver melhor o amigo dele. "Eu tinha que ver aquele cara. Realmente precisava ver o cara que estava com Leonard", recordou Ruth. Ela deu uma olhada e foi embora, pensando que provavelmente jamais veria aquele estranho bonitinho de novo.

Uma ou duas semanas depois, uma das irmãs de Ruth, Doris, convidou-a para um evento da B'nai B'rith, a mais antiga organização judaica do mundo, na avenida East Colfax. O evento para arrecadação de fundos da instituição foi anunciado como um festival. Quando as duas jovens chegaram lá, encontraram jogos simples no primeiro andar do simples prédio comercial, comprado pela Denver Lodge apenas alguns anos antes. Por cinco, dez, ou 25 centavos, Ruth e Doris atiravam bolas em garrafas e tentavam acertar aros em anéis. Perambulando entre as barraquinhas, elas foram surpreendidas por Chuck Newman. Ele era um jovem bonito e, Ruth sabia, um bom dançarino. Com a aprovação de Doris, ela aceitou o convite do rapaz para subir até o segundo andar e dançar.

Depois da dança, Chuck levou Ruth até um grupo de amigos que ele queria que ela conhecesse. Ruth lembra-se de ter tido um choque: "Vi aquele garoto com uma enorme cabeça cheia de cachos escuros, olhei para ele e ele para mim. Foi exatamente assim. Eu soube quem ele era imediatamente. Era o garoto por quem eu havia dado a volta no quarteirão só para olhar". Anos depois, ela se lembrou de que ele estava usando uma camiseta branca com um rasgo na costura do ombro. Sorrindo para ela, o jovem a chamou para dançar. Ruth recordou que, enquanto eles rodopiavam no salão, ela sentia como se estivesse "flutuando". Ela percebeu uma inegável química entre eles. "Foi mágico. Eu já havia saído com outros garotos... mas não havia tido aquela sensação. Ninguém havia despertado meu interesse daquele jeito."

O jovem que atraíra a atenção de Ruth chamava-se Isadore Elliot Handler, mas seus amigos o chamavam de Izzy. Ele vinha do bairro judeu do lado oeste da cidade, uma região menos abastada e considerada mais dura que o lado leste, onde Ruth morava. Elliot pertencia a uma espécie de gangue chamada Gigolos, formada principalmente por amigos judeus e alguns italianos. Apesar da diversidade étnica, os Gigolos tinham uma camaradagem saudável. Tendo jogado futebol americano na North High School, Elliot lembrou-se de ter interceptado um passe e correr pelo campo enquanto seus amigos italianos torciam: "Vai, narigão!". Ele até ganhou uma letra no futebol, apesar de seu pai ter pouco dinheiro para comprar para o filho a jaqueta na qual bordá-la.

Os pais de Elliot eram judeus da cidade de Matziv, na Ucrânia. Como os pais de Ruth, os Handler falavam principalmente iídiche. Eles inicialmente se estabeleceram em Chicago, mas Samuel, pai de Elliot, contraiu tuberculose e levou a família para oeste, para um sanatório. O ar de Denver era puro, fresco e conhecido por tratar tuberculosos, e judeus do país todo haviam sido enviados para lá desde 1904, quando o sanatório para turbeculosos Jewish Consumptives' Relief Society foi fundado. O lugar, criado por um grupo de imigrantes judeus do leste europeu, era gratuito, e apesar de ser não sectário, a maioria dos pacientes era judia. Por causa do número de pacientes tuberculosos em Denver, era proibido cuspir nas ruas nos anos 1920. Elliot lembrava que seu pai sempre carregava um lenço de bolso no qual cuspia. Samuel tinha 38 anos quando entrou na JCRS, descrevendo sua ocupação como "pintor". Ele ficou apenas dez dias no sanatório, de 19 a 29 de maio de 1926, mas ele e sua família nunca mais deixaram a cidade.

Os Handler faziam parte de um pequeno grupo de judeus Matziv que frequentavam um templo nos fundos de um prédio na rua principal, em um riacho que alimentava o rio Platte. O avô paterno de Elliot, na Ucrânia, havia sido rabino, e ele quis o mesmo para o filho. Mas Samuel Handler era um rebelde que ia ao templo com relutância. Nas festividades judaicas, sua esposa implorava, "É *shonda* [vergonhoso] para os vizinhos se você não for à *shul* [sinagoga]". Elliot celebrou seu bar *mitzvah*, mas compartilhava da mesma indiferença religiosa que o pai.

A paixão de Elliot estava nas artes, e ele sonhava em ser cartunista. Ainda no ensino médio, enviou desenhos para os jornais e colecionou cartas de rejeição. Elliot aceitou o único emprego em que podia trabalhar com desenho que encontrou, em uma empresa de design de iluminação. Lá, ele teve chance de criar desenhos detalhados para seus primeiros projetos originais. Não eram cartoons, mas eram criativos. Ao receber a oferta de uma bolsa em Artes no Instituto de Arte de Denver, ele saiu do time de futebol e de corrida no seu último ano. Para completar a diferença entre a bolsa e os custos dos estudos, Samuel Handler se ofereceu para pintar a escola.

Elliot lembra de ter ficado imediatamente apaixonado pela aparência de Ruth, mesmo antes de conhecê-la. Ela não sabia que algumas semanas antes do baile B'nai B'rith ele estivera na casa dos Mosko para uma partida de dados organizada por seu irmão Maurice, cujo apelido era Muzzy. Elliot e os amigos estavam animados em estar com Muzzy, que era um astro do futebol americano na cidade e herói judeu local. Quando Elliot entrou na casa, notou a foto de Ruth acima da lareira e disse a um dos amigos: "Rapaz, que gracinha a irmã dele". Quando Chuck Newman se aproximou do grupo com Ruth, no evento B'nai B'rith, depois de dançar com ela, Elliot a reconheceu como a garota da foto.

Elliot estava na festa com três amigos, "todos delinquentes", como ele disse depois, todos vestindo camisetas velhas. Ele não deu a eles nem chance de se aproximarem de Ruth. Dançarinos tinham que dar cinco centavos para a caridade para entrar na pista de dança, cercada por uma corda. Elliot pagou rapidamente pela primeira dança e a levou. Havia uma pequena banda, e enquanto o casal dançava o foxtrote, Elliot pensou: "Ela é uma garota muito bonitinha". Tudo parecia perfeito para o jovem, mas quando a dança terminou ele se deu conta de que não tinha mais moedas. Ele pediu para Ruth esperar na pista por um minuto, e freneticamente pediu dinheiro emprestado dos amigos para poder mantê-la a seu lado pelo resto da noite. "Nos apaixonamos a cinco centavos por dança", concluiu ele depois.

Elliot começou a dirigir o Chevy Sedan 1934 do pai pela cidade para buscar Ruth e levá-la para sair. Com ironia, eles batizaram o carro com o nome de Blue Streak. Se estivesse nevando, Elliot precisava parar, sair do carro, e arrastar os limpadores pelo para-brisa para poder enxergar. Quando não podia pegar o carro do pai emprestado, Elliot pegava uma carona no viaduto que ia do lado oeste ao leste. Depois, Ruth o deixara dirigir seu Coupe. Naqueles primeiros tempos eles não suportavam ficar longe um do outro.

Ocasionalmente o casal tinha dinheiro suficiente para ir ao hotel Brown Palace jantar, "um lugar chique", dizia Elliot. Mas era o pior ano da Depressão, e enquanto Sarah e Louie tinham negócios estáveis, o pai de Elliot estava tendo dificuldades. Elliot trabalhava na Shockett Lighting Fixture Company, fazendo plantas e desenhando luminárias, mas ele também ajudava com as despesas em casa. Felizmente para ele, seu trabalho ficava na esquina do Home Public Market. Ele ia almoçar lá com frequência, e apesar de Ruth não dar refeições grátis a ele, ela lhe servia o dobro de comida do que cobrava.

O jovem casal gostava do parque de diversões Lakeside, onde podiam dançar no salão El Patio ao som dos irmãos Dorsey ou Louis Armstrong. Dava para fazer muita coisa com pouco dinheiro, inclusive brincar nos carrinhos bate-bate, andar na roda-gigante, no trem a vapor em miniatura Whistling Tom, e na Velvet Coaster, uma montanha-russa com loops e quedas de que Elliot gostava, mas Ruth não. Elitch Gardens era outro lugar favorito do casal. Havia um zoológico, o salão Trocadero, e mais uma montanha russa para Elliot: a Wildcat. Apesar das dificuldades financeiras, os americanos ainda gastavam dinheiro com cinema nos anos 1930. Elliot e Ruth frequentavam um pequeno cinema no lado oeste, que cobrava 25 centavos para entrar e cinco pela pipoca. Gary Cooper estrelou *Adeus às Armas* em 1932, mas, em 1933, o filme mais popular era uma comédia com Danny Kaye e Ben Turpin, *Chasing Those Depression Blues*.

Elliot e Ruth estavam apaixonados demais para ficarem tristes. Ruth disse que nunca sentiu por outro homem o que sentiu por Elliot; ele tinha uma qualidade "magnética" que a arrepiava. "Apenas tocá-lo era uma experiência incrível", lembrou ela, "e acho que ele deve ter tido a mesma reação, porque simplesmente não conseguíamos nos cansar um do outro". Apesar da forte atração física que sentiam um pelo outro, no entanto, eles tentavam fazer o que achavam ser certo. Guiados pela consciência, eles esperaram para ter intimidade, apesar do namoro sério. Ruth revelou que se passaram mais de três anos antes de eles "irem até o fim" como amantes. Àquela altura, eles já tinham certeza de que se casariam.

Sarah, entretanto, tinha outros planos. Por mais que Ruth gostasse de Elliot, Sarah tentava afastá-la. Ela achava que Elliot não seria um marido muito promissor. Ele aparecia para ver Ruth vestindo a mesma camiseta furada que usara no baile da B'nai B'rith. Sarah provocava Ruth a respeito daquilo, mas havia algo sério por baixo de suas alfinetadas. "Ele não tem outra roupa além daquela camiseta? É a única roupa que ele tem?", perguntava. Sarah se preocupava com o fato de Elliot ser pobre. O pai do jovem pintava casas e ganhava pouco dinheiro. A família Handler não tinha nenhum dos luxos encontrados na casa dos Greenwald. Sarah não queria que Ruth ficasse com alguém que não pudesse sustentá-la. Ela queria que a filha postiça se casasse com um médico ou um advogado, ou alguém com uma profissão à altura. Os receios de Sarah aumentaram quando ela descobriu que Elliot sonhava em ser um artista. Ela imaginou Ruth morrendo de fome em um sótão.

As incansáveis críticas de Sarah a respeito de Elliot influenciaram Ruth. Sarah advertia a Ruth que ela era especial, e Ruth concordava. Apesar de não ter certeza do que o futuro lhe traria, ela sabia que não queria uma vida na pobreza com um artista em dificuldades. Depois do primeiro ano de namoro, Ruth convenceu Elliot de que eles deviam se separar, pois não tinham futuro. Sarah a enviou para Long Beach, na Califórnia, onde ela passou o final do primeiro ano do ensino médio e parte do segundo ano morando com a irmã Lillian e o marido.

O plano fracassou. Assim que Ruth retornou, Elliot e ela reataram o namoro. Eles continuaram tentando se separar e, por vezes, até saíram com outras pessoas. No segundo ano, depois de reatar o relacionamento, Ruth passou por Elliot na rua e o viu com outra garota. Sua mágoa e raiva foram intensas. Anos mais tarde, ela ainda conseguia se lembrar de como ficara com ciúme. Pouco tempo depois, eles reataram. Eles nunca conseguiam ficar longe mais que duas ou três semanas, o que deixava Sarah cada vez mais preocupada.

* * *

Depois de se formar no ensino médio, em 1934, Ruth entrou na Universidade de Denver, anunciando seu nada convencional plano de ser advogada. Ela continuou trabalhando para Sarah e Louie, mas quando o presidente Frankin Roosevelt assinou o National Youth Administration Act em 1935, provendo dinheiro para jovens, ela conseguiu um emprego no escritório do reitor como estenógrafa. Elliot continuou na Shockett Lighting e na escola de arte local, apesar de saber que sua educação era medíocre comparada ao que poderia ter no Instituto de Arte de Chicago ou no Art Center College of Design, em Los Angeles. Ele sonhava em economizar o suficiente para estudar em uma daquelas grandes escolas.

No verão depois do segundo ano na faculdade, Ruth encontrou uma garota chamada Jenny Cohen em uma festa na região oeste. Elas haviam se conhecido antes e Ruth não considerava a garota "seu tipo", mas quando Jenny contou a ela que ia passar as férias em Los Angeles na semana seguinte, Ruth ficou interessada. Elliot e ela estavam mais uma vez tentando se separar, e Ruth gostava da Califórnia. Então, perguntou a Jenny se poderia ir junto, e Jenny a convidou para ficar na casa de seus parentes. Sarah, é claro, apoiou a viagem. "Talvez agora ela conheça um médico ou advogado e tire Elliot da cabeça", sugeriu ela à irmã Doris. Doris morara em Los Angeles quando tinha vinte e poucos anos, e deu a Ruth o nome de uma mulher com quem havia dividido apartamento, chamada Evelyn Lee. "Ela é uma menina excelente, vai gostar dela. Trabalha nos estúdios da Paramount", contou Doris à irmã.

Em 1936, Los Angeles era uma cidade de dois milhões e meio de habitantes e ainda estava começando a se expandir. Seis anos antes, os filhos de Frederick Law Olmsted, o famoso arquiteto paisagista responsável por planejar o Central Park em Nova York, abordaram os governantes da cidade com planos de centenas de quilômetros quadrados de área verde. Eles avisaram que as pessoas que estavam chegando em Los Angeles fariam pressão para pavimentar a beleza natural da cidade. Os apelos foram ignorados.

Em vez disso, a necessidade de criar empregos na era da Depressão, a marcha rumo a oeste de pessoas desalojadas pela seca do interior e a falta de moradia levaram a escolhas desesperadas. A cidade começou a deportar mexicanos, alguns deles cidadãos americanos, para o sul, e a mandar a polícia para a fronteira entre a Califórnia e Nevada, em uma tentativa inútil de impedir a chegada de caroneiros desempregados. Enquanto isso, a indústria do cinema continuava crescendo. Novas fábricas, como a instalação para fabricação de aeronaves perto do aeroporto, estavam sendo construídas. Alojamentos foram colocados em remotos bairros do subúrbio. Para os trabalhadores voltarem a seus empregos na cidade, autoestradas precisaram ser construídas. Para Ruth, a sonolenta cidade montanhosa de Denver estava a galáxias de distância do caráter extravagante e empolgante de Los Angeles.

Ruth não perdeu tempo e logo entrou em contato com Evelyn Lee para marcar um almoço no refeitório da Paramount. Os estúdios da MGM tinham o maior número de estrelas de cinema, mas a Paramount era empolgante o bastante para Ruth. Quando o comediante de nariz bulboso W. C. Fields passou por ela, Ruth congelou. Evelyn garantiu-lhe que ver estrelas era fácil em um lugar que empregava Marlene Dietrich, Gary Cooper, Cary Grant, Carole Lombard, Fredric March, Claudette Colbert, Mae West, os irmãos Marx, Bob Hope e Bing Crosby.

Mais por curiosidade que vontade, Ruth perguntou como era possível arranjar um emprego na Paramount. Evelyn desdenhou. Todo mundo queria trabalhar em Hollywood. Você precisava de ótimas conexões, caso contrário seria impossível. "Esses empregos são preciosos e difíceis de conseguir", explicou Evelyn. "Você não pode simplesmente arranjar um emprego em um estúdio." Mas dizer a Ruth que ela não podia fazer alguma coisa era garantia de fazê-la tentar. Mesmo sem intenções de trabalhar na indústria cinematográfica quando chegara a Los Angeles, Ruth insistiu que Evelyn a levasse ao Departamento Pessoal e a deixasse tentar. "Não me lembro do processo seletivo", disse Ruth, "mas lembro de sair do escritório do Departamento Pessoal empregada". Ruth tornou-se estenógrafa, ganhando 25 dólares por semana e muitas horas extras. Ela jamais ganhara tanto dinheiro antes.

Sarah não podia ficar mais feliz. Para ela, Ruth fazer faculdade ou estudar Direito não era nem de perto tão importante quanto encontrar o marido ideal. Ela sentiria falta da filha postiça, mas tinha certeza de que a distância de Elliot cortaria o apego de vez. Certamente, a jovem conheceria homens elegíveis em Hollywood. Sarah, entretanto, subestimou o doce e tímido rapaz, que ainda era apaixonado por Ruth. Ele tentara arranjar um emprego como design gráfico em Denver, mas, quando não conseguiu, foi trabalhar com luminárias para juntar dinheiro para a faculdade de arte. "Fiquei muito infeliz sem ela" recorda Elliot, "e pensava 'o clima é bem melhor na Califórnia do que em Chicago', onde o Instituto de Arte ficava, então fui para Los Angeles".

Elliot conseguiu uma carona por cinco dólares e chegou um mês depois de Ruth. Ele bateu na porta dela, explicando-lhe que mudara de ideia quanto a Chicago e que fora para Los Angeles por causa do clima. Ela escondeu um sorriso sábio, surpresa e feliz em vê-lo. Elliot se mudou para um quarto no Colonial Hotel, perto do apartamento dela.

O casal passou um ano idílico em Los Angeles. Dois dos irmãos de Ruth tinham uma concessionária de carros e deram a ela um Coupe conversível usado. Os jovens amantes passavam os fins de semana passeando pelo litoral ou assistindo filmes em meio aos dois mil assentos do Orpheum Theatre. À noite, após o trabalho, Elliot ia até o apartamento que Ruth dividia com Evelyn. Eles andavam cerca de seis quadras até a Thrifty Drug Store, na Wilshire com a Western, onde pediam o especial de 29 centavos para jantar. Em raras ocasiões, eles esbanjavam, no especial do jantar de luxo a 39 centavos.

Certa noite, Elliot chegou no apartamento chateado e triste. Ele acabara de ser demitido de seu emprego de designer de luminárias. Como de costume, Ruth e ele haviam iniciado a caminhada até o Thrifty's, mas a tristeza acabou com o ânimo usual de ambos. Quando desceram da primeira calçada, Elliot chutou alguma coisa. Ele se abaixou para pegar e descobriu que era uma moeda de cinco centavos. Nenhum dos dois era supersticioso, mas daquela vez sentiram que haviam recebido um sinal poderoso. Ruth proferiu: "Isso vai dar boa sorte. Guarde e logo vai conseguir outro emprego". Elliot guardou a moeda na carteira e, de repente, seu bom humor pareceu voltar. No dia seguinte ele conseguiu um emprego novo e melhor em outra companhia de luminárias. Décadas depois, ele ainda guardava aquela mesma moeda na carteira.

A singular parceria entre Ruth e Elliot estabeleceu muitos de seus padrões naquela época. Ela tinha uma visão otimista, não importava a situação, e mantinha o ânimo de Elliot lá em cima. Era aventureira e o puxava junto, e ele tinha um amor calmo, estável e inabalável por ela. Todo dia, ao final do expediente, havia muito o que conversar, compartilhar e sonhar.

O trabalho de Elliot como designer pagava apenas dezoito dólares por semana, sete a menos do que Ruth recebia. Apesar do salário mais baixo, ele tinha a satisfação de ver seus projetos virando realidade. Como sua empresa fazia trabalhos para a Union Station, o terminal de trem que estava sendo construído em Los Angeles, Elliot teve a primeira oportunidade de ver uma de suas criações ganhando destaque. A Union Station foi a última das grandes estações de trem a ficarem prontas, e as luminárias gigantes de Elliot ainda estão em seus corredores.

Ruth amava trabalhar na Paramount, principalmente por ter a chance de ver algumas de suas estrelas favoritas vez ou outra. Ela conseguiu levar Elliot no set de *Novela em Família*, onde ouviram Bob Hope e Shirley Ross cantarem a romântica "Two Sleepy People". Ruth se tornara uma fã devota de Lucille Ball depois de entregar mensagens telefônicas dela para o diretor Alexander Hall. Ruth também experimentou pela primeira vez o trabalho dentro de uma grande empresa, e era uma crítica feroz. Ela ficava "estupefata com o desperdício de dinheiro e mau gerenciamento", não apenas em seu departamento, mas em toda a empresa. Ela chegou à conclusão que as pessoas que trabalhavam para estúdios de cinema eram maus funcionários por causa de hábitos profissionais terríveis.

Em Denver, Sarah se preocupava com Ruth. Ela ouvira falar sobre todo o tempo que Ruth estava passando com Elliot, e decidira que aquilo tinha que acabar. Aparecendo em Los Angeles, ela convenceu a jovem de 21 anos de que estava destinada a uma vida triste com um homem que passaria seus dias como um artista morto de fome.

O senso de obediência de Ruth parecia mais forte que seu amor por Elliot. Ela lutou para dizer não a Sarah, mas fracassou. Admitindo que a irmã tinha razão, ela deu um difícil adeus a Elliot, vendeu o carro, pediu demissão do emprego e voltou para Denver. Ruth voltou a trabalhar no

Home Public Market e como secretária para o irmão Joe, advogado. Ela nem sequer retomou a faculdade. Em vez disso, ansiava por Elliot, telefonando frequentemente para ele e desejando sua antiga vida em Los Angeles.

Na primavera, perto do aniversário de Elliot, Ruth resolveu gastar extravagantes trinta e cinco dólares em um belo relógio para ele. Na carta de agradecimento, ele escreveu saudosamente: "Queria que pudéssemos nos casar". Ruth, no entanto, não perdia tempo desejando. Ela escreveu de volta: "Por que não nos casamos, então?", ao que ele respondeu: "Por que não?".

A estratégia de Sarah falhara. Quando percebeu que não havia como separar Ruth e Elliot, ela finalmente cedeu. Elliot voltou para Denver e havia um extravagante casamento sendo planejado. Se a filha postiça de Sarah ia se casar, ela e o marido não poupariam um centavo.

Ruth e Elliot se casaram em 26 de junho de 1938, no elegante hotel Park Lane, logo após o centro de Denver. Cento e quarenta convidados compareceram no local do evento, que dava para o Washington Park e tinha uma vista espetacular das Montanhas Rochosas de seu salão de dança envidraçado na cobertura. Após a cerimônia, os convidados degustaram de um elaborado jantar e dançaram.

Ruth subiu o altar com uma Bíblia branca e gardênias. Ela emprestara o vestido de noiva de sua amiga Charlotte, que havia acabado de se casar com Chuck Newman, o jovem que dançou com Ruth antes de Elliot no baile da B'nai B'rith. O vestido branco de cetim tinha mangas compridas, gola redonda simples e uma saia rodada que varria o chão. Ruth usava um chapéu branco e segurava um longo e simples véu de tule da mesma cor. O vestido caiu como uma luva, acentuando a silhueta, exibindo tantas curvas quanto uma jovem estrela de Hollywood. Elliot parecia feliz, mas um pouco desconfortável, em um smoking alugado, seus grossos cabelos escuros penteados para trás no estilo da época.

Para a cerimônia, Ruth usou uma aliança de casamento de estanho dada a ela pelo irmão Max e a esposa, Lillian. A tradição judaica ditava que ela não podia usar um anel com joias. Logo depois do casamento, Elliot comprou uma simples aliança de ouro para Ruth, que ambos concordaram ser mais bonita que a de estanho. Elliot pegou o anel de estanho e o guardou na carteira, onde o objeto permaneceu.

Na foto de casamento, Jacob e Ida estão ao redor dos recém-casados. Os pais de Ruth têm sorrisos contidos, mas Sarah, a dama de honra da noiva, sentada ao lado do pai, parece em êxtase. Ela pusera suas dúvidas de lado para organizar o casamento perfeito, e coisa alguma arruinaria aquele dia para ela. Samuel e Freida Handler, pais de Elliot, podem não ter ficado tão contentes. As duas famílias, judeus de diferentes partes do Velho Mundo, nunca se deram bem.

Depois do casamento, Ruth e Elliot partiram em um Coupe Chevy novo, comprado pelos irmãos dela. O casal sentia-se cansado de Denver e estava partindo para começar a vida a dois em Los Angeles, onde ambos tinham sido tão felizes. Mesmo que Elliot e Ruth tivessem pedido demissão de seus empregos na cidade, ele não tinha dúvidas quanto o plano que deveriam seguir. "Eu amava aquela mocinha", lembrou ele, "e tudo que fazíamos era simplesmente perfeito".

Ruth, Elliot e Matt

*Decisões consideradas impulsivas são muitas vezes
aquelas que mudam sua vida.*

Depois que o casal formalizou o relacionamento, Ruth não perdeu tempo em testar seus limites. Enquanto dirigiam pelo deserto do Arizona, ela pediu a Elliot para mudar o próprio nome.

Ruth havia sido apresentada a Izzy Handler, e só depois descobriu que o nome do meio dele era Elliot. Secretamente, ela odiava o nome Izzy. Muito antes de conhecer Elliot, o irmão mais velho de Ruth, Maurice, apelidado de Muzzy, havia ido buscá-la na casa de Sarah para levá-la até a casa dos pais. Quando eles chegaram, dois policiais pararam atrás deles e acusaram Muzzy de uma violação de trânsito. Ruth lembra de os policiais serem "bem desagradáveis" ao interrogarem o irmão. Quando Muzzy lhes disse seu nome, um policial perguntou sarcasticamente: "O que foi que disse... Izzy?".

Dada a atmosfera da época, o comentário do policial não foi uma surpresa. Durante os anos 1920 e 1930, uma onda crescente de antissemitismo americano varreu o país. Mesmo com crescimento econômico de muitos judeus, suas admissões em universidades, escolas técnicas e níveis mais altos da América corporativa eram restritas. Henry Ford usava o *Dearborn Independent*, um jornal semanal de Michigan que ele comprara, para espalhar propaganda antissemita. Alegava que os interesses dos bancos judeus alemães haviam fomentado a Primeira Guerra Mundial. A Ku Klux Klan atingira o ápice do poder no final dos anos 1920. De 1924 a 1928, a liderança da Klan dominou o governo do Colorado, fomentando ainda mais o fervor antijudeus. O governador Clarence Morley, eleito em 1924, e muitos eleitos locais eram membros da KKK. Em 1930, quando Ruth estava com catorze anos, os judeus eram os bodes expiatórios para os fracassos bancários que iniciaram a Grande Depressão. Conforme os empregos ficaram escassos, restrições a judeus em anúncios de emprego tornaram-se comuns.

Vivendo na unida comunidade judaica de Denver, Ruth estava ciente do antissemitismo, mas nunca o havia experimentado. Ela ficou chocada e assustada pelo tom ameaçador que o policial usou com o irmão. Enquanto ela e Elliot dirigiam pela paisagem seca e marrom em direção a Los Angeles, ela contou a Elliot que o nome dele fazia ela se lembrar daquele incidente de ódio. O nome do meio dele era "lindo", disse ela, propondo que o marido se tornasse Elliot Handler. Ele ficou surpreso, mas concordou. "Ela sentia que era judeu demais", recordou Elliot. "Ela gostava do meu nome do meio, e eu também não gostava muito de 'Izzy'." Ambos eram filhos de imigrantes, sentido-se ainda, de certa forma, estranhos em sua própria terra, ainda tentando encontrar seu lugar. Inconscientemente, estavam se afastando de suas raízes e chegando mais perto da assimilação, indo na direção de uma realização, digna de livro de histórias, do sonho americano.

De volta em Los Angeles, o jovem casal ficou no hotel William Penn na avenida Melrose até conseguirem encontrar um apartamento. Ruth voltou para o emprego na Paramount. Elliot voltou para a empresa de iluminação Beranek and Erwin Lighting Fixture Company, e começou a estudar no Art Center College of Design. Um tempo depois, eles encontraram um pequeno e sufocante estúdio infestado de baratas, porém acessível, na Melrose.

Meses depois, dando uma volta de carro em um domingo, Ruth viu um prédio novo e pediu para Elliot estacionar, mesmo achando que um imóvel ali parecia estar fora do orçamento dos dois. O apartamento no número 5.142 na avenida Clinton, em Hollywood, parecia enorme em comparação ao lugar onde eles moravam. Metade de uma garagem para dois carros estava incluída no aluguel de 37,50 dólares mensais. Mesmo o aluguel sendo trinta por cento mais caro do que eles pagavam, e que fossem precisar comprar móveis, eles o alugaram na hora.

Muitos anos depois, Ruth viu grande significado em ter se mudado para aquele apartamento, assim como outros marcos que ela identificou em sua vida. Ela acreditava em "predestinação", focando particularmente nas decisões mais impulsivas que havia tomado como prova de que "existe algum tipo de plano para todos nós". Além disso, era verdade que Ruth tornara-se uma pessoa que agia desde muito jovem. Ela passava bem menos tempo deliberando do que decidindo e seguindo em frente. Se erros fossem cometidos, ela rapidamente os percebia, corrigia, e continuava a fazer o próprio caminho. Este padrão se repetiria durante os primeiros anos da construção do negócio dela. A propensão, e até impaciência, de Ruth por ação, a levaria a seu grande sucesso, mas também instalaria a armadilha para seu mais devastador fracasso.

Acomodados no novo apartamento, Elliot teve um novo sonho. O Art Center havia aberto as possibilidades do desenho industrial para ele. Na época, novos materiais estavam sendo descobertos, apresentando oportunidades únicas para projetar produtos. Antes de 1931, os únicos plásticos moldados pelo homem eram o baquelite e o Catalin, usados para desenhar e fabricar moldes para relógios, rádios, telefones e bijuterias coloridas. Mas logo duas empresas diferentes descobriram um poliacrílico transparente resistente à água e à quebra. A DuPont chamou o produto de Lucite, ou acrílico, enquanto seu concorrente, Rohm e Haas, o chamou de Plexiglass.

Em 1936, o Army Air Corps decretou que o Plexiglass era o único material plástico em placas aprovado para uso em aviões militares. Noventa por cento do material estava sendo vendido para aviação, destinado a ser um substituto para o vidro em para-brisas, torres de artilharia e domos de radares usados na Segunda Guerra Mundial. O professor de Elliot no Art

Center tinha uma ideia diferente, atribuindo à classe a missão de projetar itens para consumo usando o novo material.

Elliot estava cheio de ideias para o Plexiglass, que não só era transparente, como também podia ser polido até ficar muito lustroso. Olhando pelo apartamento em que vivia com a esposa, ele imaginou tudo, de móveis a luminárias a pequenos itens, como cinzeiros e tigelas, feitos com o material. Então começou a desenhar. Quando Ruth viu as ideias do marido, começou a planejar. Se Elliot fizesse amostras, comunicou-lhe a esposa, ela encontraria uma maneira de vendê-las. Ele estava disposto, mas havia um problema: precisava de equipamentos que só estavam disponíveis na escola. Com outros alunos na fila, Elliot não teria tempo suficiente para completar as tarefas do curso e produzir os próprios projetos. Ruth tinha a resposta para aquilo também. "Vamos comprar nosso próprio equipamento."

Se existe algum gene empreendedor, Ruth o herdara, mas ela também tinha algo mais concreto: suas lembranças de Sarah. "Sarah era meu exemplo", contou Ruth em uma entrevista, anos depois. "Ela era a pessoa responsável naquele casamento. Ela segurava as pontas, tomava as decisões, cuidava do dinheiro. Acho que por isso nunca achei estranho uma mulher tomar frente dos negócios em um casamento." Ruth tinha uma lógica baseada na etnia para sua assertividade nos negócios também. Judeus da Polônia, como a família dela, haviam sofrido por antissemitismo e pela vida que levavam nos guetos. Homens e mulheres tiveram que trabalhar juntos para se sustentarem. Ruth acreditava que esse era o motivo de Elliot e ela não acharem incomum verem mulheres trabalharem e administrarem as coisas.

Ruth se encarregou de fornecer ao marido o que ele precisaria para confeccionar os primeiros produtos que ela venderia. Era o início de uma espetacular parceria de criatividade e perspicácia comercial.

Os Handler compraram o equipamento que precisavam na Sears por duzentos dólares parcelados, e montaram a oficina na parte da garagem deles. Elliot lixava e moldava as fôrmas de madeira para as placas de Plexiglass. Quando estavam lisas o suficiente para terem a superfície que ele desejava,

Elliot aquecia o plástico no fogão da cozinha e corria até a garagem para pressioná-lo nos moldes. A garagem, já abarrotada de furadeiras, lixadeiras e serras, logo ficou entulhada de lascas de madeira, pedaços de plástico, e serragem. O inquilino cujo carro compartilhava do espaço ficou irritado e reclamou com o senhorio. Ele deu um ultimato a Ruth e Elliot: mudar a oficina de lugar ou sair do apartamento.

O jovem casal ainda devia dinheiro por causa do equipamento, que estavam prestes a não ter onde colocar. Mas, por mais que seu patrimônio fosse pouco mais que algumas economias e um carro, eles tinham o irrepreensível otimismo de duas pessoas que haviam acabado de sair da adolescência. Elliot se ofereceu a parar de estudar, mas Ruth levou a aposta muito mais adiante. Elliot pediria demissão do emprego, receberia seguro-desemprego, faria as próprias criações em uma oficina que ela encontraria e equiparia um novo forno. Em sua grandiosa visão, ela seria responsável por vender tudo que ele fizesse.

Em sua autobiografia, Ruth afirma total confiança no talento de Elliot. A criatividade fértil e imaginação direcionada a consumidores dele era evidente, mas muitas vezes ele era introvertido demais até para pedir o jantar em um restaurante. "Sempre fui o tipo tímido, que fica no fundo de cena", confessou ele. Todo o brilhante trabalho de Elliot teria acumulado poeira na oficina se não fosse pela crença de Ruth de que poderia vender aquilo, mesmo sem ter experiência com vendas. Ela havia sido atendente de loja e assistente de escritório, e pretendia manter o emprego na Paramount. Mas era tão criativa quanto Elliot era em seu trabalho com design, e cheia de ideias de marketing.

Eles encontraram uma antiga lavanderia chinesa para alugar, com cerca de dezoito metros quadrados. Custava cinquenta dólares por seis meses. Os dois estavam tão duros que o amigo de Elliot, Seymour Green, se recorda de passar lá de manhã para deixar oito dólares para os dois passarem o dia. Ele ajudou Elliot a pintar o novo espaço, mas eles tiveram que diluir tanto o cal azul, que acabou ficando quase branco.

Elliot pediu a Harold "Matt" Matson, um alto e forte sueco que trabalhara com ele na empresa de iluminação, que construísse um forno para a nova oficina. O forno pesava cerca de duzentos quilos e ficava apoiado em estreitos pés de aço. Seymour e o irmão de Elliot, Al, alugaram um caminhão para levá-lo até o lugar, mas enquanto o descarregavam o forno escorregou e uma perna arranhou o tornozelo de Seymour, fazendo-o gritar de dor. Ignorando seu desespero, Ruth gritou de volta: "Que diabo está fazendo? Você amassou um dos pés do forno". Mais tarde ela se desculpou, mas aquela não foi a última vez em que Seymour fora alvo de sua ira, mesmo estando ali como voluntário. A tensão estava nas alturas quando os Handler inauguraram o novo negócio.

Em suas horas livres, Ruth esquematizava para quais lojas ligar para falar sobre os designs de Elliot. Ela estava pronta para enfrentar um desafio que Elliot não iria. Ela narrou: "Logo percebi que eu teria que vender. Meu marido é um artista e criador brilhante, mas também é tímido e introvertido... Eu sou exatamente o oposto". As diferenças entre os dois pareciam provar o velho axioma "os opostos se atraem", mas havia muito mais no relacionamento do que aquilo. Em uma época em que a sociedade esperava que as esposas fossem submissas aos maridos, Elliot estava disposto a dar a Ruth total liberdade para satisfazer a garra empreendedora quase inata dela. "Demos o salto. Eu me demiti e ela continuou trabalhando. Ela gostava bastante da Paramount, mas parou de falar sobre as estrelas e astros de cinema. Ser secretária não era o suficiente para ela."

Ruth havia escolhido a loja que teria como alvo: uma chique e moderna loja dinamarquesa de presentes na Wilshire Boulevard chamada Zacho's. Ela encheu uma velha mala com os aparadores de livro, bandejas, porta-cigarros, espelhos de mão e castiçais projetados por Elliot, feitos com uma combinação de madeira e Plexiglass. Saindo do trabalho em uma tarde no horário de almoço, ela seguiu para o ambiente luxuoso, quieto e intimidador da loja. Com o cabelo grosso e castanho na altura dos ombros penteado para trás e a postura de uma estrela, ela forçou um largo e nervoso sorriso ao abordar a altiva vendedora.

A mulher insistiu em avaliar os itens antes de ligar para o dono, sr. Zacho. Depois de dar uma olhada, ele expressou a Ruth, em um inglês de sotaque forte, que queria conhecer Elliot e sua oficina. Em pânico, ela imaginou aquele homem idoso entrando na dilapidada lavanderia chinesa que eles haviam transformado em local de trabalho. "Se ele vir aquele lugar sujo... vamos perdê-lo de vez", pensou. Zacho notou a reação e a assegurou de que, tendo vindo da Europa, ele já vira muitas oficinas pequenas e insípidas. Mesmo assim, Ruth estava nervosa. Ela o pediu para passar lá no sábado, não querendo que Elliot estivesse sozinho quando Zacho o rejeitasse, algo que ela tinha certeza de que aconteceria.

No sábado, Zacho chegou à pequena loja no bloco 4.000 do Olympic Boulevard, perto da Normandie Avenue, que eles batizaram de Elliot Handler Plastics. Zacho cumprimentou Elliot, deu uma olhada no lugar, e disse que gostaria de fazer um pedido. Ruth e Elliot ficaram surpresos. Elliot se deu conta de que não tinha nem papel nem lápis. Arrancando um pedaço de papel pardo de embalagens, ele rabiscou os detalhes, a mão trêmula agarrada a um toco de lápis. Para Zacho, o pedido de quinhentos dólares era trivial, mas para Ruth e Elliot representava a incalculável afirmação do sonho deles. Depois de Zacho sair, eles gritaram e se abraçaram. Haviam feito a primeira venda.

Ruth se preocupava, no entanto, com a renda e as despesas deles. Ela estava começando o aprendizado de negócios na prática. Se eles comprassem chapas de poliacrílico no varejo, podiam não ter lucro; logo, tentaram comprar no atacado, diretamente de fornecedores. A DuPont não retornou as ligações. Já o representante que eles contataram na Rohm e Haas, Jerry Young, advertiu que eram pequenos demais para uma venda por atacado. Mas ele não os esqueceu. Algumas semanas depois de conhecer Ruth, ele ligou para contar a ela sobre uma oportunidade na Douglas Aircraft, um grande cliente da empresa.

A empresa pedira a Young uma recomendação de companhia que pudesse criar um brinde promocional. Ele queria uma novidade para dar a oficiais prestativos e clientes especiais, e para recompensar funcionários. Ele tinha uma bela miniatura do avião DC-3 e queria incorporá-lo ao design. O produto final seria disposto em um escritório ou em uma biblioteca pessoal.

Antes de seguir com o projeto, a Douglas Aircraft quis ter uma reunião para discutir sobre o que estava procurando. Por mais que Elliot fosse o melhor para falar sobre suas ideias de design, Ruth sabia que ele ficaria intimidado demais se ficasse sozinho com um cliente em potencial tão grande. Ela não confiava nele para conseguir vender para uma conta tão enorme. Em vez disso, tirou uma tarde do trabalho e se encontrou com três executivos em um amplo escritório. Ela os escutou cuidadosamente, tentando esconder sua ignorância no que tangia design, enquanto eles descreviam o que queriam. Radiante, Ruth saiu de lá com um acordo. Assim como ela tinha certeza de que fizera um bom trabalho na reunião, também estava certa de que Elliot inventaria algo para satisfazer o novo cliente.

Elliot optou por um simples e elegante relógio de mesa, notavelmente modernista em uma época em que Picasso e Braque eram grandes influências. Ele virou uma lâmina de Plexiglass de cerca de 25 centímetros de lado e a entortou, parando a alguns centímetros das pontas se encontrarem. A placa era mais larga na frente e ficava mais estreita conforme se curvava para trás. Na face frontal, ele colocou rebites de avião em círculo, para os números do relógio. Na parte de trás, equilibrou e prendeu o modelo de DC-3, o nariz apontando para a frente, as asas abertas como se prestes a atravessar a face do relógio.

O relógio de Elliot e o design de uma simples estante de livros foram sucessos instantâneos com a Douglas Aircraft. Agora, Ruth tinha um pedido grande o bastante para conseguir preços de atacado no Plexiglass da Rohm e Haas. Cumprir o pedido da Douglas Aircraft foi um trabalho em família. Al, irmão de Elliot, que estava em casa após servir o exército, ajudou. Ruth pegou emprestado mil e quinhentos dólares de Sarah para comprar materiais, que ela pagou de volta assim que recebeu o pagamento da segunda grande venda. O lucro foi destinado a alugar um espaço novo e maior, no número 4.916 da avenida South Western. Enquanto isso, Elliot aumentava a produção de brindes, e Matt Mason foi trabalhar com ele na fabricação. O papel timbrado da empresa declarava: "Elliot Handler, designer e fabricante com Lucite e Plexiglass".

Elliot precisava do novo espaço. Tomada pela febre de vender, Ruth frequentemente saía de fininho do trabalho na Paramount para conseguir novos clientes, como a RKO Studios e uma empresa chamada Enza. Al Handler voltou para Denver, onde dava sugestões de produtos e garantia pedidos de uma companhia local chamada Daniels and Fisher.

Elliot demonstrava uma habilidade especial em prever tendências. Bijuterias eram uma febre no final dos anos trinta, então ele começou a desenhar algumas peças. Em 1940, ele criou uma pequena mão feminina segurando um frasco que podia conter um pouco de água e um botão de flor, ideal para ser preso em uma blusa ou blazer feminino. Foi um sucesso, e ele começou a produzir peças marcantes de Plexiglass, incluindo broches em formato de relógios cuco, sabres, corações e tesouras. A distribuição de Ruth também expandiu, e as bijuterias de Elliot logo estavam em lojas por toda Los Angeles.

Ruth lutou para obter créditos em bancos para compra de materiais. Eles haviam expandido para a produção de fruteiras, estojos para pó de arroz, mesinhas de centro, bandejas de café da manhã, cabides e móveis sob encomenda. O fluxo de dinheiro continuamente atrasava após as entregas, e eles precisavam pegar emprestado de Sarah e alguns amigos, especialmente Seymour Green, o velho colega de quarto e melhor amigo de Elliot. Louie Greenwald havia emprestado a eles cem dólares em setembro de 1940. Em outubro, eles pegaram trezentos para comprar um carro. Em novembro, Sarah lhes fez um empréstimo de quinhentos dólares, pagos dois meses depois, quando a Douglas Aircraft fez um pagamento de 1.399,77 dólares. As finanças do casal estavam sempre muito boas ou muito ruins, mas nunca estáveis.

O jovem casal também estava com um problema muito mais grave que o fluxo de caixa. Ruth estava grávida do primeiro filho, e haviam complicações. Ela começou a ter hemorragias, e os negócios foram impactados por conta da sua necessidade de descansar. Em fevereiro de 1941, Elliot mandou uma carta para o conselho fiscal estadual, explicando sua incapacidade de pagar os impostos sobre as vendas no prazo. Ele esquecera de colocar um selo em seu pagamento, e implorou para não ser penalizado. "Até recentemente, minha esposa estava a cargo de meus livros contábeis e das funções administrativas. No entanto, durante a maior parte da segunda metade de dezembro, ela ficou muito doente e está de cama desde então", escreveu ele. Ele prosseguiu explicando que andara ocupando mudando a sede do negócio e vendendo para atacado até o mês anterior, portanto não tinha experiência alguma enviando relatórios de impostos de vendas. Ele implorou para não ser cobrado juros e uma multa totalizando quatro dólares e vinte e oito centavos. De qualquer maneira, o balanço dos Handler estava chegando perigosamente perto do vermelho.

O empreendedor Zachary Zemby, um imigrante judeu russo, notou as criações de Elliot em diversas lojas. Intrigado, ele descobriu o nome do designer. Um dia, no começo de 1941, ele apareceu sem avisar na oficina. Ele acabaria sendo um salvador para os empreendedores iniciantes.

Zemby chegou na Elliot Handler Plastics logo após Ruth ser confinada à cama por dois meses, sem poder ir sequer ao banheiro. Sarah e Louie haviam se mudado para Los Angeles a tempo de ajudar, e Ruth pedira demissão da Paramount. Um sucesso financeiro no ramo das joias, Zemby tinha o dinheiro e suporte financeiro para fazer um novo negócio crescer. Assim que conheceu Elliot, ele perguntou: "Gostaria de um sócio?". Zemby assumiu o marketing, as vendas e a parte administrativa de onde Ruth havia parado. Com o país se preparando para uma possível entrada na Segunda Guerra Mundial, havia pouco estoque de metal. Os novos sócios concordaram em usar cerâmica, madeira e pedaços de Lucite para as joias que produziam. Com Ruth miseravelmente deixada de lado em repouso, os homens concordaram em batizar a empresa com seus nomes: Elzac.

Em 21 de maio de 1941, Ruth deu à luz uma saudável menina que chamou de Barbara Joyce. Elliot precisou pegar 65 dólares emprestado para pagar ao dr. Paul Steinberg pelo parto e tirar Ruth do hospital. A conta corrente dos Handler tinha apenas 14,97 dólares e um depósito pendente de 84,75. Felizmente, Zemby havia mergulhado de cabeça no novo negócio, e os sócios começaram a ganhar dinheiro. A Elzac expandiu para uma nova oficina na avenida Western, a norte de Slauson. Zemby trouxe três sócios, todos imigrantes como ele, para manter o capital girando conforme a demanda por bijuterias explodia.

A Elzac arrecadou novecentos mil dólares no primeiro ano. Zemby escreveu alegres anúncios para os varejistas, vendendo frivolidades para um país conhecendo seu estoicismo nos dias que antecederam Pearl Harbor. "Dois atrevidos pinguins, papai e filho. Dois porcos alados, mamãe e filhinha. Certifique-se de que seu estoque tenha estes caprichos Elzac." Os broches de pinguins eram vendidos por dois dólares no varejo, e mais 1,25 por brincos combinando. Um broche de coelhinho exibia "orelhinhas levantadas em acrílico verde". Elliot havia desenhado todos eles.

Depois do bombardeio a Pearl Harbor pelos japoneses em 7 de dezembro de 1941, seguido pela entrada dos Estados Unidos na Segunda Guerra, Elliot resolveu não se alistar, por causa da família, que havia crescido. Ele se dedicou à Elzac, que lutava para manter a produção em tempos de recrutamento, alistamento e as exigências das fábricas de guerra. Eles desenvolveram um sistema de linha de produção, de modo que mão de obra não qualificada pudesse ser usada para trabalhar em um único componente do produto final. Os funcionários podiam fazer seu trabalho sentados, e isso permitiu que idosos e deficientes físicos pudessem ser contratados. Como as fábricas de artigos de guerra exigiam prova de cidadania, trabalhadores mexicanos inundavam a Elzac, tanto homens quanto mulheres, ainda não legalizados. A fábrica ocupava quatro andares e o porão de dois prédios anexos. Os salários eram na escala das fábricas relacionadas à guerra, e os sócios usavam materiais não críticos para ferramentas e tinturas, cuidadosamente evitando qualquer reclamação por estarem interferindo com os esforços da guerra.

Máquinas trabalhavam sem parar no porão da Elzac, misturando argilas que entravam em moldes de telha para entrega em fornos elétricos e a gás. Nos andares de cima, mulheres pintavam à mão figuras inovadoras e joias de cerâmica, enquanto outras inseriam couro, pelos ou acabamentos de madeira. Em 1943, a empresa já tinha trezentos funcionários. Elliot trabalhava longas horas, tanto desenhando novos produtos quanto perdendo tempo em disputas cada vez mais amargas e frequentes dentro da empresa. Seus três novos sócios tinham vindo da Rússia, Hungria e Romênia. Eles trouxeram não apenas idiomas conflituosos, como também ideias divergentes quanto à administração da Elzac. Somando ao estresse, Elliot também estava com problemas em casa.

Ruth tentava se encaixar no papel de mãe de primeira viagem; e então em 1942 ela engravidou novamente. Dessa vez, entretanto, ela sofreu um aborto. Determinada a ter uma família maior, ela engravidou mais uma vez, no verão de 1943. No entanto, Ruth se irritava por ficar o dia todo em casa com Barbara, de dois anos. Ela não gostava das tarefas domésticas nem de cozinhar, e as refeições que preparava eram abomináveis. Uma lata de sopa cremosa de cogumelos despejada em uma *french toast*, com ervilhas enlatadas e atum em cima, era o jantar. Seu tradicional "*matzo brei*, matzo mergulhado em ovos, frito na panela com fatias de salame kosher e cebola", eram um dos poucos favoritos de Elliot. Ruth queria voltar ao trabalho.

Entediada e tensa, ela também temia se exercitar, com receio de sofrer uma nova hemorragia. "Ficar em casa estava me deixando louca. Eu odiava. Não suportava. Era horrível." Ela se sentia feia e desconfortavelmente distante do mundo de negócios que compartilhava com Elliot. Quando ele parecia estar passando tempo demais com uma atraente loira na Elzac, ela reclamou, a única vez no casamento dos dois em que Elliot lembra de Ruth fazer uma objeção daquele tipo. À noite, Ruth ouvia, frustrada, enquanto Elliot ficava cada vez mais descontente com o trabalho. Ela queria administrar a Elzac, mas conforme a gravidez avançava, mal conseguia sair da cama.

Em 22 de março de 1944, com o peso aumentado além do suportável, Ruth levou Barbara para um passeio de ônibus do Pico Boulevard e avenida Motor até a avenida Manning, e depois de volta. "Nós meio que andamos em círculos, e as ruas eram muito irregulares", recordou Ruth. "Aquele ônibus balançava tanto, que fiquei repetindo: 'ônibus esburacado, empurra o irmãozinho para fora', Barbie ria e nos divertimos." Naquela noite, o filho de Ruth, Kenneth Robert, nasceu. Ele pesava mais de quatro quilos. Elliot ficou aliviado e exultante. Elzac, com seus dois milhões de dólares em vendas e donos em guerra, desapareceu de sua mente quando ele segurou o menino nos braços pela primeira vez.

Apesar do tamanho, Ken estava desidratado e tinha uma leve infecção. O médico recomendou esperar para fazer a *brit milá*, a tradicional circuncisão judaica. Os Handler haviam planejado fazer a cerimônia no hospital dois dias após o nascimento, pois Ruth queria que seus pais estivessem presentes. Os Mosko, que haviam acabado de celebrar o aniversário de cinquenta anos de casamento, foram a Los Angeles conhecer o neto. Mas Jacob, ainda cabeça dura e impaciente, se recusou a esperar o bebê se recuperar. Com Ruth no hospital, Elliot levou os sogros até a estação de trem para voltarem a Denver. Assim que chegaram em casa, Jacob foi direto para uma partida de pôquer que durou a noite toda. No meio de uma rodada, ele sofreu um ataque cardíaco e morreu.

Toda a família, exceto Ruth, ainda fraca demais para viajar, foi ao funeral. Um dia depois, o irmão de Ruth, Joe, escreveu a ela uma longa carta a respeito dos tristes eventos. Havia muita gente e "Pa estava belamente arrumado", contou ele. Seguindo os tradicionais costumes judaicos, a família entrou em um período Shivá, ou seja, de sete dias de luto. Joe achara bom "sentar e conversar", apesar de ter confessado que a oração judaica da família, a recitação das preces, foi fraca. Ele contou que a mãe recebera o telegrama de Ruth e entendeu o motivo de ela não pôde ir. "Ma foi consolada", contou ele, pelo marido ter conhecido o novo filho de Ruth. Joe encerrou a carta com boas notícias para a família: mais um sobrinho havia nascido. Mas após Joe terminar e enviar a carta, mais uma tragédia estava se desenrolando. Assim que Ruth recebeu a carta do irmão, ele ligou com notícias horríveis e inacreditáveis. A mãe deles também havia falecido.

No dia seguinte ao funeral de Jacob, os filhos se sentaram para discutir o futuro de Ida. Ela estava sentada perto deles, surda demais para entender o que conversavam. Enquanto eles discutiam com quem ela iria morar, Doris olhou para Ida. Ela comentou que a mãe parecia cansada e sugeriu que fosse descansar no andar de cima.

Conforme Joe contou a Ruth em outra carta, Ma estava tão perturbada no funeral, que foram necessárias seis pessoas para segurá-la. Quando ela subiu as escadas para descansar no dia em que morreu, Joe havia sentado ao lado dela por uma hora. "Ela ficou falando sobre você, Babsie e seu novo filho. Ela estava muito feliz por Elliot estar se saindo tão bem e por você não ter que enfrentar dificuldades. Ela me contou como sua casa era bonita." Ida também dissera a Joe que se acontecesse alguma coisa com ela, queria que todo o seu dinheiro fosse para o irmão Muzzy, que ela achava ser quem mais precisava de ajuda. "Ela ficou contente quando eu lhe disse que cumpriríamos seu desejo." Joe foi se deitar no quarto ao lado, mas não dormiu. Não vinha um som do quarto de Ida. Algumas horas depois, quando Joe foi ver como a mãe estava, ela havia falecido. "Não posso descrever o choque. Ainda não superamos", escreveu ele. "Derramamos tantas lágrimas que acabamos com nossos estoques." Jacob e Ida ficaram juntos durante cinquenta anos, e agora estavam juntos pela eternidade, Joe assegurou a Ruth.

Ma havia criado dez filhos, contou Joe, incluindo Ruth, mesmo que ela tenha crescido longe. "Precisamos nos esforçar em dobro para permanecermos unidos. Precisamos evitar diferenças e discussões bobas." Ele a estava lembrando do forte laço dos Mosko, um laço que Ruth jamais abandonaria.

Assim como Ruth havia perdido a chance de crescer com os irmãos, lhe foi roubada a chance de lamentar com eles. Seja lá quais sentimentos ela tinha em relação aos pais que não a criaram, parte de seu passado havia desaparecido. É improvável, no entanto, que Ruth tenha mergulhado na introspecção ou remorso por muito tempo. Ela acreditava em seguir em frente. A ação era seu antídoto para o desespero. Alguns meses depois do nascimento de Ken, alegando estar farta de ficar em casa, ela voltou a trabalhar. Quando escreveu sua autobiografia, cinquenta anos depois, Ruth deixou de fora qualquer menção às circunstâncias envolvendo as mortes de Jacob e Ida. Para ela, foi como se eles tivessem simplesmente desaparecido.

Harold Matson preparou o terreno para a volta de Ruth ao trabalho. Ele estava tão infeliz na Elzac quanto Elliot. Matson estava administrando a fábrica e combatendo as exigências conflitantes dos sócios durante anos, e estava cansado. Elliot chegou em casa um dia e contou a Ruth que Matson pedira demissão. Ela comunicou a Elliot: "Vamos visitá-lo", lembrando depois que aquilo pareceu "um golpe na minha cabeça". Conversando na garagem de Matt, Ruth perguntou a ele quais eram seus planos. Ele disse que queria criar itens para presentes e esperava usar alguns dos designs de

Elliot, se tivesse permissão. Elliot concordou e Ruth ofereceu-se para vender o que ele criasse, sugerindo que começasse com porta-retratos. Ela notara dúzias de Austin Photography Studios por toda Los Angeles e concluiu que era o momento perfeito para produzir esse tipo de produto. "Por algum motivo, eu sabia que podia vender a eles os porta-retratos", recordou Ruth. "Parecia tão natural para mim que não hesitei por um segundo ao indicar a Matt o que ele devia fazer." Ruth não fazia ideia do que marketing significava, mas andava prestando atenção ao que estava no mercado e o que achava que faltava. Ela sentia que esse "compulsivo processo intelectual" formava sua identidade no mundo dos negócios.

Elliot ajudou a decidir quais designs de porta-retrato Matt usaria. Eles também trabalharam juntos para criar um nome para a nova companhia. Tentaram diversas combinações, finalmente decidindo em juntar "Matt" com "Elliot", formando "Mattel". Ruth insistiu que jamais pensou em ter seu nome incluído. Ela definiu que seu nome era difícil demais para incorporar, e não se importava em ficar de fora.

Elliot voltou para a Elzac e Matt começou a fazer amostras das molduras de acrílico. Exatamente como havia previsto, Ruth obteve o primeiro grande pedido de milhares de dólares, da Austin Photography. O metal era restrito por causa da guerra, de modo que a loja ficou encantada com os designs em acrílico de Elliot. A Mattel parecia destinada a ter um ótimo começo. Empolgada com o pedido e ansiosa para mostrá-lo a Elliot e Matt, Ruth ligou o rádio do carro em busca de músicas animadas para combinar com seu estado de espírito. Foi quando ela ouviu que o presidente ordenara um congelamento na venda de todos os materiais plásticos para usos que não fossem destinados à guerra. Restos e sucatas estavam incluídos.

Sentado à mesa dos Handler com Matt naquela noite, Elliot inventou um novo design, usando flocos de madeira para as molduras. Com Sarah cuidando das crianças, na manhã seguinte Ruth foi tentar convencer o comprador da Austin de que as molduras de madeira eram ainda melhores que as de plástico. Ela também estava determinada a deixar seus anos de dona de casa para trás. Queria voltar a sentir aquela onda de adrenalina. Queria voltar a competir e ao jogo vertiginoso de construir algo que era dela. Dessa vez, Ruth já tinha mais experiência. Dessa vez seria maior. Dessa vez ela não iria embora nem deixaria outra pessoa assumir sua empresa.

Depois de mostrar ao comprador as alternativas que Elliot desenvolvera, Ruth saiu da loja com um pedido que era o dobro do primeiro. A Mattel estava a todo vapor. Eles se mudaram da garagem de Matt para um espaço maior e começaram a expandir a produção. "Sim, foram os desenhos de Elliot", admitiu Ruth depois. "Sim, foi o nome de Elliot. Sim, na minha cabeça ele era grande parte daquilo. Mas fui eu que de fato criei a Mattel."

Uma mãe que trabalha fora

Sou a pessoa mais independente que conheço.

A pequena placa em cima da porta dizia "Mattel Creations". O pedido de molduras da Austin Photography havia forçado Matt e Ruth a mudarem a empresa da garagem dele para um espaço alugado na South Western Avenue, 6.058. Matt trabalhava em uma garagem convertida em uma lateral do prédio baixo de tijolos e estuque, enquanto na outra ponta um pequeno escritório ficava de frente para a rua. Lá dentro, as janelas sem molduras quebravam a superfície vazia e suja das paredes. Venezianas brancas largas eram perigosamente puxadas. Mas se a pequena oficina parecia meio rústica, sua vendedora e gerente não.

Apenas alguns meses após dar à luz Ken, Ruth perdera a maior parte do peso que ganhara na gravidez, mais por estar sempre ativa do que por qualquer dieta. Ela gostava de conjuntinhos justos que exibiam sua silhueta. Penteava os cabelos cuidadosamente e preferia usar um sedutor batom vermelho para fazer suas vendas. Com sorriso reluzente, olhar profundo e um aperto de mão firme, ela representava a Mattel como se a empresa fosse um complexo de fabricação com mil empregados.

O pedido da Austin, entretanto, mostrava que o novo negócio era delicado. Ruth, calejada pela experiência com brindes na Elliot Handler Plastics, fizera uma cuidadosa estimativa de custos por unidade e achou que havia colocado um bom preço pelo pedido. Mas alugar o prédio e encomendar materiais a havia deixado quase no vermelho. Ela não acreditava que Matt poderia ajudar com as finanças e o deixara cuidando da fabricação. Ela teria que ser a responsável por descobrir como economizar dinheiro.

Os designs de Elliot exigiam molduras de madeira complexamente esculpidas que só podiam ser feitas com um equipamento especial usado por fabricantes de móveis. Ruth abriu a lista telefônica, encontrando o contato de pequenas companhias que podiam ter tal equipamento. Deixando Ken com uma babá, ela colocava Barbara no carro para ir atrás das máquinas e dos artesãos qualificados de que precisava.

Ela ia de uma empresa a outra, tentando manter a filha alegre depois de repetidamente tirá-la e colocá-la no carro. Ruth entrou em uma companhia onde um cachorro grande que estava deitado no chão pulou e atacou Barbara. A menina não se machucou, mas foi uma terrível experiência para Ruth e a filha de três anos. Suas árduas buscas, no entanto, deram frutos. Matt conseguiu o equipamento para produzir e montar as molduras, mas elas eram pesadas e grandes, o que fez subir o custo das entregas. Com as finanças apertadas, a entrega ameaçava eliminar qualquer possibilidade de lucro. Mais uma vez, Ruth decidiu resolver o problema sozinha.

Havia uma empresa de aluguel de caminhões ao lado da Mattel. Apesar de nunca ter dirigido um caminhão antes, Ruth resolveu que alugaria um para entregar as molduras pessoalmente. Além da inexperiência dirigindo esse tipo de veículo, Ruth tinha apenas 1,55 metro de altura e pesava só 49 quilos. Alcançar as marchas e freios foi um desafio, especialmente porque as marchas operavam ao contrário das de um carro. Os funcionários da agência de aluguel olharam espantados enquanto ela tentava, a princípio sem sucesso, sair do estacionamento. Chegando na Austin, no centro da cidade, ela descobriu que a entrega teria que ser feita em um beco estreito. Era meio-dia e uma plateia formada por trabalhadores de armazém em horário de almoço assistiu e se divertiu com a luta de Ruth para alinhar o caminhão com o cais de carga. "Eu estava com medo, determinada e completamente envergonhada", rememorou Ruth, que enfim conseguiu manobrar o caminhão até o lugar certo e convenceu a perplexa plateia a descarregá-lo para ela. "Eu me senti uma idiota, mas dei um jeito naquele maldito caminhão. Fui corajosa. Eu fiz dar certo."

Ruth esqueceu de acrescentar que dirigiu o caminhão de vestido e salto alto, em uma época em que muitas mulheres sequer aprendiam a dirigir. Ela havia recuperado a sua energia, florescendo com a eletricidade do nascimento de um novo negócio. Seu marido, no entanto, estava infeliz. Os sócios na Elzac tinham pouca criatividade. Eles queriam repetir os mesmos modelos, enquanto Elliot ansiava por originalidade. Ele via bijuterias como um mercado em constante transformação, no qual as mulheres queriam ser surpreendidas com designs novos e inesperados.

Enquanto Ruth olhava um produto e pensava onde vendê-lo e no público-alvo, Elliot olhava um material e pensava no que poderia criar. Ele começou a brincar com sobras de madeira e um pouco de plástico na loja de Matt. A maioria das pessoas não veria utilidade naqueles pequenos restos, mas Elliot resolveu criar mobiliários para casinhas de boneca. Sua primeira peça foi uma cadeira, moldada em um pedaço de Plexiglass engenhosamente virado e girado para formar as pernas, braços e costas. Um pequeno pedaço de madeira foi colado para servir de assento. "Se ele consegue fazer, eu consigo vender", afirmou Ruth. Elliot seguiu a sugestão da esposa de criar uma linha completa para casas de bonecas.

Em julho de 1944, Elliot já estava farto dos sócios. Ele ligou do trabalho para Ruth, e ela notou a tensão na voz do marido. "Ruth, preciso sair deste lugar. Pedi a eles para…" Elliot hesitou, mas Ruth imediatamente soube o que estava acontecendo. Eles já haviam conversado sobre aquilo diversas vezes. "Pediu que eles comprassem sua parte?". Elliot estava hesitante. "Sim, pedi. Eles me ofereceram dez mil dólares."

Naquela época, a Elzac vendia mais de três milhões de dólares por ano, e Ruth estimava que a parte de Elliot valia entre 75 e cem mil dólares. Ela também sabia que o marido podia exigir uma quantia bem maior pela parte dele, mas respondeu: "Eles vão te pagar agora?". "Sim. Mas… dez mil dólares?", ele respondeu. "Pegue os dez mil e corra", aconselhou Ruth, sabendo que Elliot não ia querer batalhar por mais. Ruth gostaria que eles trabalhassem juntos novamente. "Vamos investir o dinheiro na Mattel. Precisamos de você aqui em tempo integral, porque temos que criar novos produtos."

Em 16 de outubro de 1944, Elliot assinou os papéis que lhe davam 9,5 mil dólares em espécie, 2,5 mil dólares por um negócio à parte chamado Beverlycraft, 3,9 mil dólares por cancelamento de dívida e permissão para que seus sócios ficassem com todos os seus designs. Eles podiam ter achado que Elliot havia feito um péssimo negócio, mas um ano depois a Elzac fechou as portas.

Ruth atingiu o objetivo de levar Elliot para a Mattel, mas nove meses depois, os esforços dele em evitar prestar serviço militar enfim fracassaram. Elliot ficara fora do exército alegando que fazia trabalhos para a guerra em casa. Em dezembro de 1943, ele escreveu para o Selective Service Board dizendo que estava ocupado com trabalhos de engenharia de projeto relacionados à guerra junto a "Advanced Plastic Engineering Company". Se essa empresa era uma ramificação ou subsidiária da Elzac, não existem registros. Entretanto, o exército aceitou a alegação, e Elliot só foi chamado para servir em Fort MacArthur em 11 de junho de 1945. Àquela altura, os aliados já haviam vencido na Europa. A vitória contra o Japão viria no final daquele verão. Elliot foi enviado para Camp Roberts, a algumas horas para o norte, perto da costa da Califórnia. Ele não estava preocupado em ser mandado para outro país, mas começou a escrever cartas ansiosas e, em suas palavras, "reclamonas", mesmo assim.

O calor era horrível, escreveu Elliot para Ruth. Os recrutas estavam prestes a começar dezessete semanas de treinamento básico com mochilas lotadas, rifles e capacetes de aço. "Ah!", lamuriou-se ele. O acampamento era duro. Ele sentia uma terrível falta da esposa. Para evitar a saudade, Elliot se permitia sonhar com ela apenas duas vezes por semana.

Os Handler trabalharam para manter a parceria de negócios intacta. Elliot começou a enviar a Ruth esboços para novos móveis de casa de boneca e, depois do treinamento básico, pôde ir para casa aos finais de semana. Esses fins de semana lhes davam mais tempo para trabalhar na empresa, assim como para o casal aproveitar a companhia um do outro. "Escute, amor", escreveu ele, "se sua prima ruiva estiver por aí quando eu receber o próximo passe para ir para casa, fale para ela dar o fora". Eles haviam passado o aniversário de casamento separados. "Amanhã fará sete anos, querida. Eu adoraria muito estar nos seus braços." Depois do fim de semana seguinte juntos, um Elliot apaixonado escreveu: "Nosso fim de semana foi um paraíso! Essas noites de sábado com você são coisas que um cara não esquece facilmente. Depois que eu voltar a ser um civil... podemos ter fins de semana como esses com mais frequência. Posso sonhar, não posso?".

O amigo de Elliot, Seymour Green, havia se alistado quatro anos antes. Ele se lembra de quando Ruth foi buscá-lo na estação, logo depois de Elliot ser enviado. "Fiquei longe por quatro anos infernais nos piores lugares do mundo", contou Green, "e Ruth só falava de como estava sendo difícil para Elliot, que estava a quilômetros de casa, e como era difícil o treinamento básico. Eu tive que rir. Tudo bem eu levar tiros, mas o cara de Ruthie era outra coisa. Ela realmente amava seu Elliot".

No final de 1945, Ruth queria Elliot longe do exército e trabalhando em tempo integral na Mattel. Sua participação era evidente na carta que o contador, Irving Feiger, enviou em 30 de novembro de 1945 para o comandante da Company B, Octogésimo sétimo Batalhão, em Camp Roberts. Elliot tinha um talento inquestionável, mas a Mattel não era a poderosa empresa descrita, exceto talvez na cabeça de Ruth.

"Antes da indução do soldado Elliot Handler nas Forças Armadas, [Mattel] estava expandindo rapidamente para uma posição de liderança no campo de fabricações em plástico devido, em nossa opinião, à habilidade criativa e imaginação do soldado Handler", escreveu Feiger. "O fato de o soldado Handler não ser capaz de ter participação ativa na gerência e nas operações da parceria e de contribuir com suas habilidades em desenhar e criar novos produtos está trazendo sérias dificuldades aos negócios e ameaças à futuras operações bem-sucedidas." Depois que a carta foi enviada, Elliot começou a insistir por uma audiência de dispensa.

Enquanto isso, a linha para casas de boneca havia crescido, mas Ruth estava insatisfeita com a distribuição. Um joalheiro local havia levado as peças para uma loja de roupas femininas em consignação, mas as vendas não foram boas. Em janeiro de 1946, Ruth resolveu que precisavam de distribuição nacional, e para chegar lá ela sabia que teria que ir à Nova York, o centro dos brinquedos do país.

Na época, Barbara tinha três anos, e Ken, menos de um. Os Handler pagaram pouco menos de dez mil dólares por uma casa na parte mais barata da vizinhança de Cheviot Hills. Elliot ficava em seu posto no exército durante a semana, mas a casa era grande o bastante para Ruth ter uma empregada que dormia lá. Ela também contava com a irmã, Sarah, que se mudara para a cidade com Louie para ajudar com as crianças.

Aparentemente, Ruth não sentiu muito remorso em deixar as crianças para ir à Nova York, mesmo que durante a semana tanto ela quanto Elliot não fossem estar presentes. Estes primeiros anos gerenciando a nova empresa criariam um padrão para sua vida familiar. Apesar de mais tarde alegarem que haviam separado tempo diligentemente para as crianças, nem Ruth nem Elliot poderiam ter feito a Mattel crescer como cresceu na década seguinte sem ter dedicado a maior parte de seu tempo aos negócios. Ruth sempre alegou que era mãe e esposa antes de ser uma empresária, mas suas ações mostravam o contrário. Às vezes, ela até chegou a admitir. "Quando se tratava de ser uma boa mãe, coisas como saber cozinhar, manter a casa em ordem, passar tempo com meus filhos e esse tipo de coisa, não fui muito boa, porque tinha tanta coisa na cabeça que era difícil conciliar tudo." Elliot e ela tentavam reservar os fins de semana e feriados como tempo para passar em família. Barbara tem lembranças de ir às compras com a mãe aos sábados, mas também recorda que "ela trabalhava o tempo todo. Estava sempre fazendo alguma coisa". Ruth estava seguindo sua paixão, mesmo que, às vezes, aquilo a levasse para longe de casa. Sua filha, mais tensa e volátil que o irmão caçula, se ressentiria por isso cada vez mais.

Ruth partiu para Nova York em fevereiro de 1946. Tudo era novo e confuso. A única viagem que tinha feito antes havia sido entre Denver e Los Angeles. Ela jamais estivera na Costa Leste.

Devido às restrições da guerra, ela não conseguiu uma passagem de avião. Também haviam poucos bilhetes de trem, e Ruth nem sabia qual deveria comprar. Ela parou no guichê de bilhetes e pediu para estar na linha Union Pacific para a cidade de Nova York, mas lhe advertiram que haviam diversas linhas e que ela teria que trocar de trem. Ela provavelmente acabou na Union Pacific de Los Angeles para uma viagem de quarenta horas até Chicago. Ruth dormiu no beliche inferior de um vagão-cama. Em Chicago, ela trocou de trem, talvez para o New York Central's Twentieth Century Limited, e passou mais vinte horas nos trilhos. Quando chegou na Pennsylvania Station, em Nova York, Ruth não tinha alguém para quem ligar. Pagando o que pareceu uma quantia exorbitante, ela pegou um táxi para o hotel Lexington. Ruth passou os dois dias seguintes perambulando pelo número 200 da Quinta Avenida, onde brinquedos eram vendidos no atacado e pessoas que trabalhavam no comércio de brinquedos se reuniam. Ruth era uma jovem atraente sozinha em um prédio cheio de homens e, conforme contou a um colega depois: "Recebi muitas propostas, mas não para comprar brinquedos".

O Toy Building, como era conhecido, era um arranha-céu dedicado à exibição e venda de brinquedos. Ruth andou por seus longos corredores, que lhe pareceram uma enorme feira de mercadorias. Ela não tinha certeza de como encontrar o lugar certo para vender os móveis para casas de boneca da Mattel. Então, quando se aproximou do final de um corredor, ela viu um homem parado na frente de um dos escritórios com vitrines de loja a encarando. Gesticulando para que ela se aproximasse, ele perguntou quem ela estava procurando. Quando Ruth chegou perto, viu mobílias de casas de boneca na vitrine dele. Ela achou as mobílias de metal estéreis e pouco criativas, mas pelo menos descobrira um contato.

Vic Goldberg levou Ruth para dentro de seu escritório. Depois de olhar a linha de móveis de boneca de Ruth, ele lhe contou que tinha um sócio, Ben Senekoff, e que ela devia ir jantar com eles naquela noite.

Ruth encontrou Goldberg e a namorada, Minyan, em um clube chamado Latin Quarter. Ela se lembra de como achou divertido que Minyan, cujo nome Ruth jamais ouvira, ter o sobrenome tipicamente judeu Goldstein.

Depois de Goldberg e a namorada beberem um quarto de garrafa de uísque, Minyan confessou para Ruth como Goldberg a tratava mal. Ele havia avisado a Minyan para encontrá-los no clube, em vez de ir buscá-la, o que Ruth achou rude. O casal também namorava havia quinze anos e estavam comprometidos um com o outro, mas não moravam juntos. "Eu ainda não era uma mulher experiente", expôs Ruth. "Estava tendo uma visão totalmente nova de um relacionamento."

De volta ao escritório, Goldberg e Senekoff contaram que vendiam para a Sears e a Firestone Tire, que também comercializavam brinquedos e mostraram a Ruth montanhas de faturas para provar. Mais tarde, quando ela descobriu que aqueles eram seus únicos dois clientes, sentiu-se enganada. Ela havia, afinal, os contratado para a primeira organização de vendas da Mattel.

A viagem de Ruth durou menos de duas semanas, mas Elliot lhe escreveu diversas cartas. "A casa é solitária demais sem você. Bobby [Barbara] ficou muito triste no primeiro dia... Kenny chama pela mamãe... ele fica esperando você passar pela porta. Ele tem sido um bom garoto, só que não quer mais dormir." Ele contou que Bobby teve um resfriado, e em seguida deu algumas novas informações sobre os negócios. Depois de fazer tudo, exceto apaziguar os receios de Ruth quanto às crianças, Elliot concluiu com: "Querida, não se preocupe com as coisas em casa". Ele escreveu novamente dois dias depois, com medo de ela se resfriar, como sempre, e especulando que ela devia estar com saudade dos filhos. Elliot queria que ela voltasse.

Ruth retornou triunfante e cheia de planos para a expansão da Mattel. Ela estava "cem por cento orgulhosa de si mesma", conforme contou em sua autobiografia, na qual a viagem é narrada sem qualquer referência a como sua família se saiu em sua ausência. Só depois ela percebeu que os novos distribuidores estavam mais interessados em vender as próprias linhas de mobílias para casas de boneca que as da Mattel. Ainda assim, as vendas foram boas, e a carta para o exército levou à dispensa de Elliot do trabalho como almoxarife, em março de 1946.

Ruth e Elliot estavam em alta. Eles esperavam que 1946 fosse melhor do que o ano anterior, quando haviam ganhado trinta mil dólares dos cem mil das vendas de móveis para bonecas. Eles se sairiam bem no futuro, mas nunca, em todos os seus anos de negócios juntos, teriam um retorno tão alto quanto no primeiro ano completo da Mattel.

Uke-A-Doodles

Aprendemos a gerir um negócio por meio do produto.

Quando Elliot ligou de Manhattan, em março de 1947, Ruth sentiu o pânico na voz normalmente calma e suave do marido. Devido à diferença de fuso horário, ele a encontrou em casa antes de ela sair para a Mattel. Quando ele lhe contou o que havia acontecido, Ruth sabia que precisaria largar tudo para ajudar. O primeiro grande brinquedo deles estava prestes a ser roubado.

Ainda que as crianças fossem muito novas, Ruth organizara a vida de forma que pudesse trabalhar em tempo integral. Mais tarde, ao responder à pergunta de um repórter sobre como cuidar de uma carreira quando se é ao mesmo tempo esposa e mãe, Ruth falou sobre a necessidade que sentia de sair de casa e a gratidão por ter trabalho. "A vontade em mim era tão forte que eu acordava cedo e fazia o que tinha que ser feito. Cuidava das crianças ou do que mais houvesse para cuidar." Elliot, diferentemente de muitos homens de sua geração, oferecia um pouco de ajuda em casa. Ele não fritava ovos, mas fazia torradas. Não trocava uma fralda suja, mas trocava a molhada de xixi. Ainda assim, Ruth reconhecia que carregava a maior parte das responsabilidades domésticas. "Eu sempre falei que se uma mulher quer subir na vida, ela tem que trabalhar duas vezes mais, três vezes mais, estar disponível o tempo todo para ser mãe, esposa e mulher de negócios. Não me ocorria que o trabalho devia ser dividido igualmente." Ela também não acreditava que eles estavam "dispostos a se doar totalmente", como fez assim que Elliot explicou a crise.

Pouco antes, a Mattel havia contratado e rapidamente perdido seus representantes de venda, os irmãos Caryl, por causa do marketing de um brinquedo exclusivo, o Uke-A-Doodle. Elliot criara o design do brinquedo e o nome divertido. Como milhões de americanos, ele e a esposa amavam escutar Arthur Godfrey. Nos anos antes da televisão, quando o entretenimento vinha pelas vozes sem rosto do rádio, os programas de Godfrey tinham mais ouvintes do que qualquer outro. Elliot e Ruth raramente encontravam tempo para escutar o programa diário, mas eles adoravam o incrivelmente popular programa semanal noturno, *Arthur Godfrey's Talent Scouts*. Caça-talentos levavam artistas ao show, incluindo os cantores Tony Bennett e Patsy Cline, e o comediante Lenny Bruce. Godfrey, antecipando o *American Idol* por mais de meio século, usava um "aplausômetro" para escolher o vencedor.

Amigável e informal, Godfrey mantinha a plateia do estúdio rindo e aplaudindo com suas piadas bobas. Seus leais ouvintes levaram o programa ao topo e fizeram seu nome onipresente. Tudo que evocava Godfrey tinha amplo apelo, até seu ukulele, que ele tocava com tenacidade em momentos imprevisíveis.

Elliot viu o potencial para um instrumento de brinquedo e desenhou uma versão em miniatura do ukulele de Godfrey. O brinquedo azul e coral vinha com adesivos florais para ser decorado, uma pequena palheta para as quatro cordas e uma caixa especial cara e colorida. O preço sugerido no varejo era de 1,49 dólar. As cordas de plástico não eram melódicas, mas Godfrey também não era. Os fãs podiam fingir ser uma estrela do rádio ou um músico.

Alguns meses antes de a Mattel iniciar a produção do brinquedo, Ruth começou a pensar na distribuição. A empresa tinha apenas dois anos e meio. Ruth havia feito a maior parte das vendas e distribuição, começando com os móveis para boneca. Depois do sucesso de 1945, uma companhia que fazia móveis mais detalhados a preços mais baixos derrubara a Mattel.

Tirando o foco do mobiliário para bonecas, a Mattel correu com o Birdy Bank, que consistia em um cofre em formato de casa com um pássaro no topo, e um kit de maquiagem infantil, Make-Believe, para comercializar. Com uma grande carga-horária de trabalho e apenas cinco funcionários, eles encerraram 1946 com algum lucro. Ruth percebeu que para crescer seria preciso uma organização nacional de vendas. Havia um *baby boom* na América e, depois dos anos de guerra, a nação estava sedenta por brinquedos. Após devorar revistas sobre o assunto, ela começou a contratar representantes de venda por todo o país.

No meio-oeste, ela escolheu os irmãos Caryl, que tinham escritórios no crucial mercado de Nova York. Eles estavam determinados a vender o Uke-A-Doodle, mas Ruth decidiu que também poderia fazer algumas vendas pessoalmente. Três meses antes da Feira de Brinquedos de março de 1947, sem consultar os novos distribuidores, Ruth levou amostras do Uke-A-Doodle para o escritório da Butler Brothers, em Los Angeles. A gigante do atacado, baseada em Chicago, franqueava a cadeia de quase três mil lojas de varejo Ben Franklin. A empresa também agia como intermediária, comprando grandes quantidades de brinquedos e em seguida fornecendo-os a diferentes estabelecimentos pelo país.

Ruth voltou para casa maravilhada. As sedes da Butler Brothers haviam aprovado um enorme pedido baseado no entusiasmo que Ruth causara no escritório em Los Angeles. No entanto, quando ela ligou para os irmãos Caryl, eles ficaram furiosos. Como eles venderiam para a gigantesca cadeia, baseada na própria cidade deles, agora que Ruth fora diretamente até Butler? E ela não havia percebido que Butler era ao mesmo tempo uma cadeia e uma intermediária? Ruth concordara em despachar os brinquedos a preços de intermediário para todas as lojas Butler. Aquilo foi burrice, eles disseram a ela. A Butler devia ter arcado com o despacho, ou Ruth devia ter cobrado pela entrega. Os Caryl desistiram na hora.

Em sua autobiografia, Ruth alega que ofereceu uma comissão aos Caryl nas vendas que ela fez e seriam enviadas ao território deles, uma implícita admissão de que ultrapassara um limite ao fazer o próprio acordo. A Butler Brothers era um grande alvo para a força de vendas que ela acabara de contratar, e sua atitude sem dúvida abalou a fé dos Caryl nela. Apesar de saber que eles podiam ter negociado um acordo mais lucrativo com a Butler, Ruth insistiu que havia feito a coisa certa. "Acho que fomos muito sábios. Acho que [o pedido da Butler] nos impulsionou." Ela nunca admitiu que, ao fazer o próprio trato, estava pensando em manter a comissão para si. O incidente foi uma indicação precoce de que Ruth odiava admitir erros e tinha um forte senso de sua própria imparcialidade. Ela também protegia o ponto principal. O Uke-A-Doodle foi a base para muitos dos grandes brinquedos da Mattel e para a ascensão de Ruth como a guardiã soberana das finanças da empresa.

Sem os Caryl para cobrir Nova York, Elliot planejou ir à Feira de Brinquedos em busca de um novo time de vendas. Ele chegou com uma recomendação para conhecer Al Frank, que rapidamente contratou, junto com a organização de vendas dele. Frank mostrou a Feira de Brinquedos a Elliot. Enquanto os dois avaliavam o potencial dos mais novos produtos, Elliot viu uma vitrine que o deixou chocado, e em seguida correu para ligar para Ruth e contar o que havia visto.

Um concorrente de Los Angeles, Leo White, da Knickerbocker Plastics, estava exibindo o Uke-A-Doodle em seu salão de vendas a preços mais baixos. White havia raspado o nome da Mattel da amostra, sabendo que poderia garantir pedidos porque o brinquedo era fácil de produzir. Os clientes que estavam fazendo grandes pedidos para a Mattel comunicaram a Elliot que conseguiriam um preço melhor com White. Iniciou-se uma guerra de preços, com ambas as empresas tentando baixar mais o valor de venda do brinquedo do que a outra. Em Los Angeles, Ruth precisou pensar em como reduzir o custo da produção. O planejamento de preço havia chegado em um preço de varejo de 1,39 dólar. O preço por atacado era metade. O brinquedo da Mattel vinha em uma bela e multicolorida caixa impressa que era cara para produzir, mas o preço não parava de cair, finalmente chegando a 0,98 centavos de dólar.

Em Los Angeles, Ruth recebia, de hora em hora, ligações de Elliot cada vez mais furiosas e preocupadas pelo leilão estar esquentando. Ele estava tendo uma tonelada de pedidos, mas a preços cada vez mais baixos.

A Knickerbocker Plastics era uma companhia enorme comparada à Mattel. Tendo visto o Uke-A-Doodle vendendo bem nas lojas Ben Franklin, White comprara diversas unidades para exibir e dar a seus engenheiros, de modo que começassem a se preparar para produzi-los. Confiante de que a Knickerbocker poderia compensar em volume o que estavam sacrificando em preço, White talvez tenha percebido que os donos da iniciante Mattel eram ingênuos demais para saber que ideias de brinquedos eram roubadas por concorrentes o tempo inteiro.

Ruth estava furiosa. Ela sabia que a Mattel precisava aumentar a produção e cortar custos imediatamente. Ela tinha vantagem sobre a Knickerbocker, considerando que o brinquedo já estava pronto. Se conseguisse inundar o mercado, esperava manter o ukulele da concorrência fora das prateleiras.

Ela começou com Art Sugarman, fabricante da Peerless Plastics. Ele tinha uma oficina de injeção em moldes e havia estendido o crédito de Ruth para produzir os primeiros ukuleles. Ele concordou em aumentar o volume e dar um desconto no preço, mas não era suficiente. Se ela não conseguisse cortar o custo do brinquedo, teria que passar para a embalagem. Ruth implorou à empresa para trocar a cara caixa de duas peças por uma feita com uma só peça dobrável. Eles não estavam interessados, lembrando-a de que sua pequena empresa já os devia dinheiro. Ruth pegou a lista telefônica e começou a ligar para todas as companhias de caixas listadas. Depois de tensas horas de espera, apenas um jovem, Eddie Myers, apareceu na porta da empresa.

Ruth contou a verdade a Myers. Ela explicou que a Mattel precisava baixar o preço significativamente e que eles não tinham crédito nem dinheiro, mas tinham muitos pedidos grandes chegando. Segundo Ruth, "ele ficou muito animado com a história toda" e concordou em fazer as caixas. Anos depois, Myers contou a ela que quando ele voltou para a fábrica, quiseram saber sobre o crédito da Mattel. Ele respondeu a eles que pagaria pessoalmente pela conta se a Mattel não o fizesse. Ruth jamais esqueceu a generosidade e fé que aquele homem teve na Mattel. "Conforme nossa companhia cresceu", narrou Ruth, "nossa lealdade a Eddie permaneceu firme. Quanto mais crescíamos, mais comprávamos, e mais negócios Eddie fazia. No final, ele acabou se tornando dono daquela empresa de caixas."

Ruth conquistou Myers com o estilo de venda instintivo e dinâmico que ela usara para construir a empresa até aquele momento, e esse mesmo instinto a salvaria, financeira e emocionalmente, muitas e muitas vezes. Sua feroz lealdade aos que a apoiaram em seus primeiros anos também era igualmente característica, apesar de ser pesada por um estilo menos atraente que demonizava aqueles que a contrariavam. Haveria um bom número de ambos em uma vida cheia de altos e baixos dramáticos.

Quando Elliot voltou de Nova York, Ruth já estava com tudo pronto para produzir uma versão mais barata do brinquedo. Ela acionara cada pessoa ligada à companhia para trabalhar. Sam Zukerman, que, juntamente com os Handler, fundara a sinagoga local, Temple Isaiah, ajudou a montar os livros de caixa e estabelecer o plano de negócios. Ele concordou em levar dúzias de Uke-A-Doodles para sua garagem, colocando os filhos para trabalhar empacotando os brinquedos para distribuição.

Os pedidos não paravam de chegar, mas Ruth ainda não tinha certeza se a empresa faria algum lucro. Ela estava operando através de empréstimos, tanto de sua família quanto do seu novo banco, o Bank of America. Depois de levar uma maleta cheia de pedidos ao Union Bank e encontrar resistência aos planos de negócio, ela trocou de banco. Ela comunicou ao funcionário que esperava fazer um milhão e meio de dólares em volume. Ele a olhou espantado e disse que era impossível ela conseguir aquilo. Mesmo tendo dado a Ruth um terço do que ela pedira, ela alcançou a meta. Da próxima vez em que precisou de dinheiro, os funcionários de empréstimo do Bank of America responderam mais amigavelmente. Ela estava em uma busca agressiva por dinheiro vivo, o maior problema que enfrentou construindo a Mattel.

Supervisionando cinco funcionários pagos, Matt corria para cumprir com os pedidos, o tempo todo preocupado com os dez mil que havia investido no negócio. Ele havia deixado a Elzac por causa do estresse, e a Mattel estava se revelando ainda mais estressante. Ele trabalhara a vida toda; não podia se dar o luxo de perder aquele investimento. Também não tinha muita fé em Ruth, e ela não tinha muito respeito por ele. Ruth ainda se ressentia da atitude dele quando ela mesma teve que dirigir o caminhão para entregar o pedido de molduras da Austin Photography. Ele tinha certeza de que ela fracassaria.

Ruth achava Matt burro. Ela também acreditava que ele estava tentando testá-la, uma sensação que também tinha em relação a outras pessoas. Ela achava que as pessoas a desafiavam e gostavam de assisti-la tentar alguma coisa aparentemente impossível de se fazer. Acreditando que os outros ansiavam por seu fracasso, Ruth sentia necessidade de provar o quão boa era.

Ruth estava expressando seu ressentimento, mas sua avaliação a respeito de Matt acelerou a saída dele da Mattel. Ele estivera no lugar certo na hora certa para ajudá-la a voltar ao mundo dos negócios, mas jamais poderia sobreviver em uma companhia administrada por ela. Suas contratações seriam marcadas por buscas pelas melhores, mais inteligentes, mais agressivas e mais resilientes pessoas para cada setor da empresa. Quando ela deu de cara com Matt em sua mesa, com a cabeça deitada sobre os braços, não se esforçou muito para dissuadi-lo de desistir da parte dele da empresa. Sarah e Louie haviam recentemente vendido seus negócios em Denver e se mudado para a região de Westwood em Los Angeles. Ruth sugeriu a Matt que eles poderiam se interessar em comprar a parte dele da Mattel. Ele quase deu um pulo, segundo Ruth. Louie comprou a parte de Matt por quinze mil dólares, cinco mil a mais que o investimento inicial dele. Não há registro da transação. Segundo Ruth, nem ela nem Elliot ouviram falar de Matt novamente.

Durante a década seguinte, a Mattel venderia onze milhões de Uke-A--Doodles. O brinquedo rendera não só 28 mil dólares em lucro no primeiro ano, como também algumas lições de negócios cruciais e algumas perdas. Harold Matson se fora. Sam Zukerman, o contador público que ajudara Ruth com a contabilidade e o primeiro plano de negócios, sentia-se usado. Ruth prometera que ele seria sócio, e em troca ele trabalhara diversos anos por um valor reduzido. Em 1948, quando Ruth estava pronta para cumprir o combinado, Zukerman montou os papéis para ela e incluiu seu nome, conforme haviam acertado. Mas Ruth tinha mudado de ideia e o nome dele fora tirado. "Meu pai era o tipo de homem para quem bastava um aperto de mão", recordou a filha de Zukerman. O contador nunca mais trabalhou para a Mattel.

Quanto ao marketing, Ruth aprendeu que fora tola em mostrar o Uke-A-Doodle antes da Feira de Brinquedos. Ao vendê-lo a Butler Brothers, ela tornara fácil para os concorrentes obterem um de seus brinquedos e copiarem-no, uma prática que ela descobriu ser comum em um negócio que precisava de um constante fluxo de ideias novas. Ela jamais ignoraria a Feira de Brinquedos novamente. Em vez disso, se empenhou em conquistá-la.

Músicos e notas ácidas

Na indústria de brinquedos, você precisa criar novos produtos constantemente.

"Por que você não pode ser como as outras mães?", gritou Barbara para Ruth antes de abandonar furiosamente, mais uma vez, a mesa de jantar. Os Handler faziam do jantar em família uma prioridade, mas não podiam controlar os humores. Na casa modernista que Elliot projetara no Duxbury Circle, em Beverlywood, as tensões entre trabalho e família muitas vezes eram altas.

Em 1951, os Handler haviam se mudado para o enclave de alto nível, não tão chique quanto Beverly Hills, mas uma grande mudança em relação a seu primeiro apartamento de camas dobráveis. A sensibilidade artística de Elliot se fazia presente em cada cômodo. Um piano de cauda ocupava um lado da sala de estar, para Ken. Perto dele, uma chaminé feita à mão corrugada em forma de cone ficava suspensa acima da lareira redonda; sua superfície de cobre era o ponto focal da sala. Uma parede de janelas de vidro laminado dava para a piscina e para o pátio cercado por jardins. A sala de jogos do andar de baixo tinha uma máquina de refrigerante para as crianças. Uma figueira de verdade, com pássaros mecânicos que cantavam, subia dois andares, crescendo no meio da escadaria curva que levava ao amplo segundo andar. A casa foi destaque em matérias de revistas. Convidados a achavam impressionante, uma obra de arte viva, mas para Barbara era mais uma expressão do que havia de errado em sua jovem vida. Ela disse a Ruth que gostaria de morar na casa simples de classe média de um parente próximo. De uma maneira que Barbara nunca conseguiu entender, o lar de classe média pelo qual ela ansiava era parte do problema. Aqueles lares estavam sendo lotados de brinquedos da Mattel, tornando seus pais ricos e fazendo Barbara se sentir cada vez mais diferente dos amigos.

A Mattel cresceu de maneira fenomenal no final dos anos 1940 e começo dos anos 1950. Ruth e Elliot fizeram cinco mudanças, para instalações cada vez maiores. Ruth assumiu o cargo de vice-presidente executiva em 1948, sempre cautelosa para não usurpar a dominância masculina esperada na época. Elliot era o presidente, pelo menos no nome. Como Ruth expressou um tempo depois, "Sabe, eu sempre agi como presidente, desde o dia em que começamos". Enquanto Elliot criava resultados brilhantes com os novos produtos, Ruth cuidava de todo o resto.

Os negócios ocupavam cada vez mais o tempo de Ruth, e os protestos de Barbara só aumentavam. "Ah, como eu odiava minha mãe trabalhar quando eu era nova", relembrou ela, "e até durante a adolescência. Lembre-se de que era uma época em que mulheres só trabalhavam se realmente precisassem. Eu achava que minha mãe falava alto, como um homem, e que ela era simples. Todas as mães de minhas amigas ficavam em casa na maior parte do tempo. Eu me perguntava por que éramos tão diferentes. Eu não queria que minha mãe fosse diferente". As reclamações e acusações de Barbara muitas vezes levavam Ruth às lágrimas na hora de dormir. Sentia-se rejeitada pela filha e incapaz de mudar.

Ruth era diferente das outras mulheres de seu tempo, e sua atitude em relação à família era grande parte do que a diferenciava. Ela se via como uma estranha, frequentemente descrevendo a si mesma como solitária e alguém que não tinha muitas amigas. "Eu amava ser única. Justamente aquilo que minha filha recusava em mim era a coisa que eu mais prezava. Não busquei ser única na minha aparência, em como eu me portava, mas eu era. Todos me conheciam; eu não conhecia ninguém."

Ruth se orgulhava de agir fora dos padrões da época. Ela trabalhava com muitos homens, e acreditava que isso a fazia alvo de fofocas para outras mulheres. Ela afirmava que não ligava se falassem sobre ela. Se elas se ressentiam por conta do poder e das habilidades da empresária, não era problema dela. Ruth sentia ter nada em comum com mulheres que ficavam em casa apenas cuidando dos filhos. Elas falavam de bebês, babás, roupas e cabeleireiros. Para Ruth, "aquilo era a maior chatice do mundo. Eu não podia conversar sobre negócios com elas, e estava vivendo, comendo e respirando negócios. Nunca fui muito boa em falar sobre meus filhos, e não suporto pessoas que só falam sobre os filhos".

Ocasionalmente, Ruth permitia que pessoas se aproximassem. Ela admitiu precisar de amigos de vez em quando e sentir falta de ter com quem conversar. Mas ela escolhia pessoas que também eram diferentes de um jeito particular, e que serviam aos propósitos dela na época. Quando as crianças eram pequenas, Ruth tinha apenas uma amiga, uma mulher chamada Trudy, a quem os outros evitavam. "Trudy era toda errada", relembrou Ruth, "e eu aprovo pessoas que são menos que corretas. Gosto daqueles que não são perfeitos, que são simplesmente cheios de falhas. Posso me aproximar bastante desse tipo de gente". Trudy atraiu o interesse de Ruth porque ela flertava, xingava e nunca se censurava na hora de falar. "Ela realmente não dava a mínima para nada", definiu Ruth. Com Trudy, Ruth sentia que podia ser ela mesma.

O espírito rebelde de Ruth alimentava sua motivação e os riscos que tomava nos primeiros anos da Mattel. Se ela não era como as outras mulheres, estava livre para ser o que quisesse, e o que ela queria era a adrenalina cada vez maior que estava sentindo conforme instigava o crescimento da Mattel.

Com a empresa no limite financeiro e Elliot insistindo em liberdade criativa, Ruth desenvolveu uma abordagem de fabricação pouco ortodoxa. Faltava-lhe capital para comprar equipamentos que fizessem brinquedos de todos os diferentes materiais que o marido desejava usar, mas ela estava determinada a levar as ideias dele para o mercado. Ela reconhecia a habilidade de Elliot em saber quais brinquedos teriam apelo junto às crianças. "Ele era, sem sombra de dúvida, o melhor designer de brinquedos do mundo inteiro. Digo isso sem reserva alguma", afirmou Ruth. Elliot esboçava uma ideia, e depois trabalhava com os engenheiros, ferramenteiros e encarregados da produção. Para apoiá-lo, Ruth montou um exército de terceirizados que fabricavam em metal, plástico, borracha, papel, papelão e qualquer outro material que Elliot quisesse usar. Este método nada ortodoxo foi a primeira de muitas decisões que diferenciariam a Mattel da concorrência. Outras companhias de brinquedos ficavam confinadas pelos caros equipamentos que possuíam para fazer apenas brinquedos de plástico, ou para rotomoldagem de bonecos. Com os subcontratados, a Mattel não precisava investir dinheiro algum em equipamento, e eles perceberam o benefício extra da flexibilidade de saciar a demanda da indústria por novos produtos.

Elliot estava certo quanto à popularidade do Uke-A-Doodle. Criando mais brinquedos nessa temática musical, sua grande ideia seguinte parecia ainda mais perfeitamente programada. Ele desenhou um piano de cauda de mesa com dezessete teclas. Diferente de todos os outros pianos de brinquedo feitos na época, este tinha teclas pretas em relevo para os sustenidos e bemóis, e permitiam que as crianças tocassem uma imitação de escala razoável. Vermelho, com pernas amarelas e de preço baixo, sendo vendido a três dólares, o piano mostrava todas as crescentes habilidades de fabricação e design da Mattel.

Ruth estava orgulhosa desse segundo grande brinquedo da empresa, e a resposta na Feira de Brinquedos de 1948 foi entusiasmada. Segundo Ruth, a indústria dos brinquedos "ficou louca com ele. Os pedidos eram grandes. E então o comprador da Sears Roebruck na época, Ralph Leonardson, entrou no showroom da Mattel".

Ruth chamava Leonardson de "sr. Deus em pessoa" e confessou que durante anos ele lhe dera medo. A Sears era a maior compradora e podia consagrar ou destruir um brinquedo. Ruth esperava que Leonardson ficasse tão entusiasmado quanto os outros compradores quando examinasse o piano da Mattel, mas ele se recusou a fazer um pedido. Ruth pressionou para saber o motivo. Ele explicou que eles haviam cometido um erro ao combinar materiais incompatíveis. Teriam inúmeros problemas com quebras durante os envios da mercadoria, e ele não queria ter aquela chateação. "Vocês nunca vão resolver seus problemas de qualidade com este brinquedo", decretou ele.

Ruth estava confiante quanto aos testes de qualidade da Mattel. Eles já haviam engrossado algumas partes do piano onde as barras de aço eram apertadas, e ela tentou, sem sucesso, convencer Leonardson de que ele estava equivocado. Ruth logo descobriu, no entanto, que o homem sabia do que estava falando. "Despachamos mais de meio milhão", lembrou Ruth, "e para nossa pequena e tola empresa aquilo era bastante. Pelos nossos cálculos, perdemos cerca de 75 mil dólares nos que despachamos. Perdemos cerca de dez centavos por piano por causa de quebras, e aprendemos uma importante lição".

Ruth raramente admitia erros. Contratempos eram lições. Maus julgamentos sempre tinham um fundo de bom julgamento junto. Sua crença em si mesma — apesar de ter estudado, treinado ou experimentado pouco — parecia ilimitada, exceto quando se tratava de sua vida pessoal.

Barbara, agora na escola primária, estava se tornando cada vez mais beligerante e mimada. Uma babá lembra dela como uma "peste", que era difícil de colocar para dormir e cuja mãe era fria e imperiosa. "Eu me dava muito bem com adultos, mas não gostava de ir lá. Ruth era má. Ela agia como se fosse tão importante. Elliot era o oposto e muito dominado." Certa vez, Barbara colocou um gato debaixo do lençol do amigo dos Handler, Seymour Green, quando ele estava dormindo na casa da família. "Ele me perseguiu pela rua. Eu realmente era uma peste", lembrou Barbara. "Mas eu não acho realmente que crianças possam ser pestes; acho que eu tinha raiva."

Em seus arquivos, Ruth guardava um pedaço de papel rasgado com a caligrafia cuidadosa da garotinha. "Se você fosse uma mamãe boazinha, você me colocaria na cama, isso se fosse uma mamãe boazinha." Barbara queria uma coisa que Ruth não podia dar. Focada e determinada, Ruth lutava para exibir o comportamento gentil e amável que Barbara desejava. Como resultado, cada decisão tornava-se um campo de guerra. O bebê do aviador Charles Lindberg havia sido sequestrado e morto em 1932, e a notória tragédia ainda assombrava os americanos, especialmente os ricos. Quando Ruth insistiu para que o chofer levasse Barbara à escola, a garotinha explodiu. Ela queria ir a pé com suas amigas. Ela ansiava por uma sensação de normalidade, por uma vida como a dos colegas.

Ruth se esforçava para lidar com o ressentimento de Barbara, sem saber como reagir. Deixar os negócios estava fora de cogitação, logo, ela suportou a culpa. Mas também haviam outros problemas que movimentavam a casa, principalmente entre irmãos. O irmão de Barbara, Ken, tinha um temperamento mais calmo e gostos menos convencionais que os dela. Ele tinha um relacionamento delicado com Barbara e era mais próximo de Ruth.

Ken mostrou desde cedo um amor por filmes e música. Ele tinha o dom do tom perfeito e uma bela compreensão de idiomas. Em uma viagem ao Havaí, quando tinha seis anos, ele se sentou no piano do saguão do hotel e tocou "Tennessee Waltz", mesmo sem jamais ter tido uma aula de piano. Enquanto Barbara gostava das últimas tendências, Ken parecia preso no passado. Ele gravitava em direção à ópera e músicas do começo do século e evitava rock and roll, o novo estilo musical que emergia no final da década de quarenta. O menino escrevia roteiros de filmes antes de completar dez anos e assistia a filmes com legendas. Criando uma lista de velhas salas de cinema de Los Angeles que tinham fechado, ele usou a revista *Cue* para escrever nela qual filme achava que estaria passando se determinada sala ainda estivesse aberta. Estudava os cinemas de Nova York, vendo quais filmes eles estavam exibindo e criando uma programação de fantasia para um teatro similar em sua lista de Los Angeles.

Ken via os pais e a irmã como vivendo no convencional, enquanto ele, conforme descreveu, "estava em algum território obscuro". Barbara tinha uma opinião mais afiada, refletindo persistentes ressentimentos. "Nunca fui próxima de meu irmão Ken. Quando estávamos crescendo, ele odiava as músicas que eu escutava e eu não conseguia acreditar que um garoto da idade dele ouvia ópera. Meu irmão é excêntrico e acha que minha mãe é Deus. Ele nunca gosta dos restaurantes que outras pessoas gostam, ou dos lugares que outras pessoas gostam. Ele sempre tem que gostar de uma coisa diferente." Para uma pessoa convencional, era o que parecia, mas Ken tinha a mente fértil e criativa do pai. Ele era um inconformado por natureza e estava bastante ciente de como o restante do mundo o enxergava. "Eu era um nerd, um nerd de verdade. Todas as garotas me achavam um idiota." Ele tinha uma visão vaga dos interesses da irmã. "Minha irmã era louca para estar em conformidade", contou ele ao autor de *Forever Barbie*.

As tensões dentro de casa e pressões da vida familiar contrastavam com a realização que Ruth encontrava no trabalho. Trabalhar a animava mais que qualquer coisa. "Toda vez que tínhamos um grande sucesso no negócio, era uma nova onda e uma nova experiência", contou ela. "Essa experiência de poder só podia ser a mais animada de todas." E conforme o negócio crescia, o poder de Ruth acompanhava.

O desastre financeiro do piano de brinquedo abriu de maneira inesperada as portas para o grande sucesso seguinte da Mattel. Em 1949, um homem chamado Ted Duncan foi ver os Handler para mostrar uma caixinha de música modernizada que ele passara três anos desenvolvendo em sua garagem. Ex-músico e compositor para alguns estúdios de Hollywood, Duncan também trabalhava meio período consertando objetos. Ele colecionava caixinhas de música suíças, mas frequentemente frustrava-se porque os filhos quebravam seus delicados mecanismos. Ele queria criar uma caixinha de música mais durável e desenvolvera um cinto de borracha de cinco centímetros com saliências do tamanho da cabeça de um alfinete. Ele espaçou as saliências de forma que, conforme o cinto era girado, as pontas dedilhavam uma dúzia de filetes rígidos de piano montados em um pente de metal. Esta barra feita de uma placa de zinco era pequena o bastante para caber dentro de uma variedade de brinquedos.

Caixinhas de música suíças eram vendidas por cinco dólares ou mais, e estavam na categoria de brinquedos de luxo. A ideia de Duncan tinha baixo custo, era durável e tocava continuamente conforme a manivela era girada. Duncan havia tentado atrair o interesse de várias empresas com a ideia, mas não havia obtido sucesso. Ruth e Elliot foram os primeiros a ver o potencial. Elliot desenhou os brinquedos que conteriam os mecanismos criados por Duncan, começando com uma caixinha de música como sanfona, e depois uma Jack-in-the-box, uma caixinha de surpresas e uma das poucas ideias de Ruth para brinquedos. Eles pediram a Duncan para trabalhar com um confiável encarregado na fábrica, Paul Blair, na engenharia e produção em massa do brinquedo.

Paul Blair era um homem negro que encontrara um lugar de trabalho tolerante na Mattel. Enquanto outras fábricas eram segregadas por raça, a linha de produção da Mattel não só empregava em sua maioria mulheres, como também incluía diversas etnias. Pessoas negras, brancas, asiáticas e latino-americanas trabalhavam lado a lado. Ruth alegava que jamais pensara na composição racial de sua força de trabalho, mas ela conhecia a dor do antissemitismo, e aquilo pode ter influenciado sua atitude. "Contratávamos pessoas negras; não importava para nós", recordou Elliot. "Nossas famílias não eram racistas. Um de nossos primeiros gerentes era negro, um mecânico muito eficiente. Éramos muito liberais. Éramos democratas." Outras pessoas notaram o quadro de funcionários nada convencional da fábrica da Mattel. "Um tour por sua fábrica é como um passeio nas Nações Unidas", dizia uma carta da Los Angeles Conference sobre relações comunitárias. "Pessoas de diferentes raças, diversas crenças religiosas, deficientes, idosos, todos trabalhando como uma unidade. Vocês estabeleceram um exemplo que pode ser seguido por empresários de toda parte." Em 1951, a atriz Loretta Young entregou aos Handler o prêmio anual Urban League por suas práticas não discriminatórias.

Ruth e Elliot reconheciam o talento de Blair como gerente e engenheiro. Eles confiavam nele para encontrar a melhor abordagem para a produção da caixinha que Duncan concebera. Estavam confiantes de que o produto seria um sucesso, e despejavam dinheiro no projeto, mas não era suficiente. O brinquedo exigia um enorme investimento em equipamento e ferramentas, e Ruth não conseguia o empréstimo de que precisava com o banco. Elliot e ela voaram até Denver para pedir um empréstimo à irmã dela e ao cunhado, Doris e Harry Paul. Eles já haviam emprestado vinte mil dólares de Sarah e Louie Greenwald. Os Paul concordaram em emprestar quinze mil. Ruth advertiu a Harry: "Se alguma coisa acontecer e não der certo, vamos trabalhar pelo resto de nossas vidas para pagá-los de volta". Ele disse que sabia disso.

Mas o brinquedo teve problemas desde o começo. Duncan e Blair divergiam a respeito de como fazer a caixinha de música, e os Handler precisaram escolher entre os dois. Quando ficaram do lado do funcionário, Duncan ficou furioso.

Ele não só processou os Handler, como também gastou o próprio dinheiro para encomendar materiais e tentar provar que o esquema de fabricação de Blair estava errado. Ruth alegou que, depois de gastar milhares de dólares, ele fracassou, mas ela escondeu a verdade. Por mais que a caixa de música da Mattel viesse a ser muito mais bem-sucedida, Duncan, que tinha as patentes, aperfeiçoou a própria ideia. A Duncan Voice Box foi usada em quatro milhões de brinquedos nos quatro anos após Duncan apresentá-la na Feira de Brinquedos de 1954. Devido ao acordo da ação que ele havia movido, ele também embolsou cem mil dólares por ano em royalties da Mattel. Ruth alegou não "invejar" o dinheiro, mas sentia que Duncan a havia traído. Ela acreditava que ele não só lutara pelo controle do produto, como também mentira a respeito de a quem ele havia mostrado a ideia antes dos Handler.

Duncan havia vendido a caixinha de música para a arquirrival da Mattel, a Knickerbocker Plastics. Leo White, o mesmo homem que roubara a ideia do Uke-A-Doodle, encorajara a Knickerbocker a trabalhar produzindo a caixa de Duncan durante meses antes do lançamento da Jack-in-the-box da Mattel. Quando lançou, a Knickerbocker fez uma imitação. Mas, dessa vez, Ruth resolveu brigar. A Mattel processou a Knickerbocker, ganhando uma ação que forçou a concorrente a destruir todo o seu estoque do produto, parar a fabricação dele e pagar cinquenta mil dólares à Mattel. Os gastos de Ruth com advogados totalizavam o valor da multa. Mas ela afirmou que não se importava, assim como alegou que desejava que o relacionamento com Duncan tivesse dado certo. No entanto, Ruth não era dada a perdoar e esquecer. Ela deixara a indústria de brinquedos ciente de que a Mattel lutaria por seus produtos e nunca mais falou com Ted Duncan.

A caixinha de música foi um sucesso. Crianças faziam músicas em seu próprio ritmo, girando a manivela. Se parassem de girar, a música parava, diferentemente das caixinhas de música suíças, que as crianças não podiam controlar. Ruth e Elliot inventaram o termo "valor lúdico" para descrever o tamanho do envolvimento que uma criança tinha com um brinquedo. Eles achavam que a caixinha de música tinha valor lúdico superior comparada a outros brinquedos, e os brinquedos construídos usando aquele mecanismo trouxeram um fluxo constante de receita durante anos. "Estávamos desenvolvendo um princípio com a caixinha de música, que tentamos manter pelo resto de nossa carreira na indústria dos brinquedos", explicou Ruth. "Se você desenvolve um mecanismo ou conceito básico, desenvolve um ou dois ou três itens ao redor daquele conceito na introdução inicial, e assim, ano após ano, você acrescenta novos produtos em volta do primeiro conceito."

Elliot continuou sonhando com novas ideias para o mecanismo adaptável da caixa de música. Ele foi inserido em dezoito brinquedos diferentes, incluindo em um Uke-A-Doodle incrementado, o vagão de brinquedo Chuck Wagon, que tocava "Oh! Susanna", o carrossel musical que tocava "Farmer in the Dell", além de uma variedade de livros musicais. Praticamente da noite para o dia, a Mattel se tornou a maior fabricante de brinquedos com caixinhas de música dos Estados Unidos.

Os Handler haviam apostado tudo, incluindo fundos emprestados da família e de funcionários, na caixinha de música. E a aposta deu certo. Quase sete milhões de dólares em caixinhas de músicas foram vendidos no varejo naquele primeiro ano, e mais dois milhões no seguinte. Em 1952, o *Saturday Evening Post* a chamou de "a caixinha de música de um milhão de dólares". A revista *Kiplinger's*, chamando Ruth e Elliot de "os novatos no ramo de brinquedos", ressaltou que eles haviam construído uma fábrica nova em folha com 5.500 metros quadrados no trecho do aeroporto de Los Angeles e empregado seiscentos funcionários. Em 1949, os Handler começaram a fazer piqueniques anuais da companhia, e em julho de 1952, davam sorvete a seus setecentos funcionários toda vez que um milhão de brinquedos passavam pela linha de produção.

Ruth tinha orgulho da relação que ela e Elliot tinham com os colaboradores. Como donos do negócio, eles eram descontraídos e informais com todos, desde a equipe de manutenção a designers e engenheiros. Passavam tempo na área de produção, às vezes opinando em uma das linhas. Todos os chamavam pelos primeiros nomes. Quando um funcionário era mais formal, Ruth já achava que havia algo errado. "Conhecíamos cada um ali", lembrou-se ela. "Sabíamos seus nomes e eles nos conheciam. Tínhamos muitos eventos em grupo e nos divertíamos muito."

Na Mattel, Ruth cuidava das relações públicas e da comunidade. Ela convidava a imprensa para almoços e excursões pela fábrica. Tentava comprar materiais de empresas locais, doava milhares e então dezenas de milhares de brinquedos para crianças doentes e em situação de vulnerabilidade todo ano, e fazia consideráveis contribuições para caridade. Ela enviou Blinko, o Palhaço, com seus famosos cílios de seis centímetros e rosto pintado de branco, ao hospital Santa Monica, para entreter crianças confinadas a cadeiras de rodas ou à uma cama. Ele tocou músicas da Biblioteca Musical da Mattel, usando uma caixinha de música chamada Lullaby Crib. O jornal local publicou uma foto de crianças sorridentes e encantadas. Por outro lado, na casa dos Handler, Barbara e Ken eram blasés em relação a novos brinquedos, tanto que Elliot não conseguia mais usá-los como teste para o mercado.

"Trabalhamos 24 horas por dia", contou Elliot a um jornalista de uma revista, acrescentando: "Nos *preocupamos* 24 horas por dia". No mesmo artigo, Elliot é descrito como "o cérebro por trás da parte criativa do negócio, enquanto sua adorável esposa, como em tantas outras famílias, certifica-se de que o bacon chega à geladeira dos Handler". Ruth cuidava sim da casa, mas com ajuda profissional. Elliot precisava dela gerenciando a empresa tanto quanto ela precisava disso. Ele ainda era taciturno e tímido, e vivia em "seu mundo de sonhos", conforme Ruth frequentemente dizia. "Ele pode se sentar em meio a uma multidão com todos falando à sua volta e não escutar nada, até que, de repente, desperta com uma nova ideia", contou uma assistente. Ruth, ao contrário, nunca parecia parar de se mexer ou de falar sobre sua animação e os planos para o próximo passo do negócio.

Anos depois, tanto Ruth quanto Elliot se descreveriam como tendo equilíbrio entre suas vidas pessoais e profissionais. Trabalho, revelavam eles, jamais era discutido em casa, e todo fim de semana era reservado para as crianças. Aquelas lembranças eram de certa forma revisionistas. Como para tantos fundadores de empresas, o negócio se tornou o filho mais exigente dos Handler. Dever dinheiro para a família acrescentava um elemento emocional ao estresse profissional. Ruth e Elliot deviam dinheiro aos Paul e aos Greenwald. Ruth prometera pagar Harry Paul dentro de um ano. Uma vez lançada a caixinha de música, cerca de um ano após o empréstimo de Harry Paul, Ruth ligou para ele. Ela comunicou que o brinquedo estava vendendo bem e lhe ofereceu duas opções: ela podia enviar um cheque com o valor corrigido com juros ou ele podia comprar um quarto da Mattel. Ele perguntou o que ela faria. "Eu compraria parte do negócio", respondeu Ruth. Harry concordou. A Mattel continuou em família. Os Paul e os Greenwald tinham 25 por cento cada, e Ruth e Elliot o resto.

Harry Paul foi sábio em seguir o conselho da cunhada. Em 1949, Ruth não conseguira o financiamento de que precisava para construir a companhia. Três anos depois, as vendas líquidas somavam 4,2 milhões de dólares, e os ganhos antes dos impostos eram de modestos, mas respeitáveis 238 mil. Ruth tinha 34 anos e estava pronta para fazer o maior acordo de negócios de sua vida.

Apostando tudo no Mickey Mouse

À verdadeira moda Handler, mergulhamos fundo.

Bem no momento em que Ruth alimentava o sonho de construir a maior empresa de brinquedos dos Estados Unidos, Walt Disney lhe ofereceu uma chance. Em 1955, o canal de televisão ABC começou a procurar anunciantes para um novo programa chamado *O Clube do Mickey*.

O personagem Mickey Mouse, que fez a primeira aparição em um curta-metragem animado chamado *O Vapor Willie*, em 1928, foi concebido por Walt Disney. Disney transformou o rato magricelo, antropomorfizado e de olhos arregalados em uma franquia. Na primeira metade da década de 1950, o internacionalmente reconhecido Mickey já havia estrelado tiras de quadrinhos e filmes, e sua imagem aparecia em uma infinidade de produtos comerciais. Em 1929, um teatro local em Ocean Park, Califórnia, começou um clube para crianças nas manhãs de sábado, onde elas assistiam à desenhos de Mickey Mouse e participavam de jogos. Logo, milhares de clubes como aquele se espalharam pelo país, acompanhados do nome de Mickey.

Nos anos 1950, Disney se aventurou na programação da TV. Seu primeiro sucesso foi o programa *Disneylândia*, que estreou na ABC em outubro de 1954. Àquela altura, a era da televisão já havia se iniciado, com transmissões nacionais e TVs a cores chegando ao mercado. *O show da Disney*, uma propaganda estendida para o parque temático Disney, foi a primeira série da

ABC a estar entre os dez programas de maior audiência, superando o *Arthur Godfrey's Talent Scouts*. Em seis semanas, Walt Disney começou a desenvolver um segundo show, dessa vez enaltecendo os populares Clubes do Mickey.

Robert E. Kintner, presidente da ABC, era conhecido como um competidor difícil e intransigente na indústria midiática. Quando achava ter um vencedor em mãos, ele mergulhava fundo, e apostou na ideia do *Clube do Mickey* da Disney. Kintner escreveu à Disney explicando que conversara com anunciantes e agências de publicidade sobre o valor e caráter do novo programa. Ele sentia que ficaram todos entusiasmados. "Eles expressaram a crença de que o programa poderia ser excepcional na estrutura da programação de TV", escreveu ele a Disney. "Que poderia permitir que anunciantes expandissem para o público infantil sem críticas por usar 'armas e matanças', e que, com seu toque, essa deverá ser a principal programação diurna em todas as televisões."

Kintner estava certo. Historiadores da mídia frequentemente alegam que *O Clube do Mickey* marcou a era moderna dos programas infantis na televisão. Pela primeira vez, os canais reconheciam a existência desse público. A programação infantil se tornou mais que apenas uma ferramenta para fazer as famílias comprarem uma TV. A visão de Kintner, no entanto, tinha um grande problema. Produzir o show infantil que ele e a Disney desejavam seria absurdamente caro. Era difícil encontrar anunciantes para aquele público-alvo, e por isso a maioria dos programas do tipo eram reprises de velhos desenhos ou filmes como *Hop-Along Cassidy*.

A ABC também estava em um momento financeiro delicado. Exibir um show cinco dias por semana, com música, canções, desenhos, novidades e notícias para crianças, séries de aventura, celebridades convidadas e um jovem elenco cheio de *Mouseketeers* — como eram chamas as crianças do programa — era algo sem precedentes. Disney teria que encontrar vinte anunciantes que pagassem um mínimo de quinhentos mil dólares no primeiro ano de programa. Kintner propôs um esquema de publicidade completamente novo, com quatro segmentos de quinze minutos a cada programa de uma hora, com cada patrocinador tendo direito a três minutos em cada segmento. O plano renderia cinquenta mil dólares por semana em receitas, mas Kintner não estava disposto a aceitar o dinheiro de qualquer um. "Os anunciantes seriam limitados aos que tivessem um apelo direto com as crianças; em sua maioria cereais, doces, refrigerantes, pastas de dente e produtos similares." Não é de surpreender que Kintner tenha deixado brinquedos fora da lista. Nenhum fabricante de brinquedo jamais havia fechado anúncios para o ano inteiro. Até as companhias de cereais, que eram as que mais gastavam com publicidade, haviam demorado a fazer a transição do rádio para a televisão.

Até então, empresas de brinquedo, incluindo a Mattel, compravam tempo na televisão apenas pelas dez ou doze semanas anteriores ao Natal. Atacadistas e lojas nacionais, como a Sears, eram o maior alvo dos anunciantes, que usavam jornais comerciais para alcançá-los. Empresas de brinquedos também miravam nos pais, com anúncios em catálogos focados nas festas de fim de ano. A televisão era vista como um enfeite de publicidade, que poderia apenas dar o empurrão final para que pais comprassem presentes já em estoque nas prateleiras das lojas.

A publicidade na televisão era cara. Os anúncios eram voltados para públicos que podiam pagar pelo aparelho. A maioria dos comerciais eram de cigarros ou produtos de limpeza. A primeira propaganda de brinquedo na TV foi para o sr. Cabeça de Batata, da Hasbro. O comercial foi lançado em 1952, quando dois terços dos televisores americanos pertenciam a famílias com crianças menores de doze anos de idade. O brinquedo rendeu saudáveis quatro milhões de dólares no primeiro ano. Mas a maioria das companhias de brinquedos mantinham baixos orçamentos destinados a TV. A Mattel era uma das empresas do segmento que mais investia, utilizando pouco mais que um terço de seu orçamento de 150 mil dólares anuais em publicidade. Concentrados em mercados de grandes cidades, os anúncios de empresas de brinquedos consistiam no anfitrião do programa infantil local demonstrando entusiasmadamente o brinquedo de uma empresa e dizendo às crianças o quanto elas deveriam querer um. Se esse estilo de publicidade funcionava? Ninguém sabia.

Ao mesmo tempo em que a Disney estava trabalhando nos shows *O Clube do Mickey*, Elliot via além das caixinhas de música, em busca do próximo grande brinquedo da Mattel. Ele adorava a ideia do velho oeste. Por vários anos, a família passou férias em um rancho perto de Tucson, no Arizona. Elliot colocava um chapéu e botas de cowboy, camisa xadrez, e corria para o deserto atrás de coiotes. *The Roy Rogers Show*, estrelando o amigável "Rei dos Cowboys", era conhecido como *western* para crianças, mas Elliot adorava. Em alguns anos, os *westerns* para adultos *Gunsmoke, Bonanza, Caravana* e *Maverick* ocupariam as telas de TV de toda a nação.

Enquanto Elliot procurava pelo brinquedo ideal, um inventor chamado Ken Frye chegou na Mattel com uma réplica de metralhadora paraquedista. Com o puxão de um gatilho, uma criança poderia disparar cinquenta tiros, com sons pontuados pelas explosões da Greenie Stik-M-Caps da Mattel. Os velozes disparos lembravam aos fabricantes de brinquedos um som de arroto prolongado, e por isso a arma foi batizada de Burp Gun [Arma de arroto]. Curiosamente, uma submetralhadora leve e portátil, usada pelos chineses durante a Guerra da Coreia, que acabara apenas alguns anos antes, tinha o mesmo nome.

A Burp Gun, exibida na Feira de Brinquedos de 1955 depois de um ano sendo desenvolvida, era fiel ao amor de Elliot por brinquedos realistas. Sua habilidade em reduzir um produto adulto a uma réplica adaptada ao tamanho de uma criança havia inspirado o peculiar piano de cauda. Suas armas posteriores, a pistola *Fanner 50*, a *Colt .45* e o rifle *Winchester* foram reproduções precisas. A *Fanner 50*, fiel ao nome, podia ser sacada com uma só mão e seu cão armado com a outra, como os cowboys faziam nos filmes. O cabo parecia de osso, e o coldre e o cinto eram feitos de couro de verdade, pois Elliot achava que o plástico da época tinha um aspecto muito barato. Ruth descobriu como as armas eram realistas em uma viagem a New Haven, em Connecticut, para obter permissão da Winchester Repeating Arms Company e usar o nome da empresa no rifle de brinquedo. Pegando a réplica para demonstração, ela apontou o rifle na cabeça de um dos vice-presidentes. Ele se jogou em pânico no chão. A Mattel ganhou os direitos.

A Burp Gun fazia o posterior rifle *Winchester* parecer inofensivo, e os Handler estavam cientes das objeções a brinquedos violentos. Elliot alegou: "Nossas armas são do tipo que as crianças veem na TV. Se elas não puderem comprar uma, vão juntar pedaços de madeira, cabides ou algo do tipo". Ruth tinha uma resposta mais distanciada: "As pessoas fazem guerras; não a gente". Seu mundo tinha um foco estreito. Os eventos eram bons ou ruins de acordo com seus efeitos sobre a Mattel ou a família. Se Elliot queria fazer armas, Ruth defenderia as ideias dele e descobriria como fazê-las dar certo. "Meu marido é um homem muito gentil e não há crueldade nem maldade nele", explicou ela. "Ele achava que se crianças não tivessem armas de brinquedo, usariam pedaços de pau de qualquer maneira. Ele não via algo de errado com elas brincarem como se fossem soldados ou cowboys e indígenas."

Enquanto os planos de marketing para a Burp Gun de Elliot eram criados, Ralph Carson, da agência de publicidade de Ruth, foi visitá-la. A empresa dele, Carson/Roberts, tinha apenas seis funcionários, e o orçamento da Mattel, apesar de pequeno em comparação ao padrão, era importante para aquela agência em ascensão. Carson achava que a publicidade que ele estava prestes a propor estaria além do alcance da Mattel, mas ele também sabia que Ruth podia ser ousada. Ele entregou a reunião a Vince Francis, um representante de vendas da ABC para a costa oeste. Bem-vestido e encantador, Francis explicou a inédita jogada da ABC e o novo programa infantil da Disney. A emissora planejava exibir o programa em um horário normalmente reservado para estações locais. Eles acreditavam que a marca Disney era forte o bastante para garantir que noventa por cento dos lares com televisão o exibissem. *O Clube do Mickey* alcançaria quase todas as crianças norte-americanas cinco dias por semana, declarou Francis.

Então, ele concluiu: Disney estava pedindo um compromisso também inédito; um pagamento que não poderia ser cancelado durante um ano inteiro de publicidade. Fabricantes de brinquedos sempre consideraram um ano de publicidade um desperdício. Esse segmento era cíclico e dependia fortemente do Natal, quando eram feitas oitenta por cento das vendas. Paralisações nas fábricas eram um perigo da indústria, tanto que algumas empresas frequentemente usavam seu excesso de capacidade de produção para produtos que nada tinham a ver com brinquedos.

Ruth lidou com o problema de inatividade tentando obter dinheiro do governo. Logo depois da mudança para sua fábrica de 5.500 metros quadrados em 1951, ela competiu por um grande contrato para montar complicados controles elétricos para tanques do exército. Os engenheiros da Mattel adaptaram o equipamento, e ela cumpriu sua folha de pagamento de um milhão de dólares, apesar de os pedidos de brinquedos diminuírem drasticamente após a correria para a Feira de Brinquedos. Mas Ruth não gostava disso. A empresa tinha uma marca e uma missão, e essa missão era fazer brinquedos. Qualquer companhia de brinquedos que conseguisse descobrir uma estratégia de vendas para o ano inteiro teria enorme vantagem em cima dos concorrentes. Ela escutou com atenção Carson e Francis alegarem que doze meses de publicidade na televisão poderiam aumentar e equilibrar as vendas.

Todos que estavam na sala naquele dia também tinham uma jovem família. O *baby boom* pós-guerra foi desencadeado por veteranos como Carson e seu sócio, Roberts. Eles e os Handler reconheceram que a Depressão e a Guerra Mundial haviam deixado as famílias sedentas para dar aos filhos aquilo que nunca haviam tido. E eles concordavam que a Disney era mestre em falar com crianças.

Francis levou cerca de meia hora para explicar a proposta. Elliot e Ruth escutaram animados. Assim que ele terminou, eles se entreolharam e concordaram que a ideia fazia sentido, mas Elliot sugeriu perguntar a opinião de Yasuo Yoshida, o responsável pelo setor financeiro da Mattel, se a empresa tinha capital para se comprometer. "Yas", perguntou Ruth quando ele se juntou ao grupo, "se gastássemos meio milhão de dólares em publicidade na televisão, o que você acha que aconteceria se não desse certo?". Yoshida demorou a responder, e depois opinou que a Mattel venderia mais produtos. Ruth concordou, impaciente, mas queria saber o que aconteceria se a publicidade não fosse um grande sucesso. A empresa iria à falência? "Não acho que vocês faliriam", respondeu Yoshida. "Acho que sairiam bem machucados." A resposta dele foi boa o suficiente para Ruth assinar o acordo. Menos de uma hora havia se passado desde a chegada de Carson e Francis. "Foi a venda mais fácil que a ABC já fez", concluiu Ruth. Ela comprometera meio milhão de dólares, o que era o patrimônio líquido inteiro da Mattel.

* * *

Yoshida também lembrou que o fracasso acarretaria um histórico de crédito instável, mas Ruth não foi dissuadida. Ela instruiu a Carson que fizesse um contrato para três comerciais. Os dois primeiros seriam para produtos consagrados, como o Jack-in-the-box e as Cowboy Ge-tars, mais um popular brinquedo musical de manivela. O terceiro comercial apresentaria a nova Burp Gun.

O Clube do Mickey só iria estrear em outubro, mas a Burp Gun precisava ser exibida antes, na Feira de Brinquedos de março. Compradores nunca tinham visto algo como ela. O brinquedo não só parecia mesmo uma submetralhadora de verdade, como também disparava como uma. Ruth montara um projetor de dezesseis milímetros para passar o comercial que a Carson/Roberts havia criado para o brinquedo. Ela e seus representantes de venda deram uma explicação entusiasmada do conceito do novo show da Disney, e do esquema de publicidade. Os comerciais para a TV, alegaram eles, teriam as armas voando das prateleiras no Natal. A Mattel encorajou os compradores a encomendar todo o estoque anual com antecedência. Deu certo. Baseados no sucesso da Mattel em outros brinquedos e na crescente marca Disney, os pedidos dispararam. Pela primeira vez, Ruth pensou que teria um ano inteiro de produção, mesmo com pedidos cancelados. Em vez disso, o que ela teve foi caos.

Devido ao forte volume de encomendas, a Mattel tinha horários de produção pesados e estava despachando mais produtos que o habitual, mais cedo que o normal. As lojas estavam cheias de Burp Guns, mas o produto não estava vendendo. O público ainda não sabia usar o novo brinquedo. Os comerciais de TV ainda não estavam passando, portanto, os consumidores ainda precisavam ver a arma em ação. Os compradores começaram a entrar em pânico com os brinquedos encalhados nas prateleiras, e começaram a cancelar pedidos futuros. Representantes de conta ligavam para a Mattel argumentando que tinham recebido Burp Guns em excesso e que queriam devolvê-las. As lojas estavam cancelando todos os pedidos de setembro, outubro e novembro, e Ruth entrou em pânico. Ela interrompeu a produção o mais rápido possível, mas a Mattel continuava com grandes quantidades da arma ainda não vendidas. "As coisas ficaram bem sombrias na nossa casa naquele outono", recordou Ruth. As esperanças na Mattel foram reacendidas quando *O Clube do Mickey* começou, em outubro, e os primeiros comerciais passaram na TV. Depois da primeira semana, entretanto, as vendas continuavam baixas.

Toda semana, Ruth e Elliot assistiam desanimados a *O Clube do Mickey*. Estavam orgulhosos do comercial que a Carson/Roberts havia criado para a Burp Gun. Na tela, Cary Carson, filho mais novo de Jack, empilha a mobília de sua sala, com metralhadora em punho. Projeções em uma tela ao fundo fazem imagens de manadas de elefantes selvagens surgirem nas paredes, mas quando o menino dispara a Burp Gun, o filme passa de trás para a frente e os elefantes batem em retirada. Enquanto ele recarrega, um locutor explica como funciona a arma e onde a "munição" extra é guardada. O anúncio convidava cada menino que o assistia a caçar elefantes nas selvas africanas com sua "confiável arma Burp Gun da Mattel".

No final do comercial, Roberts trouxe um novo logotipo: um desenho de um garoto com uma coroa na cabeça, acenando do meio da letra M. O slogan "You can tell it's Mattel — it's swell!" [Você sabe que é Mattel — é o máximo!] preenchia a tela enquanto o locutor dizia a frase em voz alta. Ruth pagou dois mil e quinhentos dólares pelo comercial, mas não pareceu ter adiantado. *O Clube do Mickey* foi um grande sucesso, dominando o horário de exibição, mas as vendas dos brinquedos da Mattel ainda estavam baixas. A Carson/Roberts sugeriu usar anúncios em jornais para evocar aos pais a assistir ao comercial de TV da Mattel. "Foi uma medida desesperada", contou Cy Schneider, que trabalhava na Carson/Roberts. "Tínhamos começado a acreditar que a aposta havia fracassado."

Ruth estava com um péssimo humor ao deixar a Mattel para o feriado de Ação de Graças. Quando ela voltou, entretanto, narrou: "Foi como se o teto fosse explodir de tanta animação". Durante o feriado, depois de seis semanas de anúncios na TV, a Burp Gun havia sumido das prateleiras das lojas. Os telefones não paravam de tocar, telegramas chegavam e as correspondências transbordavam de pedidos. Compradores começaram a recuperar pedidos cancelados e a fazer novos. A equipe de Ruth tentou ligar para as lojas que haviam implorado para escoar seus estoques, mas eles não tinham mais nenhuma arma. Como as outras lojas, elas queriam mais. Era tarde demais para começar a produção, então os funcionários vasculharam o estoque em busca de armas que haviam sido rejeitadas por não estarem perfeitas. Elas foram consertadas e despachadas.

O neto do presidente Dwight Eisenhower, David, recebeu uma das armas consertadas na Casa Branca. A Mattel enviou mais uma para um hospital na Califórnia, onde um jornalista prometera dar uma delas a uma criança doente. No Natal, Ruth já havia despachado um milhão de Burp Guns a quatro dólares cada, igualando o volume de vendas de todos os seus brinquedos no ano anterior. "Quando o Natal chegou, não havia uma Burp Gun no país. Aquilo foi graças ao programa *O Clube do Mickey*. Você pode imaginar como os compradores chegaram prontos para fazerem seus pedidos na nossa mostra de brinquedos do ano seguinte", disse Ruth.

Enquanto a Mattel só aumentava os pedidos, Louis Marx, fundador e dono da Marx Toy Company, a maior empresa de brinquedos dos Estados Unidos, apareceu na capa da revista *Time*. Ele declarou que a Marx só havia gastado 312 dólares em publicidade no ano anterior. Brinquedos simplesmente não eram vendidos na TV, e jamais seriam, alegou ele. A matéria prosseguia citando outras grandes empresas de brinquedos e suas estratégias de vendas. A Mattel ainda era pequena demais para ser mencionada, mas não por muito tempo.

Ruth não só transformara um mercado que era baseado apenas na oferta em um que estimulava demanda, como também mudou o consumidor-chave, de pai para filho. Anúncios de brinquedos na televisão alteraram a dinâmica familiar. Os pais não iriam mais comprar o que achavam ser melhor para os filhos. Com o tempo, a opinião das crianças, moldada por anúncios de televisão, passou a indicar onde os pais gastariam o dinheiro destinado a brinquedos. Anos depois, Elliot disse à *Time*, sem se desculpar: "Achamos que cabe aos pais lidar com a criança". Dificilmente os pais cujos filhos imploravam pelos brinquedos que viam na TV tenham encontrado algum conforto na declaração de Elliot.

Os varejistas também estavam insatisfeitos com a Mattel. Ralph Carson contou a um repórter que os revendedores estavam aborrecidos porque publicidade na TV diminuía a influência deles na indústria. As propagandas os forçavam a comprar o que a Mattel anunciava. "Antes, os compradores das lojas ditavam quais brinquedos venderiam, mas a Mattel reverteu isso."

O poder de venda da televisão levou Ruth a considerar expandir a presença da empresa no ar. Em 1959, ela pediu a Carson/Roberts que criasse um show chamado *Matty's Funday Funnies*, um desenho animado apresentado pelos personagens Matty Mattel e Sisterbelle. Os desenhos animados que eram exibidos no programa – *Gasparzinho, o Fantasminha Camarada, Tininha, Herman e Katnip, Huguinho, o Bebê Gigante* e *Buzzy, o Corvo Maluco* — foram enormes sucessos, mas Ruth estava mais feliz ainda com o acordo de patrocínio que fez com a ABC.

Normalmente, contratos com patrocinadores eram válidos por treze ou 26 semanas, e renovados no dia primeiro de outubro de cada ano. Ruth, no entanto, havia negociado um contrato com a ABC de 52 semanas, no horário das cinco horas da tarde de domingo. Ela insistiu pelas semanas a mais para que os anúncios fossem ao ar até o Natal. Na época em que o acordo foi assinado, os presidentes do conselho e vice-presidentes da ABC ficaram felizes com ele. As tardes de domingo eram normalmente difíceis de vender. Seus subordinados, entretanto, estavam preocupados. Outro trato ainda maior estava sendo negociado e poderia depender do horário que havia sido reservado por Ruth. No meio do ano, a ABC se deu conta do problema. Seu grande novo programa, *Wide World of Sports*, ia começar a passar nas tardes de domingo a partir de outubro, mas Ruth estava ocupando aquele horário até o final do ano. O contrato de Ruth valia muito menos que o do novo show, e Carson ligou para contar a ela que a ABC estava disposta "a fazer de tudo" para ela concordar em mudar para outro dia. "Eu fui difícil na época", contou Ruth, "e sabia que os tinha bem onde eu queria. Ganhamos o horário nobre de sexta à noite em troca da tarde de domingo, e que diferença aquilo nos fez! Conseguimos tudo pelo mesmo custo anterior, apesar de aquele dia e horário serem tão caros que não poderíamos pagar em condições normais". O novo acordo de televisão resultou em um enorme salto nas vendas.

Outras companhias de brinquedo começaram a copiar o uso agressivo de publicidade na televisão iniciado por Ruth, e conforme o faziam, os anúncios mudaram o desenvolvimento dos brinquedos. A partir dessa estratégia, os designers precisavam pensar em como seria a aparência de um brinquedo nos comerciais, e em como exibi-lo para ressaltar suas diferenças em relação aos produtos dos concorrentes. E a velocidade da televisão levou a uma grande mudança no método de vendas e produção de Ruth.

Ela se tornou uma das primeiras experts de verdade em previsão de vendas e controle após analisar o progresso das vendas da Burp Gun. Jamais chegada a modéstia, ela chamou sua inovação pós-vendas pela TV de "marketing genial". De muitas maneiras, ela tinha razão. "Estivemos no ar seis vezes e nada aconteceu", rememorou Ralph Carson. "Então o pessoal da Mattel volta de um fim de semana prolongado e... o lugar está cheio de pedidos novos e de reposição. Foi quando descobrimos que o retorno de informação neste negócio era de seis semanas." Por que demorara tanto para a Mattel descobrir que os comerciais de TV estavam impulsionando as vendas? Ruth colocou a equipe de gerenciamento para investigar o problema. A resposta era simples.

Depois que um pai comprava um brinquedo, a informação da venda precisava ir da loja até o representante intermediário que vendia o produto, até o representante da fábrica que vendia ao intermediário e, finalmente, ao fabricante. Em grandes cadeias como a Sears ou a Ben Franklin, a corrente de comunicação era ainda mais difícil de navegar. Ruth percebeu que, para ter informações de vendas a tempo, ela não podia depender de quem estava de fora da Mattel, então contratou um novo grupo de funcionários, o "retail detail". O trabalho deles era ir às lojas, montando displays atraentes da Mattel e medindo o quão rápido os brinquedos da empresa estavam vendendo. Se eles vissem uma necessidade de mais brinquedos ou que a quantidade de algum produto estava em excesso no estoque, entravam em contato com o representante de vendas regional da Mattel, que ligava para a fábrica. Em vez de um atraso de seis semanas, Ruth agora tinha informações sobre as vendas em um dia ou menos.

A genialidade de Ruth não estava só em desenvolver o método para coletar dados, mas também em analisar a informação para prever vendas e controlar a produção. Três anos depois do primeiro comercial da Burp Gun ir ao ar, a Mattel saltara de quatro milhões de dólares por ano em vendas para catorze milhões. A Marx Toy Company, com vendas de cinquenta milhões de dólares, ainda estava bem à frente. Mas não por muito tempo.

A mulher e a boneca

Eu só conseguia me relacionar com eles como líder.

Quase todas as manhãs, Ruth saía da casa em Beverlywood às 8h15, dirigindo seu Thunderbird cor-de-rosa conversível com Elliot ao lado. Ela ainda amava carros e o fenomenal sucesso da Mattel na publicidade de televisão em 1955 permitiu que ela fizesse indulgências em relação ao que escolhia dirigir. Conversíveis, entre outros produtos, haviam sido imbuídos de um cunho sexual, graças ao psicólogo e consultor de empresas Ernest Dichter, um gênio do marketing. Ele criou um negócio analisando as motivações das pessoas para comprar produtos, em vez de diagnosticar suas neuroses.

Ele tinha o sorriso largo e acolhedor de um vendedor de carros. Com uma testa grande e profundas entradas nos cabelos, óculos de aros pretos e um lenço de bolso elegantemente dobrado, ele usava seu intelectualismo como um produto comercializável. Dichter se mostrava como a resposta para a maior pergunta dos varejistas americanos: Como vender mais produtos? Ele se apresentou ao consulado americano de Viena como um emigrante que transformaria as práticas de negócios dos Estados Unidos, e partiu para provar sua alegação. Fabricantes ansiosos para ganhar da concorrência deram grandes contratos à Dichter em troca de sua habilidade única.

Ruth o abordou pela primeira vez quando Barbie estava passando pela fase de design e produção, pouco antes da Feira de Brinquedos de 1959.

Além do trabalho na Barbie, Ruth buscava formas de descobrir como os brinquedos da Mattel eram recebidos. Ela sabia que pais tinham alguns receios quanto às armas de brinquedo de Elliot, e haviam fortes críticos dentro da Mattel que acreditavam que apostar na Barbie, a boneca com corpo de uma mulher adulta, era um enorme erro. Ruth perdera as contas de quantas pessoas lhe falaram que as mães jamais comprariam a boneca para suas filhas. Comerciais de TV estavam sendo preparados e Ruth precisava descobrir como posicionar a boneca para passar pelas objeções dos pais.

Ruth amava o gênio iconoclasta de Dichter, junto com o que ele prometia. Se os colegas fabricantes de brinquedo subestimavam uma coisa nela, e frequentemente o faziam, era a competitividade. Ruth gostava de vencer, e pretendia fazer isso com a Barbie. Parte de sua estratégia incluía trazer o guru do novo marketing para ajudar a Mattel.

Dichter estava atraindo muita atenção pública como o gênio mau que também era um mestre do marketing de manipulação. Um livro incendiário e influente de Vance Packard, *The Hidden Persuaders*, fora publicado em 1957. A chamada na capa do livro "A tentativa de controlar nossa mente inconsciente", capturava o argumento central de Packard. Aquela temática se encaixava nas teorias da conspiração da época. Packard explorou a angústia de americanos que acreditavam que comunistas podiam estar escondidos em cargos governamentais. A histeria da Guerra Fria havia se transformado em paranoia, dando credibilidade a Packard quando ele acusou Dichter de ser um fornecedor de controle mental.

O livro de Packard conseguiu tornar Dichter não só mais famoso, como também mais procurado por grandes empresas. Ruth via Dichter como a si mesma, um empreendedor rebelde, sem remorso por ideias e métodos que estavam fora da prática aceita. Ele também era um pioneiro, e a parceria com ele seria mais um marco de virada para a Mattel e a indústria dos brinquedos.

Judeu de Viena, Dichter montara seu consultório de psicologia do outro lado da rua do de Sigmund Freud, mas fugiu do país em 1938, quando a ameaça fascista se tornou intolerável. Em um de seus primeiros trabalhos para seu empregador americano, a Compton Advertising, Dichter pesquisou o sabonete Ivory, fazendo entrevistas longas e não muito roteirizadas com cem pessoas sobre suas experiências mais recentes com sabonetes. Além dessas "entrevistas em profundidade", como Dichter as chamava, ele pedia às pessoas que fingissem que eram uma marca de sabonete em particular, uma técnica de "psicodrama" que o ajudava a desenvolver a ideia de que produtos tinham personalidade e imagens.

Dichter foi pioneiro no que depois seria comumente chamado de *branding*. O relatório sobre sabonete que ele fez em 1939 concluiu que o sabão Ivory "tinha um caráter mais sóbrio, utilitário e totalmente limpante do que as personalidades mais glamorosas de sabonetes, como o Cashmere Bouquet". Em seguida, ele ajudou a comercializar carros Chrysler, com um similar viés sexual. "Indivíduos projetam a si mesmos em seus produtos. Ao comprar um carro, eles na verdade compram uma extensão de sua própria personalidade." Sedans, definiu ele, eram como esposas, "confortáveis e seguras", mas conversíveis eram como as amantes, "joviais e chamativas". As concessionárias rapidamente moveram os conversíveis para as vitrines da frente.

Influenciado pela base freudiana, Dichter foi também pioneiro em pesquisa motivacional. Ele a chamava de "pesquisa qualitativa, criada para desvendar as motivações inconscientes ou ocultas do consumidor, que determinam o comportamento de consumo". Armado com a certeza de que poderia descobrir o que os outros não conseguiam ver, ele disse à indústria do cigarro que os consumidores encontravam no fumo uma satisfação oral comparável à de mamar no seio. Dominante e sempre o centro das atenções, ele pronunciou que a embalagem fálica de batons era mais atraente para as mulheres, e que os fabricantes de gravatas deviam contrastar uma velha e molenga gravata em um homem velho, com uma "lisa, colorida, ereta e masculina" gravata em um homem mais novo. Ele havia acertado com a ideia de transformar "sexo em venda", fundando seu próprio Institute for Motivational Research em 1946, em uma mansão palaciana de frente para o rio Hudson.

Ruth acreditava que quando a Mattel entrava em um mercado, precisava fazer isso de uma maneira maior, melhor e mais explosiva que os concorrentes. Ela queria que Dichter desse a ela um plano de marketing para o lançamento da Barbie. Também queria conduzir um estudo sobre armas de brinquedo, para convencer o público de que elas não promoviam a violência entre crianças. Disposta a pagar o que fosse preciso pelos profissionais mais talentosos, ela concordou em desembolsar a expressiva quantia de doze mil dólares pela consultoria de Dichter, em troca de um relatório sobre as armas, coldres, foguetes de brinquedo da Mattel, e a boneca que estava prestes a ser lançada.

Dichter era tão requisitado que não conseguia lidar com todos os clientes, mas cuidou do trabalho para a Mattel pessoalmente. Ninguém jamais havia explorado as motivações por trás das escolhas de brinquedos das crianças. Um tempo depois, Ruth alegou que os resultados de Dichter a respeito das armas foram "tranquilizadores". As 357 crianças que ele entrevistou viam armas de brinquedo como acessórios para brincadeiras de faz de conta, e gostavam do toque e dos sons da arma. A arma era uma "ferramenta no processo de aprendizado". Mas Ruth deixou de fora as partes mais controversas das descobertas de Dichter, apesar de ser fácil imaginar que devem ter proporcionado boas risadas a ela, considerando o foco que sua equipe de desenvolvimento de produto só com homens tinha ao fazer armas. "Grandes armas são como grandes pênis", escreveu Dichter, e as crianças estavam atenuando a tensão psíquica conforme seus conhecimentos e corpos cresciam e experimentavam as pressões do mundo adulto.

Ao analisar a Barbie, Dichter entrevistou 191 meninas e 45 mães. Ele perguntou se a Barbie era "uma garota boa, amigável e amada por todos, ou se ela era vaidosa, egoísta, e talvez até mesmo vulgar? Ela tem bom gosto ou é meio chamativa demais?". As mães, descobriu-se, odiaram a boneca, mas suas filhas não. "Ele entrevistou garotas a respeito do que elas queriam em uma boneca", contou a esposa de Dichter. "No final, o que elas queriam era alguém de aparência sexy, alguém que almejavam ser quando crescessem. Pernas compridas, seios grandes, glamorosa."

Nem todas as entrevistadas de Dichter concordavam. Algumas disseram que a Barbie parecia "esnobe", "incisiva" e "glamorosa demais", mas ele havia sido contratado para encontrar uma estratégia de venda, não para remodelar a boneca para que ficasse mais atrativa ou apelar para a visão da minoria.

Todos pareciam concordar sobre o brilhantismo de Dichter, mas não necessariamente como ele o apresentava. Marvin Barab, que assumiu o contrato de Dichter quando a Mattel o admitiu no final de 1959, lembrou: "Ele era um dos homens mais brilhantes do marketing. Note que eu não falei da psicologia. Como pesquisador, ele era péssimo. Ele não acreditava em verdadeiras pesquisas de mercado quantitativas, como definir o âmbito de atuação ou determinar o peso das preferências. Mas você tinha vontade de estudar o cérebro dele por ser tão criativo. Ele podia pegar um pequeno ponto que você havia ignorado e dar uma lição brilhante da importância daquele aspecto para o marketing".

Dichter sugeriu aumentar os seios da Barbie. Ele também encorajou Ruth a vendê-la com uma simples ideia. Meninas precisavam de uma maneira de convencer as mães de que a Barbie e seus diversos modelos de roupa as ensinariam a serem damas — e damas bem cuidadas, ainda por cima. Barbie seria uma ferramenta educacional para as mães. Os sobre-tons sexuais da boneca seriam minimizados ao enfatizar como suas roupas podiam ensinar as meninas a se produzir.

Armada com a pesquisa de Dichter, a Carson/Roberts começou a planejar os comerciais de televisão. "Observando crianças brincando com a boneca, concluímos que as meninas viam Barbie como a jovem mulher que elas queriam ser um dia", escreveu Cy Schneider, um dos publicitários que trabalharam na campanha. Ruth, naturalmente, concordava. Ela sempre acreditara que o valor lúdico da boneca estava nas fantasias das meninas em crescer. A Carson/Roberts deu vida, literalmente, àquela ideia, criando um comercial que mostrava a boneca como uma pessoa de verdade. Cada variação do comercial da Barbie foi então testada com crianças. O resultado fascinou as meninas.

Barbie estreou na TV em março de 1959, não como boneca, mas como se ela fosse uma modelo adolescente. Era um território nunca antes explorado na publicidade para brinquedos. Barbie foi chamada de boneca apenas em um momento durante todo o comercial de sessenta segundos. Em vez disso, o brinquedo de plástico era simplesmente Barbie, uma garota que nadava, dançava, ia a festas e trocava de roupa. A Carson/Roberts, que também representava os cosméticos Max Factor na época, tratava a boneca como uma modelo. "Nenhum comercial de cosméticos ou cabelos jamais pusera tanta atenção nos detalhes ou fora fotografado com tanto estilo e capricho", afirmou Schneider. "Técnicas especiais foram desenvolvidas para fazer Barbie parecer glamorosa sob as luzes quentes e pelos olhos da câmera. Filmar um close-up de uma bela mulher já é uma questão que apresenta os próprios problemas, mas quando a cabeça da mulher é do tamanho de um ovo de codorna, surgem enormes dificuldades." Bonecas eram congeladas durante a noite para não derreterem debaixo das luzes. Cabeleireiros e *stylists* ficavam a postos para fazer retoques conforme a filmagem avançava.

A Carson/Roberts pediu uma canção especial, no estilo das músicas pop líricas de Connie Francis dos anos 1950. A letra deixava o argumento de venda da Mattel explícito: "Um dia vou ser igualzinha a você, até lá já sei o que vou fazer... Barbie, linda Barbie, vou fazer de conta que sou você".

Em toda Feira de Brinquedos desde 1955, quando a Burp Gun foi lançada, a Mattel contou com uma bem-sucedida introdução na TV. "Remember the Burp Gun" foi o slogan de 1956. Em 1959, a Mattel anunciou um orçamento anual de um milhão de dólares para publicidade. Nas semanas anteriores à feira de brinquedos, Ruth anunciou que mais 125 mil dólares seriam dedicados ao lançamento da Barbie. Mas não foi o bastante para atrair compradores ainda receosos quanto aos seios da boneca e ao apelo excessivamente sexual. Os pedidos não alcançaram as expectativas. Ruth voou de volta para casa após interromper a produção freneticamente, mesmo com os comerciais de TV abrangendo todo o país. Afinal, se as bonecas não estavam nas prateleiras das lojas, dificilmente haveria muita demanda. Os novos métodos de Ruth para identificar vendas indicavam que a boneca estava definhando.

Concorrentes da indústria de brinquedos se esbaldaram com o aparente fracasso da Mattel com a Barbie. Um funcionário da Mattel que se juntara a uma empresa menor antes do lançamento da boneca se lembrou de uma conversa com a esposa do presidente da companhia. "Você acredita naquela loucura que a Mattel fez? Eles foram para a TV esperando que mães comprem bonecas que parecem prostitutas para as filhas." Muitas pessoas dentro da Mattel guardavam para si visões parecidas.

Para Ruth, a primavera de 1959 foi triste. A boneca Barbie não foi o sucesso que ela esperava, e a xará da boneca, sua filha Barbara, estava determinada a sair de casa prematuramente. Com apenas dezoito anos, Barbara anunciou os planos de se casar com Allen M. Segal após a formatura do ensino médio. Ela começara a namorar com ele no ano anterior, ao vê-lo em uma empresa de seguros na qual trabalhava. Barbara o conhecia da Hamilton High School, onde ambos haviam estudado, mas ele entrara na marinha e ela não tivera mais notícias dele. Segundo Barbara, ele era "rústico, durão e muito macho". Ruth e Elliot não estavam felizes pelos planos de casamento tão precoces da filha, mas concordaram com a ideia de fazer um grande casamento em agosto. "Ele parecia muito romântico no traje de marinheiro", relembrou Ruth, "mas Barbara precisava dele tanto quanto de um buraco na cabeça". Só que a filha era cabeça-dura. "Eu me perguntava por que meus pais não brigaram mais comigo", confessou Barbara, "mas acho que eles sabiam que, mesmo se tivessem, eu teria me casado com Allen de qualquer maneira". Ruth também andava distraída com o destino da Barbie depois da Feira de Brinquedos.

No entanto, quando as escolas começaram a fechar as portas para o verão, a Mattel recebeu ligações de compradores querendo bonecas Barbie. Para Ruth, deve ter parecido a montanha russa da Burp Gun de novo. Depois da Feira de Brinquedos, ela permanecera conservadora em relação aos pedidos de bonecas Barbie aos produtores japoneses. "No mercado de negócios, você vive ou morre com a qualidade da projeção que faz. Os prazos de entrega são muito extensos e os compromissos que você assume muito cedo influenciam o quanto você ganha ou despacha, e se fica encalhado com o que tem", explicou Ruth. Ela estava tentando não ter Barbies encalhadas, quando de repente tinha o problema contrário. A demanda disparou como um foguete por causa do comercial de televisão, o tempo livre para brincar nas férias e a novidade que era aquela boneca, fazendo garotinhas infernizarem os pais para ganhar uma Barbie. "A indústria estava simplesmente frenética com tanta demanda pela Barbie", recordou Ruth. Os compradores, que não tiveram interesse na Feira de Brinquedos, agora estavam loucos para encomendar a boneca. Meninas queriam brincar de ser grandes, exatamente como Ruth previra.

Barbie se tornaria um fenômeno internacional, a boneca mais vendida do mundo e um dos brinquedos mais vendidos de todos os tempos. As vendas mundiais eram contadas em incrementos esbaforidos. Conforme um artigo na *Fortune* em 2003, "Uma nova boneca Barbie é vendida aproximadamente a cada três segundos". Garotas americanas não tinham só uma Barbie, elas tinham três ou dez ou mais, com muitas trocas de roupas para cada. As vendas chegavam a bilhões. O nome da boneca era tão reconhecido quanto nomes Chaplin ou Kennedy.

A Mattel abriria capital nas pequenas costas triangulares da Barbie, e o mercado de suas roupas, se fossem em tamanho adulto, teria feito da Mattel a quarta maior fabricante de roupas dos Estados Unidos. Ruth previu que Barbie seria uma espécie de teste de Rorschach para as imaginações das meninas, e ela tinha razão. Em 1963, o *New York Times* escreveu sobre "a ideia revolucionária de garotinhas passarem a enxergar as bonecas cada vez mais como elas mesmas, e não como filhas". Mas Barbie também se tornou a lenha na fogueira das discussões sobre sexismo, papéis de gênero e feminismo que estouraram na segunda onda do movimento de mulheres nos anos 1960. Para o bem ou para o mal, Ruth conseguiu materializar sua própria visão e criou ao mesmo tempo um ícone controverso e uma máquina de fazer dinheiro. Triunfando sobre os que duvidaram dela, ela havia dado às meninas uma coisa que acreditava que elas queriam, talvez até precisassem, e elas provaram que Ruth estava certa.

A Mattel não conseguiu acompanhar a demanda por Barbies durante três anos. Um incandescente artigo do *Los Angeles Times* em setembro de 1959 começava com uma citação: "'Fico meio perdida em casa — simplesmente não sou eficiente', admite a sra. Elliot Handler". O repórter parecia achar que Ruth estava se desculpando por aquilo, mas parece improvável. Ela estava apenas declarando como se sentia desde o dia em que cansou de ser apenas esposa e mãe, em 1944. Ela deixou o papel de dona de casa para trás no dia em que contou a Harold Matson que venderia as molduras que ele fizera na garagem dele.

Quinze anos depois, ela era vice-presidente executiva da Mattel, cuidando de mil e duzentos funcionários, vinte milhões de dólares em vendas e a consolidação de cinco fábricas em um enorme edifício de mais de 23 mil metros quadrados, em uma área do sul de Los Angeles que logo seria chamada de Hawthorne. Quando indagada pelo repórter do *Los Angeles Times* quanto a suas motivações como mulher de negócios, Ruth respondeu: "Se eu tivesse que ficar em casa, seria a mulher mais desagradável, confusa e infeliz do mundo". Ela nunca havia sido tão franca ou introspectiva em uma publicação antes, mas Ruth tinha sucesso suficiente para ter clareza em relação às escolhas que fazia.

Naquele outono, haviam 22 variedades de bonecas Barbie disponíveis, e suas categorias estavam expandindo. Novas coleções de roupas estavam sendo planejadas. Falava-se sobre outras bonecas, talvez uma versão masculina, que as garotas já estavam pedindo à Mattel através de cartas. Com o sucesso da boneca, Ruth pode expor sua visão original da Barbie, e não restou um só pessimista para contradizê-la. "Meninas sonham em terem curvas, serem sexy, excitantes. Elas querem um dia ter roupas deslumbrantes, serem chiques e parecerem estrelas de cinema", alegou Ruth. Ela não via algo de errado em encorajar tais fantasias. Afinal, ela amava roupas chiques e era fascinada por Hollywood desde o tempo em que havia trabalhado na Paramount.

Ruth insistia que a Mattel não tinha segundas intenções. A empresa não estava criando tendências, e sim seguindo-as. A silhueta da Barbie simplesmente refletia a mulher idealizada nos anos 1950, apesar de ser um ideal masculino criado pela mídia dominada por homens. Mas Ruth não era política nem chegada a se prender a padrões culturais. Se as garotas ouviam que deviam querer ser loiras peitudas, a Mattel lucraria com aquela mensagem.

Apesar de Ruth rejeitar normas sexistas na vida profissional, ela ainda sentia o conflito em desafiar ideias convencionais estabelecidas sobre as mulheres. Ela podia nunca ter voltado a trabalhar depois de se tornar mãe, nem alcançado o que conquistara, se Elliot não tivesse permitido. Mas quando uma amiga perguntou o que ela teria feito se ele tivesse dito não, Ruth parou e pensou por um bom tempo. Por fim, riu e confessou: "Eu provavelmente teria feito tudo mesmo assim". Mais tarde, ouvindo aquela história, ela mudou de ideia. "Não sei. Naqueles dias eu tinha sofrido muita lavagem cerebral pelo mundo ao meu redor. Se ele tivesse dito 'não' eu poderia não ter feito nada. Poderia ter me tornado uma pessoa muito infeliz, e nosso casamento poderia ter chegado ao fim um dia."

Já Elliot sempre seguiu uma fórmula simples. "Desde que ela esteja feliz, eu estou feliz", afirmou. Ruth era feliz como empresária, e mais ainda como fundadora de uma companhia. Ela possuía as características que definem capitalistas de sucesso, capazes de transformar ideias em negócios lucrativos. Consumidos pelas lutas e desafios de construir um negócio, eles têm pouco tempo para o resto, incluindo família, amigos e introspecção. Ruth disse a um entrevistador que sua carreira exigiu "uma disposição e capacidade de tentar alocar sua vida particular em sua existência total para interferir o mínimo possível com a vida profissional".

Ruth não tinha interesse, tempo nem paciência para debates sobre os impactos políticos ou sociais de produtos como a boneca Barbie ou armas de brinquedo. Ela havia contratado Ernest Dichter para lhe revelar como vender mais Barbies, e não como transformá-la em um modelo para a visão feminista que emergia. Ela não tinha interesse em ditar as fantasias que as meninas criavam com suas Barbies. Se os grupos focais entrevistados por Dichter e pela Carson/Roberts mostravam que as meninas queriam fazer de conta que a boneca ia a festas e às compras, se casava e gostava de se arrumar, por Ruth estava ótimo. Ela confiou que, se colocasse a boneca nas mãos das meninas, elas teriam fantasias mais ricas. Conforme dezenas de milhares de Barbies foram compradas em todo o país, as mães começaram a se reconciliar com a boneca. "Ela era tão moleca antes", escreveu uma mãe. "Agora consigo fazê-la lavar o rosto e pentear os cabelos." A ideia controversa de Ruth, os inéditos grupos focais de Dichter e os comerciais únicos da Carson/Roberts haviam todos sido recompensados.

Enquanto Ruth fazia planos para a nova década, sabia que estava sentada em cima de um colosso que exigiria toda a sua atenção e habilidades de negócio, que ela ainda estava desenvolvendo. Em 1957, depois que os comerciais durante os intervalos de *O Clube do Mickey* levaram a Mattel a ir de cinco a catorze milhões de dólares em três anos, o gerente geral, Dave Menken, deu uma sugestão. Ele estava preocupado com a acelerada taxa de crescimento da Mattel, mas quando revelou seus receios a Ruth, ela não deu importância. Elliot estava se esforçando para expandir as linhas de produtos, e Menken sentia que a empresa não era equipada para lidar com aquela expansão. Ruth pareceu não entender os receios dele quanto à coordenação das divisões ou cadeia de supervisão. Ele disse que seria de grande valor para Ruth e para a companhia se ela fizesse um treinamento mais formal na área de negócios. Menken sugeriu um curso para executivos de negócios na Universidade da Califórnia, em Los Angeles.

Ruth apareceu no primeiro dia de aula e deu de cara com cinquenta homens como colegas de classe — nenhuma mulher. Eram presidentes, vice-presidentes executivos, e líderes dos conselhos de grandes empresas. Ao ocupar seu lugar, Ruth se sentiu desconfortável, sem saber se pertencia a uma turma na qual tinha certeza de que os outros participantes tinham uma formação e educação de negócios que ela não tinha. "Eu estava escondendo um enorme complexo de inferioridade", confessou Ruth, "e a princípio foi difícil lidar com ele. Fiquei sentada lá com aqueles homens, ouvindo suas discussões estudadas de todos os assuntos relacionados à gestão de negócios, e percebi como eu sabia pouco". Logo, porém, conforme lia sobre teoria organizacional e os conceitos formais por trás do trabalho que estivera realizando instintivamente, Ruth conta que se sentiu "como uma pessoa no deserto encontrando água". Ela pegava mais livros que o permitido na biblioteca da universidade. Sentia que não conseguia se cansar deste novo mundo de ideias de negócios.

Gradualmente, suas inseguranças sumiram. Ela percebeu que, embora os outros alunos tivessem mais estudo, tinham muito menos experiência em negócios do que ela. A maioria deles não era empresário, mas sim executivos contratados para gerir problemas já existentes. "Eles chegavam com sua educação cara, mas não sabiam exatamente como era o mundo real. Bem, eu sabia como era o mundo real, porque já havia estado nele e já havia feito tudo", recordou Ruth.

Durante uma aula, o professor falou sobre os desafios de gerir funcionários. Ele apresentou um estudo de caso envolvendo uma mulher que havia trabalhado em um escritório durante dez ou quinze anos. Ela tinha muito conhecimento institucional. Podiam contar com ela para fornecer valiosas informações sobre clientes e histórias não documentadas da companhia, e ela sabia onde encontrar qualquer coisa. Funcionários mais novos iam lhe pedir ajuda, mas ela era ríspida e antipática. Frequentemente, recusava-se a seguir as instruções de seu supervisor ou atender aos pedidos dele, voltando-se para sua réplica padrão de que as coisas nunca tinham sido feitas do modo que ele estava sugerindo. Era difícil de lidar e resistente a mudanças, concluíra o professor, pedindo à turma para que lhe contassem como lidariam com tal funcionária.

Conforme o professor passava pela classe pedindo a opinião de cada aluno, as respostas focavam em mudar o jeito da mulher teimosa. Eles diziam: "Eu conversaria com ela sobre o assunto" ou "A colocaria em aconselhamento", ou "Pediria que o Departamento Pessoal falasse com ela". Finalmente, o professor chegou a Ruth e perguntou: "Bom, e o que você teria feito?". Ruth havia ficado cada vez mais impaciente conforme ouvia os colegas de classe. Sua resposta foi curta: "Eu teria despedido a filha da puta 45 minutos atrás". A história daquele estudo de caso e a resposta de Ruth se tornaram lenda no programa. Anos depois, recém-graduados que encontravam Ruth contavam a ela que o episódio ainda era contado.

Uma noite, Ruth levou para casa um livro sobre teoria organizacional de seu curso e o estudou em uma escrivaninha na sala de estar. Enquanto Elliot dormia, ela ficou acordada a maior parte da noite, anotando as ideias que chamaram sua atenção em um pedaço de papel separado para cada capítulo. Era um método para estudar e lembrar de informações que ela usou por toda a vida. Ela focou nos conceitos que mostravam como melhorar a Mattel. Ruth ficou impressionada com a ideia de que não poderia atingir seus objetivos se alguém estivesse bloqueando seu acesso às pessoas que ela precisava supervisionar. Conforme ela lia, entendia como um gerente resistente poderia impedir que todo o seu plano operacional fosse bem-sucedido. Dave Menken, que insistia para que os departamentos pessoal, de finanças, de produção e de engenharia se reportassem a ele, estava no caminho de Ruth. Ela só tinha o departamento de marketing e Menken reportando-se a ela. "Eu percebi que não podia funcionar com um 'gerente geral' se reportando a mim, porque eu mesma precisava estar em diversas partes do negócio", explicou Ruth.

Ruth pensou em tirar alguns dos departamentos do controle de Menken, mas quanto mais ela lia, mais percebia que não podia rebaixar um homem com tanto poder. Ele reclamaria. Se ele ficasse, provavelmente não seria eficiente e aquilo prejudicaria a organização. Ruth desenhou um novo esquema organizacional para a Mattel. Nele, os departamentos pessoal, de relações industriais, de finanças, de produção, de marketing e alguns outros se reportariam a ela. Ela desenvolveu todas as subfunções relacionadas a cada departamento. Pesquisa, design e engenharia se reportariam a Elliot, e ela criou uma relação conectando-a a eles. Quando terminou, não havia lugar para Menken. Ela decidiu que ele teria que ir embora.

Quando Elliot acordou na manhã seguinte, Ruth o chamou até a escrivaninha e pediu que ele se sentasse. Ela mostrou o novo mapa organizacional que havia feito, anunciando que eles não tinham escolha a não ser demitir Menken. Elliot estudou a folha de papel por alguns minutos antes de concordar. Ruth confessou que foi uma decisão difícil de tomar. "Era um bom homem, muito talentoso, muito leal e um homem de quem eu gostava muito e que fazia um ótimo trabalho. Mas aquilo precisava ser feito. Então, se as pessoas dizem que sou dura, acho que é porque quando algo tinha que ser feito, eu fazia, e foi a decisão certa na época." Ruth estava em total controle operacional da Mattel.

Em dezembro de 1959, enquanto a Mattel preparava a mudança para a gigantesca fábrica nova, Ruth sentia-se expansiva. Ela dera início a um novo programa de caridade, doando brinquedos para o Departamento de Polícia de Los Angeles todo ano, para que eles distribuíssem de porta em porta em bairros carentes. O *Los Angeles Examiner* concordara em acompanhar a polícia e tirar fotos, e Ruth ficou encantada com os rostos das crianças quando os policiais chegavam em suas portas vestidos de Papai Noel.

A Mattel deu mais motivos para Ruth sorrir. Depois de consolidar seu controle sobre a empresa, ela construíra uma equipe de vice-presidentes muito dedicados: Clifford Jacobs no marketing; Seymour Adler nas operações; Robert Mitchell para relações industriais; Ted Horowitz como tesoureiro; e o exuberante, brilhante e quixotesco Jack Ryan para pesquisa e design. Elliot ainda tinha o título, se não a função, de presidente, e Ruth acumulou um importante papel externo com a Toy Association a seu trabalho como vice-presidente executiva.

Ruth se lembrou de como Abe Swedlin, da companhia de brinquedos Gund, estava orgulhoso quando ela lhe contou que estava sendo nomeada a primeira mulher na diretoria da Toy Association. No ano seguinte, ele contou com muito orgulho a Ruth que ela seria a primeira vice-presidente mulher da diretoria. Pela primeira vez na história da associação, no entanto, um segundo vice-presidente, que era homem, fora indicado. Por tradição, a vice-presidência sucedia a presidência. "Eles não ousaram me deixar ser presidente", alegou Ruth. "Não tiveram coragem." Ela admitiu ficar ao mesmo tempo irritada com aquele menosprezo, e orgulhosa pelo cargo e por ser a primeira mulher. Ela achava as reuniões do conselho divertidas e estimulantes, rapidamente sentindo-se confiante naquele ambiente composto apenas por homens, mas ciente da discriminação de gênero que encontrava. "[Para as mulheres] não havia teto de vidro naquela época", narrou Ruth. "Era de concreto. O teto estava lá, e as paredes estavam lá. Em vários momentos me foi deixado claro que eu era um acaso, uma peculiaridade. Aquilo fez eu duvidar muito de mim. Eu tinha muitos sentimentos conflituosos. Mas também me trazia um sentimento de poder, por mais estranho que pareça."

A ascensão de Ruth em um mundo corporativo dominado por homens a transformou em alvo. Chamavam-na de linguaruda e profana pelas costas. Ressentiam-se de seus pronunciamentos grandiosos, como a alegação dela de que Barbie era "o maior fenômeno da indústria de brinquedos". Apesar de Ruth provavelmente estar certa, eles achavam difícil perdoar uma mulher que não tinha modéstia ou autoanulação.

Uma mulher atraente que gostava de se vestir para ser admirada pelos homens, Ruth também cuspia livremente os expletivos mais indelicados. Ela entrava nas salas como se pretendesse dominá-las. A maioria dos homens com quem trabalhava nunca tinha visto uma mulher como ela. Dirigia a Mattel havia quinze anos, e sua ambição ainda era evidente. Ela acreditava no próprio talento instintivo para o marketing, na originalidade e disposição que tinha para trabalhar fora dos padrões. Ela se enxergava como líder, alguém que se relacionava com as pessoas de um jeito especial. "Posso motivar as pessoas de um jeito superior ao de qualquer um", afirmou. "Motivamos tanto nosso pessoal, Elliot com suas grandes ideias, doçura e personalidade calorosa, e eu com o poder de minhas próprias convicções, minha ambição e entusiasmo em relação às pessoas." Ruth acreditava que ela, Elliot e sua equipe executiva estavam prontos para aumentar o valor da empresa em dezenas de milhões de dólares.

Às vezes, Ruth se referia à ascensão meteórica da Mattel desde suas origens em uma garagem suja como um acaso, dizendo: "Não sabíamos que diabo estávamos fazendo". Mas depois de 1960 não havia mais como negar que cada decisão era intencional, planejada, supervisionada, examinada e aprovada por Ruth.

Disparando nos anos 1960

A vida mudou assim que abrimos o capital.

Pouco antes da Feira de Brinquedos de 1964, os executivos da Mattel se espremeram dentro de uma pequena sala de conferências da empresa para analisar o brinquedo que uma companhia rival esperava que concorresse com a boneca Barbie. Os Hassenfeld Brothers, cuja empresa de brinquedos depois se chamaria Hasbro, eram concorrentes sérios da Mattel. A saúde financeira da Hasbro dependia do físico musculoso de um brinquedo de 29 centímetros que os executivos juraram jamais chamar de boneco.

O G.I. Joe, "O Soldado Móvel da America", tinha 21 partes móveis, com as quais podia atirar granadas, manejar um lança-chamas, ou derrubar as barricadas do sucesso da Mattel. O rosto dele era criação de um artista que se baseara nas fotos de vinte vencedores da Medalha de Honra, ou pelo menos assim alegava a propaganda. Mas não importava — o martirizado presidente Kennedy havia sido um herói de guerra, e milhões de veteranos também eram pais de menininhos que queriam brincar de soldado. Bonecos para garotos jamais haviam dado certo, então Joe foi anunciado, junto à música de "The Army Goes Rolling Along", como um "soldado", um "mergulhador" e um "lutador", mas nunca como um boneco. Joe vinha com trocas de roupas e acessórios para combate. A lição de Barbie e seu guarda-roupa não havia passado despercebida pelos irmãos Hassenfeld. Elliot chamava aquilo de teoria da lâmina/aparelho de barbear. Uma vez que os consumidores compravam um aparelho de barbear, precisavam continuar comprando as lâminas.

Os executivos da Mattel estavam ouvindo rumores sobre o suposto grande sucesso do brinquedo havia semanas. Eles ficaram em volta da mesa onde o boneco foi colocado, e Jack Ryan, diretor da equipe de design, lentamente tirou cada peça do uniforme de Joe. Ruth era a única mulher na sala.

O G.I. Joe tinha juntas como as de um manequim. Diferente da boneca Barbie — esguia, mas relativamente imóvel —, Joe tinha uma junta rotacional no ombro, antebraço, cotovelo, e outra em formato de bola no pulso. O musculoso torso era separado dos quadris por uma grande junta em forma de bola na barriga. Cada perna era unida ao quadril, e até os tornozelos eram flexíveis. A cabeça do boneco girava sobre um pescoço grosso, e a expressão em seu rosto era impassível, se não dura.

Ryan fez um grande espetáculo tirando o boné do soldado e a placa de identificação. Em seguida, a jaqueta do exército. E então, as botas de combate. A sala estava silenciosa. A engenharia por trás do brinquedo era impressionante. As roupas de Joe mostravam os detalhes que as costureiras japonesas da Mattel haviam aperfeiçoado com os pequenos colchetes e pontos da Barbie. A Hasbro tinha, pela primeira vez, ido ao Japão para fabricar as roupas de Joe. Era evidente para todos que um boneco de temática militar agradaria ao mercado de meninos.

Finalmente, Ryan tirou a calça de Joe. A peça moldada do quadril, articulada separadamente logo abaixo da barriga até a coxa, tinha um formato indefinível de U na frente, e um risco vertical sugerindo nádegas na parte de trás. Ninguém da Mattel disse uma palavra enquanto avaliavam o boneco nu de aparência estranha. Quebrando o silêncio, Ruth deu uma gargalhada. Com um aceno desdenhoso de mão que fez cintilar seu grande anel de diamante em lapidação esmeralda, ela declarou: "Ora, ele não tem bolas!". Houve uma pausa em que ninguém respirava na sala, antes de todos começarem a gargalhar também. Foram risadas "sinceras, afáveis, confiantes", lembrou-se Joe Whittaker. "Quando elas finalmente pararam, notei alguns pares de olhos se encontrando, sorrisos silenciosos, um aceno ou outro de cabeça."

Whittaker era novo na Mattel, mas ele sabia que sua cultura era única. Ele fora contratado para o planejamento de produtos em uma época em que Ruth estava focada em criar sistemas profissionais em uma indústria que operava levianamente. Brinquedos, assim como a moda ou os filmes, precisavam de constantes inovações. Era um negócio de tendências, em que os designers frequentemente erravam ao prever o grande sucesso seguinte. As pessoas podiam comprar a mesma barra de sabonete ano após ano, mas todo Natal esperavam ideias de brinquedos mais legais.

Ruth fez sua equipe hiperativa entrar em uma animada discussão sobre as chances do G. I. Joe no mercado. Joe Whittaker sentiu a mudança que o comentário crítico de Ruth sobre a anatomia do boneco fizera. Durante uma homenagem a ela em uma premiação anos depois, ele indagou: "Foi realmente um momento transcendente? Provavelmente só na imaginação de um garoto que havia acabado de sair da escola de negócios, mas eu senti pela primeira vez naquele momento o que eles já sabiam: nós, nós da Mattel, que estávamos naquela sala, tínhamos as bolas, e a vontade e força da personalidade corporativa para moldar e formar e refazer de um jeito positivo uma indústria inteira à nossa própria imagem... Foi *exatamente* o que fizemos durante toda a década de sessenta. Éramos ouro, e tudo que tocávamos virava ouro".

A década começou com a Mattel abrindo o capital, vendendo 350 mil ações a dez dólares cada. Ruth usaria o dinheiro para expandir as operações, principalmente nos Estados Unidos e no Japão. Elliot e ela passaram meses fazendo diligentes reuniões para preparar as ofertas no mercado de ações.

Ruth atuava como porta-voz e fazia toda a apresentação oral depois de uma breve introdução de Elliot. Uma dessas reuniões foi em Chicago. Um dia ou dois antes do grande evento, que teria a presença dos analistas do mercado de ações, subitamente precisaram mudar o lugar. Disseram a Ruth que mulheres não eram permitidas no local inicial. Em outra ocasião, Ruth e Elliot conheceram dois homens de uma firma de Wall Street que iam acompanhá-los até um clube de Nova York. Eles subiram de elevador como um grupo, mas quando saíram, um dos homens pegou o braço de Elliot e o levou em uma direção diferente da de Ruth. Ruth foi levada pela cozinha e área do lixo, além de alguns corredores dos fundos, chegando finalmente na sala de reuniões, onde cerca de vinte homens aguardavam. Apesar de ela ser a oradora chave para aquele grupo de analistas de mercado, precisou entrar escondida, porque mulheres não eram permitidas naquele andar do clube.

Mesmo indignada, Ruth achava inebriante a experiência de ser a única mulher operando em um mundo só de homens. Ela sentia que era uma forma de poder e que estava ascendendo a níveis que jamais havia previsto. Ela afirmou que se divertia e ficava muito satisfeita ao ser a única mulher. "Me dava poder sobre eles. Me dava um sentimento de identidade e, não sei se a palavra seria 'orgulho'? Acho que sim."

Em vez de se sentir intimidada pelo tratamento dado a ela por causa de seu sexo, Ruth às vezes incorporava aquilo, e às vezes deixava para lá. A discriminação, aconselhou ela a uma gerente da Mattel, "é o preço que você paga por estar à frente do seu grupo". Assim como em tantas outras áreas da vida, ela tentava transformar as experiências negativas em algo positivo. Alguns homens achavam que ela usava sua sexualidade, abrindo um grande sorriso e chamando-os de queridos. Homens que tentavam fazê-la se sentir impotente só conseguiam fazer com que ela se sentisse mais poderosa. Ela fora capaz de fazer tudo que eles haviam feito e mais, e ainda por cima contra as probabilidades que diziam que mulheres não conseguiam ser bem-sucedidas.

Quanto a outras mulheres, Ruth estava disposta a lhes dar uma chance justa. "Ela não era muito de aconselhar mulheres", lembrou Sandy Danon, que começou como gerente de estimativa de custos de moda em 1968. "Era implacável e se enxergava como um dos caras, mas quando você era contratada, tinha a oportunidade de chegar mais alto do que jamais poderia. Ela queria que você fosse empreendedora, que estivesse à frente de todos os outros. Pensávamos de dois a três anos à frente. Não conhecíamos o significado de 'não pode ser feito'."

A discriminação existia. Quando Danon descobriu diferenças de salário entre mulheres e homens, ela protestou e recebeu um aumento de 25 a 30 por cento. Ruth acreditava que a maioria das mulheres não queria ter sucesso nos negócios tanto quanto homens. Enquanto um executivo homem era servido ao chegar em casa, uma mulher que atuava no mercado de trabalho ainda tinha que servir, e não agir, como colocou Ruth, "como se estivesse fazendo um grande favor à família". No entanto, se as mulheres queriam a oportunidade, Ruth não se opunha. No final dos anos 1960, a Mattel tinha mais executivas mulheres do que qualquer outra companhia de brinquedos.

Ruth reconhecia seu lugar único no mundo dos negócios, falando de sua vida como "a história de uma mulher", mas ela tinha pouco interesse no que sua ascensão ao poder significava para outras mulheres. Qualquer feminista ficava irritadiça pela insistência de Ruth de que sempre tivera o marido ao lado. Ela dava crédito a Elliot por tolerar o tratamento sexista que ela às vezes recebia, para que ambos pudessem atingir seus objetivos, apesar de muitas vezes aquilo soar como se ele simplesmente estivesse sendo alheio. Ela alegava que nenhum dos dois estava tentando "curar os males do mundo". Ruth estava apenas seguindo seus instintos. "Ela teria sido uma grande advogada de tribunal", relembra Josh Denham, um executivo muito próximo a ela. "Ela fazia perguntas muito incisivas. Tinha um instinto feminino para quando você a estava enrolando, e não tolerava besteiras. Ela simplesmente parava de escutar. Ruth tinha os instintos mais perceptivos do que funcionaria ou não do que qualquer pessoa que já conheci." Ela brincava sobre seu sucesso ser ainda mais engraçado porque ninguém que a conhecia lhe dava algum crédito. "Cheguei aqui só por estar dormindo com o chefe", brincava ela.

Para suas práticas nos negócios, a Mattel se inspirava na Procter & Gamble, considerada um modelo pela maneira superior de desenvolver e anunciar novos produtos. Ruth almejava criar generalistas que pudessem gerenciar linhas de produtos estando no centro de um modelo organizacional em forma de círculo. Esses líderes eram incumbidos de entender os mercados da Mattel e seus consumidores, para que pudessem rapidamente reagir conforme novos produtos estivessem prontos para distribuição.

Para encontrar os melhores e mais inteligentes profissionais, Ruth recrutava nas maiores escolas de negócios. Novos funcionários formados na Berkeley, Stanford, UCLA, Harvard e Columbia recebiam testes escritos. Trinta engenheiros podiam ser convidados para um processo de uma semana, na qual eram contrapostos a outros candidatos esperançosos. Nenhuma outra empresa de brinquedos tinha um processo de recrutamento tão agressivo.

Candidatos chegavam no grande e cinza prédio industrial em Hawthorne, com trailers ao redor no espaço em expansão. Um rio saía da área de produção. A sede do edifício era bem pequena. Uma nova sede só foi construída na metade dos anos 1960. A maioria dos escritórios era composta de cubículos apertados, e funcionários em potencial encontravam uma atmosfera carregada em cada departamento. Para alguém de fora, a Mattel devia parecer uma sala de aula sem professor. Pat Schauer, que trabalhava no setor de vendas, lembrou-se: "Era atrevido. Pessoas faziam comentários de cunho sexual, com duplo sentido. Havia muita brincadeira, atirava-se coisas por cima das paredes dos cubículos, brincando".

Dependendo do cargo a que se estava concorrendo, candidatos poderiam receber projetos de design para completar ou um plano de marketing para preparar. Eles passavam pelo teste *Activity Vector Analysis*, ou DISC, para ver se "eram criativos e voláteis o bastante", nas palavras de Ruth. Esse teste ficou conhecido como o *Mattel V*, ou *garra*, porque as pontas do V eram usadas para desenhar "conquista", "poder" e "afiliação", significando sentimentos e estilo colaborativo. Candidatos bem-sucedidos tiravam notas altas em *conquistas* e *poder*, que eram as duas pontas de cima do V, e muito menos em *afiliação*, que era a ponta inferior. "Era um medidor do quão agressivo você era", evocou Frank Sesto, que se tornou engenheiro-chefe de ferramentas. "Eles queriam pessoas que atacavam com tudo."

Na verdade, Ruth queria pessoas como ela — francas, competitivas, intransigentes e resistentes. "Você não simplesmente atravessava uma parede", explicou o executivo Josh Denham. "Esperavam que você a derrubasse." Ruth estava disposta a deixar sua equipe experimentar coisas novas. Boyd Browne, que foi contratado em 1959 como gerente de segurança e proteção, ocupou dez cargos diferentes ao logo de seus dezesseis anos de Mattel. "Eu vim da RCA, onde tudo era de acordo com as regras. No primeiro nível, você tinha uma caneta e uma mesa. No próximo, você tinha um escritório compartilhado, e depois, um escritório com meia parede. Quando chegava ao topo, você ganhava uma sala fechada. Na Mattel era o oposto. Você fazia o que precisava ser feito."

Browne lembrou de fazer um experimento para testar a segurança. Ele foi às docas, colocou quatro caixas de brinquedos em seu carro e saiu dirigindo. Depois de ver como os estoques podiam ser facilmente roubados, ele quis emitir crachás para todos e trancar os portões. "Fui até Ruth, mas estava morrendo de medo, e contei a história a ela. 'Sim?', disse ela. 'Por que veio até aqui? Se acha que é a coisa certa a fazer, então faça.'" Naquele momento, Browne compreendeu que Ruth estava deixando claro que o trabalho dele era responsabilidade dele. "Se você desejasse fazer alguma coisa que considerasse boa para a companhia, tinha liberdade para isso, mas a responsabilidade era sua e você estaria fora se não desse certo. Você podia assumir riscos e subir de nível." Na empresa de Ruth, era mais fácil ser despedido por gastar de menos do que por gastar de mais.

Sandy Danon, que começou como avaliadora de custos das roupas das bonecas, recordou que "as pessoas tinham medo dela. Ruth acabava com elas. Dizia coisas como 'Vou arrancar suas bolas' se não fizessem tudo exatamente como ela esperava". Mas Ruth também encorajou Danon, aconselhando-a a deixar as ofensas para lá, como ela mesma havia aprendido a fazer. Aqueles, como Danon, que prosperaram na Mattel, sentiam-se como em um exército corporativo. "Éramos os filhos da Mattel, e estávamos naquilo até o fim de nossas vidas", disse Danon.

A energia intensa e a pressão faziam da Mattel um lugar estressante no qual trabalhar. As pessoas ficaram surpresas quando Tom Kalinske, que depois se tornaria CEO, se casou. Poucas pessoas do marketing eram casadas. "O lugar era tão empolgante que ir para casa se tornava chato, e o índice de divórcios era alto", contou Danon. Haviam muitos casos amorosos acontecendo na empresa, e muitas festas. As pessoas competiam até quando deviam estar relaxando. Trabalhando à sombra de Ruth, elas nunca relaxavam. "A aprovação dela estava sempre na nossa cabeça", confessou Lou Miraula, ex-funcionário de marketing da empresa. Ele lembrou de um dos primeiros conselhos de Ruth: "Lou, quando você observar outro vendedor trabalhando, veja se consegue fazer melhor".

Na metade dos anos 1970, Miraula foi até o escritório de Ruth com um enorme pedido da Kresge, um dos maiores clientes da Mattel. Ele esperava que ela o elogiasse, mas em vez disso Ruth disse: "Eles não compraram este brinquedo nem aquele", apontando para a lista. Ela não queria que as lojas fossem seletivas quanto às linhas da Mattel, comprando só os brinquedos que vendiam mais. Ela queria espaço nas prateleiras, e em toda reunião de vendas, Cliff Jacobs, diretor do departamento, relembrava à equipe as expectativas de Ruth. Ela esperava que os pedidos fossem abrangentes. Queria que os vendedores vendessem cada item que a Mattel oferecia. "Ela mantinha a pressão ligada", definiu Miraula, acrescentando que era cauteloso com o poder dela. Ele nunca achou que Ruth se importava pessoalmente com os funcionários. Mas outros colaboradores tinham uma opinião bem diferente. Diversos deles se referiam a Ruth e Elliot como "pais". "Eles foram meus segundos pais no mundo dos negócios. Eram modelos para mim. Ruth sempre perguntava sobre minha vida pessoal com muita gentileza", lembrou-se Joe Whittaker.

Mesmo esperando grandes desempenhos dentro da companhia, Ruth apoiava empreendimentos externos. Fred Held, que trabalhava nas estratégias operacionais, tinha um negócio imobiliário que Ruth encorajava. Marvin Barab tinha um negócio em que publicava listas de acampamentos para famílias. O projeto estava crescendo quando ele fez a entrevista na Mattel. Barab contou a Ruth sobre o negócio. "Vai interferir com os brinquedos?", perguntou ela. Quando Marvin respondeu que não, ela falou que não seria um problema. Um tempo depois, enquanto ele almoçava com Ruth, ela perguntou como as coisas estavam indo. "Estão indo muito bem", respondeu Barab. "Estou em uma sinuca de bico, porque todo meu valor está em contas a receber e preciso de dinheiro para fazer mais impressões." Ele explicou que a Sears e a Montgomery Ward deviam cinquenta mil dólares a ele, e Rand McNally não imprimiria mais listas para a estação seguinte a não ser que ele conseguisse 25 mil dólares. Ruth pediu que ele fosse vê-la no escritório dela. Quando Marvin chegou lá, ela ligou para seu contato no Bank of America de Englewood. "Jules, tenho um executivo que tem um negócio à parte e está sem dinheiro vivo, e quero que o ajude", disse ela. Barab manteve sua empresa e, depois de seis anos na Mattel, pediu demissão para cuidar dela em tempo integral.

Se os candidatos não apresentavam o que Ruth chamava de "personalidade empreendedora", ela os classificava de NMM, ou "Não é Material Mattel". Os poucos que passavam pela enxurrada de testes, perguntas e concorrentes eram contratados. Ruth acabou formando um brilhante grupo de combatentes. "Ela contratava pessoas pela atitude delas de 'nada vai nos deter'", lembrou Fred Held, contratado para gerência da Mattel em 1962. "Ruth queria jovens que pudessem assumir uma divisão de cem milhões de dólares em cinco anos. O jeito Mattel era acreditar que nada é impossível e que a criatividade impera." Em entrevistas quase cinquenta anos depois, aqueles funcionários ainda eram incrivelmente criativos e enérgicos. Muitos ainda estavam criando e abrindo negócios. Continuavam cheios da curiosidade e do ânimo empreendedor que os tornara bom material para Mattel.

Funcionários da gerência estavam sempre em foco. Ruth sempre pedia opiniões e desafiava presunções. Ela gostava de trabalhar com dados concretos, usando ferramentas científicas. Ela criou instrumentos de métrica que se tornaram padrão na indústria. Segundo Joe Whittaker, a Mattel inventou "toda uma linguagem para a indústria, que logo ouviu falar sobre *A prices, EBDs, Magics, W reports* e *TLPs*. Não era apenas o evangelho, era praticamente o alfabeto segundo a Santa Mattel".

A *Toy Line Projection* (TLP) listava cada produto com seu número de unidade de manutenção de estoque, ou SKU, e informações sobre receita de vendas, experiência de produto, margens brutas, ferramentas e publicidade. "Ruth era a mestre da TLP", definiu Tom Kalinske. Conforme os executivos da Mattel iam para outras companhias, levavam junto o conceito de TLP.

Ruth também trabalhava com os melhores executivos para criar o *W report*, ou relatório semanal de vendas e despachos, um documento sobre demanda e oferta que tinha de cinco a sete centímetros e meio de grossura, escrito à mão, e copiado em antigas copiadoras. O *W report* listava cada produto, com detalhada produção e histórico de vendas. Ruth o folheava com o polegar e declarava: "Isso não está correto", achando erros às vezes pequenos como centavos por dólar. "Ela tinha uma habilidade infalível para encontrar *um* erro naquele documento. Tinha um sexto sentido que focava naquele erro. Se um número estava suspeito, e quanto aos outros? Ela encontrava erros pequenos, porém críticos. A cabeça de Ruth funcionava encontrando a falha no plano", recordou Joe Whittaker. "Ela ia a Palm Springs", contou Fred Held, que a ajudou a criar o relatório, "e marcava o *W report* com o batom, então a primeira pessoa que ela encontrava quando voltava escutava para valer se ela tivesse encontrado algum erro. Ela fazia perguntas que os executivos não sabiam responder. Realmente entendia dos números". Boyd Browne afirmou: "Se houvesse algum número falso, ela detectava". Sua facilidade com números foi ironizada quando, anos depois, após Ruth deixar a empresa, uma Barbie falante foi programada para dizer "A aula de matemática está difícil".

Para ter sucesso, a Mattel precisava inventar novos designs todo ano. Desenvolver e produzir cada novo design geralmente levava três anos. Os cronogramas de produção eram apertados, porque os produtos precisavam ficar prontos a tempo das compras sazonais. A maioria dos produtos estava em um ciclo de produção de um ano, o que significava que era crucial acertar o preço inicial. Ruth instituiu rígidos planejamentos e controles de produtos, e ficava em contato com os gerentes conforme o produto avançava para a distribuição. "Eu era boa em controlar quanto de um produto era feito em relação ao que ele geraria em vendas", disse ela. E tinha uma genialidade para usar sua experiência em determinado produto e aplicá-la ao próximo.

"Somos uma empresa que simplesmente mata homens", disse Ruth a Frank Sesto no início dos anos 1960, enquanto discutiam as opções de ação que ela estava oferecendo a ele. "Isto é algo que você conquistou. Espero que faça dinheiro com isto", disse ela. Suas expectativas estavam sendo mais do que realizadas. As manchetes do *Los Angeles Times* no começo da década de 1960 mostram a linha do tempo da história. Em dezembro de 1960:

"Negócio de brinquedos explode em Southland, as vendas agora duram o ano todo". Em agosto de 1961: "Empresa de brinquedos planeja adição de novecentos mil dólares, segunda maior expansão desde a mudança para Hawthorne, há dezoito meses". Em fevereiro de 1962: "Mattel sobe as taxas de dividendos". Em outubro de 1962: "Mattel é nomeada a empresa com crescimento excepcional da Nação".

Em 1962, o orçamento publicitário de Ruth era de 5,7 milhões de dólares. Sessenta milhões de brinquedos carregavam a pequena caixinha de música à manivela que estivera no Jack-in-the-box uma década antes. Os negócios estavam tão fortes que uma segunda oferta de ações foi planejada para abril. Ruth e Elliot resolveram ir a Nova York para o evento, e Harry e Doris Paul, agora ricos sócios, foram junto.

Os dois casais estavam no hotel Waldorf-Astoria quando receberam uma ligação dos corretores, que queriam vê-los imediatamente. Eles disseram que não havia como a oferta acontecer. O mercado de ações havia tido uma queda acentuada e esperava-se que continuasse caindo, em uma catástrofe que depois Wall Street chamou de *Blue Monday*. "Vocês não iriam querer o que poderiam receber por ação", disseram aos quatro.

O quarteto estava tendo dias maravilhosos em Nova York e estava ansioso pelo grande evento. A empolgação inicial deles tornara o cancelamento da oferta ainda mais decepcionante. Eles desceram a rua do Waldorf até um restaurante para jantar, mas ninguém tinha muito a dizer. Harry havia comprado um caro relógio de pulso para Doris naquele dia, e ela perguntou se teria que devolvê-lo.

Enquanto caminhavam de volta para o hotel, um morador de rua abordou Elliot e pediu uma moeda de 25 centavos. Elliot, normalmente gentil e educado, mandou o homem ir embora, alegando: "Já tenho meus próprios problemas". Quando ouviram a resposta de Elliot, Ruth, Harry e Doris explodiram em gargalhadas. "A gente riu até rolar na calçada", lembrou Ruth. "Vimos ali que tínhamos perdido toda a lógica."

Ruth e Elliot não precisavam se preocupar. Em 1964, seus bens pessoais totais já valiam mais de quarenta milhões de dólares, com 37 milhões em ações. Eles haviam feito generosas transferências de ações entre 1962 e 1967 a parentes, ao centro médico City of Hope, ao United Jewish Welfare Fund, ao Temple Isaiah, à UCLA e a organizações de caridade.

Ruth considerava o serviço público um estilo de vida. "Aquele foi nosso treinamento, nosso background", expressou ela, "a ética judia". Quando a guerra em Israel começou em 1967, Ruth era presidente da Mattel, mas apesar de ter uma agenda lotada, ela ligou para o diretor da United Jewish Appeal local, para a qual ela fora uma generosa doadora, e perguntou como poderia ajudar. Ele a convidou a visitar seus escritórios na rua Vermon o mais rápido possível. Quando Ruth chegou lá, ele contou a ela que os telefones tocavam incessantemente, e que eles estavam sobrecarregados de perguntas e ofertas de ajuda. Ele perguntou se Ruth poderia assumir as operações por telefone e gerenciar os pedidos. "Faça alguma coisa para que possamos tirar isso de nossas costas e funcionar", pediu ele. Ele montou um lugar para Ruth trabalhar e ela mergulhou na tarefa. "Foi difícil, mas eu estava acostumada a fazer coisas daquele tipo", narrou ela. Ruth estabeleceu padrões para quais doações seriam aceitas, montou um time para responder e repassar chamadas, e em poucos dias deixou uma operação em bom funcionamento nas mãos de outra pessoa. "É isso que chamo de serviço público. Me senti muito bem com aquilo", confessou.

Em agosto de 1963, Elliot abriu o pregão da bolsa de Nova York. A Mattel estava sendo listada tanto nos pregões de Nova York quanto nos da costa do Pacífico e, como parte da cerimônia, Elliot comprou as primeiras cem ações a 48,50 dólares cada. Três anos antes, nas ofertas iniciais, as ações haviam sido vendidas por dez dólares cada. "Ficamos apenas sentados ali, sem conseguir acreditar que alguém pagaria tanto por uma ação nossa", contou Ruth a um repórter, rindo.

No geral, a vida era boa. Naquele mesmo ano, Barbara deu à luz a primeira neta do casal, Cheryl Segal. Ken, como a irmã, também tinha se casado pouco depois de completar o ensino médio, no ano anterior. Em retrospecto, a pressa contraditória de Ken em ter uma vida convencional pode ter mascarado o conflito feroz que marcaria a tragédia de sua vida. Na época, entretanto, os filhos de Ruth pareciam estabelecidos e felizes. Ela estava livre para construir seu sucesso.

Durante um almoço entre Ruth, Elliot, e seus corretores no final de 1963, o grupo não parava de ser interrompido. Um jovem entrava repetidamente na sala de jantar para sussurrar para um corretor. Ruth finalmente perguntou o que estava acontecendo. As ações da Mattel estavam subindo. As ações dos Handler tinham subido vinte milhões de dólares enquanto eles estavam sentados ali. Na época, Elliot ganhava um salário de 67,5 mil dólares e Ruth de 52 mil. Eles controlavam 54,5 por cento das ações da Mattel, na época calculadas em 44 milhões de dólares.

O sucesso havia aumentado junto com a franquia Barbie. A década de 1960 viu uma série de marcos para a boneca, todos cuidadosamente pensados em termos de valor lúdico e proteção da marca.

Barbie foi acompanhada por um crescente grupo de amigos. Primeiro veio o namorado, Ken; depois Midge, amiga da Barbie, e Allan, amigo de Ken, para em seguida chegar a irmã mais nova da Barbie, Skipper; logo seguida pelos irmãos da Barbie, os gêmeos Tutti e Todd. Francie, a prima da Barbie, foi introduzida como uma boneca adulta com um corpo mais magro e menos curvilíneo e voluptuoso. O tamanho menor de Francie criou um debate dentro da Mattel. Ela exigia roupas de tamanho diferente, o que significava a criação de uma nova linha de guarda-roupa. Todas as outras amigas mulheres da boneca podiam usar as roupas da Barbie. Ruth temia que as lojas não tivessem roupas em estoque suficientes para Francie ou um destaque tão bom quanto faziam com as roupas da Barbie. Ela também tinha medo de uma reação negativa por parte dos consumidores ao descobrirem que Francie não podia usar as roupas da prima. A difícil decisão de trazer Francie, entretanto, deu certo, e mostrou à Mattel que haviam novas maneiras de expandir a franquia Barbie. Isso também acontecia no design. Jack Ryan inventou e patenteou pernas dobráveis, que apareceram na Barbie em 1965, e quadris giratórios. Braços dobráveis, entretanto, não conseguiram ser projetados com sucesso.

Ruth sentia que a Barbie não devia ter uma personalidade específica. "A Barbie deve se adequar à personalidade de cada garotinha", afirmou ela, "e através da Barbie, cada garotinha deve projetar sua própria personalidade". Ela disse que a Mattel não estava tentando fazer apenas uma boneca bonita, porque ela acreditava que aquilo limitaria seu apelo lúdico. Conforme novas Barbies eram desenvolvidas, no entanto, a preocupação de Ruth era cada vez mais ignorada. Com o passar do tempo, Barbie ficou cada vez mais bonita.

A vida de Ruth e Elliot também parecia estar ficando mais bela. No papel, considerando que a maior parte de suas ações não podia ser vendida, eles eram extremamente ricos. Em 1965, eles se mudaram para uma cobertura duplex que haviam desenhado nas novas Century Towers East, em Century City. No ano seguinte, Elliot comprou seu primeiro Rolls-Royce Silver Shadow. Da varanda de sua cobertura, Ruth e Elliot viam a extensa cidade de Los Angeles e os Hollywood Hills além dela. Ruth podia imaginar que em cada casa que havia uma criança, havia também um brinquedo da Mattel.

Brinquedos, dinheiro e poder

Depois que tivemos um gostinho do crescimento,
sentimos que não podíamos errar.

Na Mattel, Elliot ainda criava novos produtos, mas ele tinha uma equipe de primeira linha de pesquisa e design composta por quase duzentas pessoas. Os funcionários tinham expertise não apenas em engenharia, mas também em química, música e artes plásticas. Com um orçamento de 1,5 milhão de dólares que não parava de crescer, eles atacavam qualquer desafio. Parte da indústria da Mattel podia ser atribuída ao processo de contratação de Ruth, mas a incomum personalidade na diretoria de pesquisa e design também dera o tom.

Jack Ryan não havia sido uma conquista fácil para a Mattel. Ele se formou por Yale em Engenharia Elétrica, e os Handler o conheceram quando ele tinha trinta anos de idade. Ryan tinha um lado sem pudor, excêntrico e extravagante que ele expressou por completo depois que pressionou a empresa por um acordo baseado em royalties que o deixou milionário em pouco tempo. Ryan fora ensinado a trabalhar nas complexidades dos sistemas de telecomunicações, estações de energia e mísseis. Elliot e Ruth o convenceram a aplicar seus conhecimentos na área de matemática e física em brinquedos. Enquanto seus colegas estavam inventando o circuito integrado, Ryan estava construindo os apêndices da Barbie.

As indiscrições pessoais de Ryan eram lendárias e conhecidas. Ele dava festas em sua propriedade estilo Tudor de dois hectares em Bel-Air, que erguera para poder cavar um fosso e instalar uma ponte levadiça. O estilo de castelo era mantido até em seu quarto, decorado como o cenário de um filme sobre Rei Arthur. A privada era um trono com uma corda de puxar a descarga. Ele gostava de exibir a casa na árvore, com direito a um lustre de cristal, os treze banheiros da mansão e as grutas, piscina, cascatas e lagoas que adornavam a propriedade. Pelo menos um empregado achava que, quando recebia convidados, Ryan escondia a esposa em um cômodo todo preto como um calabouço com correntes nas paredes, mas ela só morava em uma ala separada da casa. Ele não tentava esconder seu círculo de amantes e assistentes alunos da UCLA, nem sua inclinação a todo tipo de devassidão.

Ryan era de estatura baixa — um funcionário descreveu sua altura como "do tamanho de um gnomo" — mas ele tinha olhos penetrantes e meio vesgos. Dono de um ego desmesurado, tinha uma necessidade obsessiva de estar no comando de tudo e de levar todo o crédito. Ele podia ser cruel. Um funcionário se referiu ao Departamento de Pesquisa e Design como um lugar "sádico", no qual Ryan nunca perdia uma oportunidade de diminuir um subordinado. O irmão de Ryan, que ele contratou, era frequentemente alvo de sua grosseria. Ryan o mandava buscar café ou lhe dava sermões na frente de outros do departamento.

Marvin Barab, que era subordinado ao irmão, suportou inúmeras humilhações, a mais memorável delas em uma festa no castelo de Ryan. "Eu estava lá com minha esposa, usando terno de trabalho. Ryan falou: 'Pule na piscina e vamos ver quem nada mais rápido'. Eu respondi: 'Você só pode estar brincando', e Ryan devolveu: 'Estou falando sério. Entre'. Deixei minha carteira com minha esposa e pulei. Ele estava com traje de banho e ganhou, é claro." Barab pediu demissão logo após outro episódio humilhante com Ryan, e apesar da boa relação com Ruth e Elliot, nenhum dos dois tentou fazê-lo mudar de ideia.

Elliot e Ruth estavam dispostos a ignorar os excessos de Ryan, e geralmente consentiam com as atitudes de seus melhores funcionários quando se tratava de assuntos pessoais. Desde que Ryan não envergonhasse a companhia, eles pareciam não ligar para o que ele fazia, mesmo quando era irritante. Ele provocou uma feroz rivalidade com Seymour Adler, o diretor de produção e engenharia, e os dois homens competiam pela aprovação de Ruth e Elliot. Ocasionalmente, Ruth decidia que o departamento de Ryan não estava desempenhando à altura, e criticava seu comportamento.

Ryan gostava de contratar mulheres atraentes como assistentes e secretárias. Um dia, Ruth o atacou, dizendo: "Se você desse mais atenção ao trabalho em vez de contratar gatinhas para decorar o departamento, poderíamos fazer as coisas funcionarem por aqui". Ryan devolveu: "Bem, eu me preocupo com meu departamento se você se preocupar com o marketing". Elliot, que ouviu a troca entre os dois, saltou da cadeira. "Isso não é jeito de falar com ela", repreendeu ele. Mas Ruth não precisava de um defensor. A maioria dos funcionários ficava impressionada com ela. "Nunca vi acontecer, mas ouvi falar que às vezes ela atirava coisas e gritava", lembrou Fred Held. "Ela fazia uma pergunta, se inclinava para perto da pessoa e fitava seus olhos. Eu era o queridinho dela e nunca estava errado, mas sei que não era assim com todo mundo." Ryan era um dos poucos que a peitavam, protegido por seu talento e a aprovação de Elliot em relação ao seu trabalho.

Nem a falta de compasso ético afundou Ryan. Barab se lembrou de entrar nos arquivos de brinquedos pouco depois de ser transferido para o departamento do irmão. Ele encontrou uma caixa com uma boneca parecida com a Barbie. Lendo as anotações, viu que era uma boneca alemã que precedia a criação da Mattel. Na época, a conexão da Barbie à Bild-Lilli estava sendo oficialmente negada, por causa de uma disputa com a Greiner & Hausser (G&H), sucessora da O&M Hausser, a companhia alemã que criou Lilli.

Em 1960, a G&H fez um pedido de patente nos Estados Unidos para a "articulação do quadril de boneca" usada em Lilli. Então, os direitos foram licenciados exclusivamente para a companhia de Louis Marx por dez anos. Em 1961, Marx processou a Mattel no Juízo Distrital Federal dos Estados Unidos no Distrito Sul da Califórnia, alegando que a empresa de Ruth e Elliot havia infringido os direitos autorais da articulação do quadril usando-a na Barbie. Alegações e pedidos reconvencionais voaram de um lado para o outro e a Mattel negou que Barbie fosse uma imitação direta de Lilli.

Foi mais ou menos naquela época que Barab encontrou a caixa com Lilli. "Mostrei a boneca a Jack Ryan", contou Barab, "e falei: 'Ela se parece com a Barbie.' Ele respondeu: 'E daí?'" Ruth havia entregado a boneca Lilli a Ryan para que ele a levasse ao Japão anos antes. Então Ryan falou como se recitando uma cantiga de roda: "Plagiar, plagiar. Foi por isso que Deus fez seus olhos. Agora, guarde-a de volta". As palavras de Ryan nunca foram repetidas no tribunal. O processo foi encerrado para ambos os lados. No ano seguinte, a Mattel comprou o direito da Bild-Lilli de G&H e os direitos da patente alemã e americana por três pagamentos em um montante único, calculados em aproximadamente 21.600 dólares. Em troca de um pagamento adicional de 3.800 dólares, os acordos também estabeleciam que, quando expirasse a licença da Marx em 1970, os territórios de marketing seriam transferidos para a Mattel. No começo dos anos 1980, enquanto Barbie continuava fazendo milhões de dólares para a Mattel, tanto a G&H quanto a Marx foram à falência.

Em 1962, Ryan estava equilibrando dezessete novos conceitos de engenharia que poderiam ser aplicados a uma variedade de brinquedos. Ele trabalhava nos confins trancados e restritos do Departamento de Pesquisa e Design, onde era necessário um cartão magnético especial para entrar. Elliot havia sido pioneiro na ideia de incubar novas ideias para brinquedos em vez de esperar novos inventores aparecerem na porta da Mattel.

Na mesa de um guarda uniformizado, havia uma placa advertindo: "Você deve estar cadastrado na catraca do setor de pesquisa e desenvolvimento e acompanhado de um funcionário da área para entrar na loja de modelos com um crachá". Lá dentro, Ryan tinha uma seção supersecreta para designs preliminares, que só Elliot e dois outros executivos do alto escalão podiam ver. Cada desenho em papel, não importava o quão preliminar fosse, era mandado para o Serviço de Desintegração de Documentos interno da empresa, para ser triturado quando não fosse mais necessário.

Dentro do setor de pesquisa e desenvolvimento, também conhecido como P&D, a equipe competia pela próxima grande ideia. Funcionários amavam o ritmo e animação do criativo espaço de trabalho, mas alegria e ressentimento às vezes formavam uma mistura volátil. Em um Natal, Ryan distribuiu perus, congelados duros como pedras. Depois de algumas rodadas de gemadas com álcool, os funcionários começaram a bater uns nos outros com os perus em um bobo, mas doloroso vale-tudo. "No Natal seguinte, ganhamos vales para comprar um peru no supermercado. Era mais seguro assim, para eles e para nós", revelou um dos engenheiros.

Apesar dos hábitos estranhos, Ryan era um gênio interno, exatamente o que Elliot tinha em mente quando criou o departamento. "Lembro-me de falar com Jack a respeito de uma máquina de tricô para garotas", contou Tom Kalinske, gerente de produção na época. "Ele a desenhou rapidamente, e levou cerca de trinta segundos para criar a Knit Magic e a Sew Magic." Outro jovem gerente, Fred Held, lembrou-se de Ryan como "o flautista mágico dos inventores que conseguia tirar o máximo da equipe. Eles não ligavam se ele levasse o crédito." O *New York Times* o chamou de "A arma secreta da Mattel".

Derek Gable trabalhou para Ryan no design preliminar e lembrava-se do negócio dos brinquedos como "fascinante, acelerado e intrigante. Havia muita sede por inovação e milhares de ideias novas a cada ano. Ruth e Elliot deixavam as pessoas cometerem erros. Era tão divertido". A criatividade era parte da diversão, assim como as opções sobre ações, distribuição de lucros, contribuições para a aposentadoria e a disposição de Ruth em mudar de cargo e promover pessoas de acordo com os interesses e talentos delas. Ela chamava a equipe que formara em 1960 de seus "jovens tigres", e a empresa, cada vez maior, lhes dava espaço para experimentar e errar. Excêntricos brilhantes como Ryan só contribuíam para a atmosfera elétrica. E considerando que brinquedos estavam no centro daquilo tudo, os tigres, e frequentemente todo o resto também, podiam brincar.

Um dia Gable teve uma ideia sobre uma corrida com Dragster, um passatempo cada vez mais popular. Ele elaborou um carro de brinquedo com uma corda para que pudesse ser transformado em um Dragster. Outro designer teve a mesma ideia, mas usou um volante. Elliot sugeriu: "Vamos fazer uma corrida". Naquela mesma semana todos os departamentos se reuniram para torcer por seu favorito.

Ryan incentivava tais competições. Crianças e a equipe de P&D também eram convidadas para brincar com os novos brinquedos, sob rígidos votos de confidencialidade. O feedback era cuidadosamente registrado. Quando grupos de crianças de cinco a seis anos estavam testando a Bebê Primeiros Passos, uma boneca mecânica de 45 centímetros que andava e dançava no mesmo lugar, a calcinha da boneca não parava de cair. "Por que será que não a costuram no vestido?", perguntou uma garotinha à amiga. Sua recomendação tornou-se realidade. "Nossos melhores brinquedos são os que os engenheiros não conseguem largar", declarou Ryan a um repórter. Em 1962, ele se gabou para a revista *Time*: "Estamos bem na fronteira da tecnologia". Ele também era rápido em polir sua reputação com a imprensa. Mais tarde, Ryan quis o crédito por ter inventado Barbie, para grande irritação de Ruth.

Mas Ryan tinha mais do que o sucesso da Barbie como louros conquistados. Em 1960, a Mattel lançou outro sucesso esmagador, a boneca falante Chatty Cathy. Elliot mais uma vez concebera a ideia de um mecanismo de som revolucionário. Ele deu à equipe de engenharia a tarefa de inventar um dispositivo que não precisasse de bateria nem girar uma manivela. Ele queria acrescentar ao valor lúdico mantendo as falas da boneca imprevisíveis, e sugeriu que pensassem em uma corda de puxar. O resultado foi uma boneca de cinquenta centímetros de altura, uma criança de rosto redondo com discos de vinil de 7,5 centímetros, como os de toca-discos, na barriga, operados por uma corda de puxar atrás do pescoço. Ela podia dizer onze frases, gravadas pela atriz June Foray, que revezavam-se aleatoriamente de "Me conta uma história", a "Quer brincar comigo?" e "Eu te amo". Ela vinha com um livrinho de histórias e era vendida por dez dólares, um preço relativamente baixo na época. Como a Barbie, Cathy tinha roupas que podiam ser compradas separadamente, e como o Uke-A-Doodle, o mecanismo de corda de puxar de Cathy foi usado em outros brinquedos da Mattel de enorme sucesso, incluindo os brinquedos educacionais de pré-escola See 'n Say.

* * *

Um dos princípios básicos de negócios de Ruth era a insistência em um controle de qualidade superior. "Ela era incansável em termos de qualidade de produto", contou Frank Sesto. "Ruth entendia que precisava ir diretamente à equipe de controle de qualidade para descobrir a verdade. Ela me encontrava na fábrica e dizia: 'Me leve até a linha e me mostre o que está acontecendo'." Com a boneca Chatty Cathy, Sesto precisou dar algumas más notícias. Apesar de a boneca estar fazendo sucesso, ele descobriu um problema de qualidade que exigiria a interrupção da linha por um mês. Centenas de milhares de dólares seriam perdidos. Ruth não hesitou. Ela não despacharia um produto que não estava de acordo com os padrões da companhia.

Cedric Iwasaki, um engenheiro do departamento de controle de qualidade, lembrou de um incidente. Ele trabalhara nos padrões para as pernas da Barbie, a fim de garantir que peças com impurezas ou marcas d'água fossem rejeitadas. Iwasaki estava supervisionando os inspetores de controle de qualidade conforme eles observavam a rotomoldagem das pernas da boneca. Era necessário injetar Plastisol nos moldes, e as pernas eram destacadas no final do processo. Ruth chegou na linha de produção, surpreendendo Iwasaki, que ainda não havia conhecido a chefe. Ela começou a mexer em uma caixa de pernas e comunicou: "Não, não, essas não estão boas o bastante. Interrompa a linha". Iwasaki correu até ela. Ele sabia que o evangelho da produção era evitar interromper a linha de produção a qualquer custo. "O que há de errado?", perguntou ele. "Veja essas marcas de sujeira", respondeu Ruth. Iwasaki alegou que as pernas estavam de acordo com as especificações. "Bom, então mudem as especificações", devolveu ela.

O controle de qualidade se estendia até o andar da loja. Ruth contou a um repórter: "Gastamos uma fortuna no controle de qualidade e todo brinquedo tem garantia. Nossa taxa de devoluções de produtos com defeito é menos de meio por cento. Consertamos e entregamos ao consumidor qualquer um dos nossos brinquedos que nos devolvam". Os brinquedos precisavam passar por um teste de queda de 75 centímetros no concreto: cada um era jogado de seis a dez vezes, de diferentes ângulos. Eram colocados em uma "câmara da tortura" durante 48 horas, que simulava a movimentação e a temperatura de um trem de carga.

O lançamento de Ken se deu após milhares de cartas pedindo para a Mattel pensar em dar um namorado para Barbie. Os primeiros bonecos Ken, batizados com o nome do filho de Ruth, chegaram às lojas em 1961, novamente enfrentando compradores pessimistas, que não acreditavam que bonecos masculinos venderiam. Mas Ruth lembrou-se de que Barbara brincava com bonecos de papel femininos *e* masculinos. Talvez o sucesso da Barbie pudesse superar os históricos de fracas vendas de bonecos masculinos. No entanto, antes um outro campo minado anatômico precisaria ser atravessado.

Ruth sentia que a equipe de design não tinha "coragem" de dar ao boneco Ken nem mesmo uma sugestão de órgãos sexuais masculinos. Ela se via à frente de seu tempo, alegando que deveria haver pelo menos algum volume que sugerisse certo realismo. Charlotte Johnson, a estilista da Barbie, concordava com Ruth. Apesar de encomendar protótipos com graus variados de volume na virilha, os designers homens resistiam a qualquer sugestão de um pênis. A roupa íntima era pintada na quase achatada superfície da área genital e nádegas de Ken. Conforme Ruth previra, ele não pareceu realista em sua sunga listrada de zebra que ganhou como primeira peça de roupa. O filho de Ruth, Ken, que tinha quinze anos na época, se ressentia do boneco de virilha chata que levava seu nome. Ruth não o culpou, sabendo que aquilo o envergonhava.

O que Ruth não sabia era que Ken sentia algo mais profundo do que insegurança. Ele sentia vergonha e raiva. Conflitos sérios quanto à própria sexualidade, que viriam à tona mais tarde, sem dúvida fomentaram a reação.

Para o departamento de pesquisa e design, entretanto, o principal problema da anatomia de Ken não tinha algo a ver com emoções. Eles só estavam pensando se o físico dele ajudaria ou prejudicaria a empresa. Naquele sentido, Ruth conseguia aceitar. "Eles resolveram que seria melhor para a Mattel se ele fosse neutro e ponto final", lembrou Marvin Barab.

Conforme a linha Barbie expandia, primeiro com Ken, depois com parentes e amigos, como Midge e Skipper, as vendas dispararam até a estratosfera. O *Wall Street Journal* chamou Barbie de "culto" e "algo próximo de uma indústria". Ruth chamava o fenômeno de "o complexo Barbie". Licenciados e subsidiários da Mattel foram contratados em todo o mundo para produzir roupas e acessórios para a linha da boneca, publicar uma revista para os fãs e fazer roupas infantis com a marca Barbie. Ruth fortaleceu a marca com publicidades cada vez mais agressivas na televisão, aumentando o orçamento em um milhão de dólares por ano no começo da década de 1960. Ela sabia que aquele dinheiro estava sendo bem gasto. Noventa e três por cento das garotas de cinco a doze anos conheciam o nome Barbie. Nenhum dos concorrentes conseguia tal nível de reconhecimento de marca. Os resultados eram evidentes. As receitas da Mattel foram de 26 milhões de dólares em 1963, consolidando a sua posição como a maior empresa de brinquedos do mundo. Dois anos depois, as vendas haviam disparado para mais de cem milhões, e três anos depois, para 180 milhões de dólares.

Ruth sentia-se confiante de ter merecido a posição que ocupava e o salário que ganhava. Ela disse: "Qualquer um pode gerenciar o ciclo ascendente de brinquedos de sucesso. O segredo é gerenciar apropriadamente um produto em seu ciclo decadente". Ela fez da previsão de vendas e do controle de estoque as maiores prioridades da Mattel. Ruth provou que uma companhia que produzia de cem a duzentos produtos exclusivos ao ano ainda podia ser gerida tão profissionalmente quanto uma na qual a única responsabilidade anual fosse apenas um novo detergente de luxo. Sua equipe de "retail detail" ia às lojas, arrumando displays da companhia, conversando com compradores e vendo como os brinquedos da Mattel estavam vendendo. Ela estabeleceu e protegeu os recursos destinados à P&D, mesmo nos anos mais apertados no âmbito financeiro, e reconheceu a importância de pensar internacionalmente, tanto em termos de fabricação quanto de vendas. A Mattel diversificou agressivamente suas operações ao redor do mundo. Ela comprou a empresa de brinquedos canadense Dee & Cee em 1962, e depois, a Hong Kong Industrial Company.

O sucesso extraordinário da Mattel nos anos 1960 deu aos empregados e acionistas resultados espetaculares em suas ações da empresa. No entanto, haviam ocasionais problemas e calamidades. Uma greve de funcionários atrasou as vendas no primeiro trimestre de 1964. A abertura de novas fábricas em Los Angeles, Canadá e Nova Jersey, e uma nova sede em Hawthorne, também acabaram com a receita daquele ano. A fábrica de Nova Jersey foi uma má ideia, com problemas de comunicação condenando o experimento de produção nas duas costas. Ela precisou ser fechada e vendida dois anos depois. Os lucros foram decepcionantes, e quando os guidons das novas bicicletas V-RROOM! começaram a desmontar, o preço das ações também caiu, três dólares, em 1965. Conforme Ruth previra, as ações se recuperaram no ano seguinte. Ainda assim, alguns analistas se queixavam, alegando que Ruth e Elliot não estavam prontos para dirigir uma empresa tão grande. Os acionistas, por sua vez, estavam felizes. A Mattel entrou no ranking Fortune 500 em 1965, e a vida profissional de Ruth continuou a parecer encantada. Ela declarou que estava achando "o máximo" conquistar um poder cada vez maior. "Você não precisa das coisas às quais as pessoas recorrem, como drogas e exames de consciência", proferiu ela. "Todas essas coisas são para pessoas que não estão tendo o tipo de experiência que eu estava tendo. Eu tinha experiências de poder que eram mais intoxicantes do que qualquer estimulante artificial poderia ser."

Antes da Feira de Brinquedos começar em 1968, o *Wall Street Journal* previu mais um ano de bons prospectos para a indústria dos brinquedos. Haviam "mais crianças, uma enxurrada de novos produtos, maior abundância, técnicas de marketing melhoradas e um controle um pouco maior de gastos". Ruth assumira a presidência da empresa, que era ocupada por Elliot no ano anterior, e ele se tornou presidente do conselho e Diretor Executivo. Como sugeriu o *Journal*, Ruth garantiu aos investidores que, apesar dos gastos com publicidade estarem subindo de 11,5 milhões para 12,7 milhões de dólares, "nosso orçamento está apenas ligeiramente maior que os custos aumentados". Ela estava contando mais que nunca com a ideia de criar demanda através da venda agressiva da marca Mattel. Desde que os primeiros comerciais exibidos durante o *Clube do Mickey* resultaram em vendas estratosféricas para a Burp Gun, Ruth investia em publicidade e em promover as vendas. Ela amava aquela parte do negócio, e era sempre quem falava em nome da Mattel e supervisionava o orçamento de publicidade. Em 1968, um recorde de catorze milhões de dólares havia sido orçado para patrocínios de programas de televisão, anúncios em jornais e revistas em quadrinhos, e em grandes revistas como a *Life*, *Good Housekeeping*, *Parents* e *Jack and Jill*, que alcançariam cem milhões de pessoas. "Esperamos que o efeito desse conjunto de estratégias crie uma demanda sem precedentes pelos produtos Mattel", contou ao *New York Times* o vice-presidente de publicidade, Jack Jones. Ele não estava exagerando em sua declaração. "Não importava o que tocássemos, virava ouro", afirmou Ruth.

Ruth também anunciou um programa de marketing inovador. Uma nova Barbie, flexível na cintura e joelhos, havia sido projetada por Ryan. Meninas que já tinham modelos antigos da Barbie poderiam trocá-las pelo modelo novo por mais 1,50 dólar. Assim como toda iniciativa Barbie, a demanda superou de longe as expectativas. Garotas lotaram as lojas, querendo trocar suas bonecas velhas pela nova, que vinha com um biquíni rosa-choque com uma flor de plástico branca na parte de baixo. Foi mais um ano excepcional para a Mattel e para Ruth. Quando o *Los Angeles Times* anunciou seus prêmios anuais, Ruth foi nomeada uma das doze Mulheres do Ano.

Com Ruth e Elliot ansiosos pelos anos 1970, a trajetória da Mattel parecia imbatível. Uma pesquisa da Shearson, Hammill & Company, em 1967, previu que em 1970 as vendas já seriam de 175 milhões de dólares. Os Handler ainda estavam na primeira metade de seus cinquenta anos. Os filhos estavam crescidos e já haviam saído de casa. Ruth não precisava mais se preocupar em como o seu sucesso poderia afetá-los.

Nada havia diminuído a competitividade de Ruth ou a criatividade de Elliot. "Para nós, era mais importante ter sucesso do que dinheiro", lembrou Elliot. "Gostávamos do fato de as pessoas adorarem os brinquedos. Queríamos ser bem-sucedidos no mercado, sermos aceitos. Não queríamos estagnar. Queríamos crescer."

Joe Whittaker, que começou na competição G.I.Joe, lembrou: "Nos anos 1960, não podíamos errar. Talvez aquilo tenha levado à uma disposição de assumir mais riscos. Como a Mattel era tão bem-sucedida, Ruth e Elliot se sentiam confortáveis para arriscar. Acho que eles *precisavam* arriscar... para seguir adiante com seus sonhos, para dominar todo um campo de empreitadas da era moderna". Um comprador de brinquedos de uma grande cadeia de lojas de departamento baseada em Chicago resumiu o pensamento da indústria no final dos anos 1960: "A Mattel é enérgica, de reflexões profundas, e está anos-luz à frente do campo em desenvolvimento de produto. Eu simplesmente não consigo visualizá-la em queda".

Hot Wheels e novos acordos

O mundo dos jovens é o mundo da Mattel.

No começo de 1968, um grande salão de baile de um hotel de Nova York foi preparado com um palco e luzes de teatro, pronto para a chegada de seus artistas. O departamento de marketing da Mattel faria uma apresentação particular para negociantes de brinquedos, atacadistas, intermediários e varejistas, e então a repetiria na Feira de Brinquedos, que começaria alguns dias depois. Cinquenta por cento das vendas para as empresas de brinquedo vinham de produtos que não existiam no ano anterior, e toda empresa se via de frente ao desafio de criar um tom que fizesse os brinquedos se destacarem.

Os shows da Mattel eram lendários. Certos integrantes dos departamentos de marketing e vendas tornaram-se estrelas. A agência de publicidade Carson/Roberts ajudava a escrever roteiros e letras de músicas. Iluminação e figurinos profissionais eram criados. Eram usados equipamentos de som da mais alta qualidade. Os custos das produções rivalizavam com os de shows da Broadway. Um jovem e ambicioso profissional, como Lou Miraula, podia consagrar ou arruinar a própria carreira no palco da Mattel.

Miraula se lembrava da primeira viagem para o show da Mattel. Ele levou as sacolas com amostras, seguindo Ruth, Elliot e seu chefe, Cliff Jacobs, viajando de primeira classe para Nova York. "Eu fiquei impressionado com tudo", confessou ele. Uma grande suíte no hotel Tuscany havia sido reservada para uma apresentação particular aos maiores clientes nacionais da Mattel: Sears, Kresge, J. C. Penney e as lojas W. T. Grant. A estreia de Miraula no palco foi para apresentar a versão de 1960 da Barbie com um novo guarda-roupa. "Eu imitei o que havia visto Cliff fazer. Ele era muito divertido. Ruth estava na sala, e aquela apresentação me fez deslanchar. Fui engraçado e deixei os compradores animados o bastante para dizerem sim." Miraula também era o tipo de jovem que Ruth adorava, os bonitos, que Ruth chamava de "meus meninos". Ele era magro e de pele escura, com traços esculpidos. Durante os anos 1960, sua estrela brilhou.

Em 1968, ele subiu em um palco diante de duzentos representantes de vendas. Usando uma blusa de gola alta preta e calça também preta, ficou parado como um manequim conforme um foco de luz subia pelo salão escuro até iluminar a boneca que ele segurava à sua frente, em um momento de pausa dramática. E então as notas do tema de *O Quebra-nozes* começaram a tocar, e Miraula mostrou o que Dancerina, a nova boneca dançante da Mattel, que media sessenta centímetros e funcionava com baterias, podia fazer.

Ela tinha cabelos loiros e uma tiara cor-de-rosa que camuflava uma saliência responsável por equilibrar a boneca, que se apertava ou puxava, dependendo dos movimentos que a criança queria que ela fizesse. Ela usava um tutu e meia calça combinando. Seus pés eram permanentemente em ponta, e ela girava para ambas as direções e dançava no mesmo lugar. Com um toque de *showman*, Miraula demonstrou o charme de Dancerina. Boyd Browne, que reconheceu Miraula como um mestre naquelas apresentações, contou: "Você nunca, jamais, colocaria uma boneca sentada. Você falaria com a boneca, acariciaria a cabeça dela, ajeitaria a saia, beijaria seu rosto e poderia tentar fazê-la ganhar vida. Nenhuma outra empresa de brinquedo fazia aquilo como nós. Eles traziam uma boneca pelo pescoço e simplesmente a deixavam sentada". Ruth jamais teria tolerado algo do tipo.

Quando Miraula e Dancerina terminaram, as luzes se acenderam e a plateia os aplaudiu de pé. Ruth correu para o palco e o abraçou. Ela adorava a exuberância daqueles shows e o efeito que tinham nos compradores. Cada brinquedo tinha uma história pronta para o palco. A Cowboy Ge-Tar foi o impulso para um show sobre o Velho Oeste, com caubóis trabalhadores sentados em volta de uma fogueira cantando e tocando seus violões. Ruth colocava ênfase em "romancear" cada brinquedo, mesmo os mais antigos, como o Jack-in-the-box. Os shows da Mattel incentivavam pedidos que evitavam que o estoque da empresa ficasse encalhado. Ruth sabia que apenas empresas com estoque encalhado fechavam.

No final dos anos 1960, Ruth estava pressionando a equipe mais do que nunca. Ela amava liderar, por mais que alegasse submeter as decisões a Elliot. Ela assumia a maior parte da responsabilidade de contratar funcionários. Participava de reuniões dos departamentos, insistindo, perguntando, incitando e motivando. Funcionários que a amavam ficavam com os olhos marejados ao falar sobre ela, mesmo décadas depois. Aqueles que a odiavam gaguejavam ao procurar os piores insultos para descrever o comportamento dela. Mas ninguém era neutro em relação a Ruth, e a pessoa com quem era mais dura era ela mesma. "Meus padrões são meus maiores problemas, porque são mais altos para mim do que para qualquer um. Mas eu canso as pessoas com meus padrões elevados. Segunda-feira de manhã os mais incompetentes [funcionários] do momento estão fora."

Aqueles que davam certo na Mattel floresciam com a pressão. "O negócio era acelerado, empolgante, romântico", lembrou Rita Rao, que trabalhava na pesquisa de mercado. "Foram dias maravilhosos para todos nós. Haviam muitas viagens, e as pessoas eram jovens, os hormônios estavam à toda. Haviam diversos casos de amor, que Ruth achava divertidos. Ela adorava as fofocas." Talvez Ruth se realizasse através dos outros. Todas as evidências apontam para fidelidade e amor entre ela e Elliot, mas ela era indecente e extravagante o bastante para se deliciar com a vida sexual confusa dos outros. Ela também adorava seu grupinho de seguidores do sexo masculino. "Ruth era simplesmente deslumbrante. Ela aparecia com um grupo de homens bonitos, todos com menos de quarenta anos, e eles ficavam seguindo-a, competindo para se aproximar dela, enquanto ela caminhava à frente, guiando-os. Ela tinha seios fartos, mas fora isso era pequena, e sempre estava impecável", lembrou Pat Schauer. "Ela podia ser como uma mãe para eles também, ajeitando a gravata ou tirando um fiapo solto da camisa. Mas comandava o show." No final dos anos 1960, comandar o show na Mattel era como pilotar um foguete. Vinte anos foram necessários para chegar a cem milhões de dólares em vendas brutas. Apenas três anos a mais foram precisos para chegar aos duzentos, em 1969.

Barbie era responsável por grande parte do sucesso da empresa. Em nove anos, a boneca rendera mais de meio bilhão de dólares em vendas no varejo, o que incluía a venda de 103 milhões em guarda-roupas completos. Barbie tinha agora vários parentes e amigos, incluindo Christie, a "brilhante menina de ouro", como a Mattel descreveu a boneca afro-americana. Barbie tinha, além de incontáveis acessórios, uma casa com uma lareira em 3D, e um quarto feito para uma boneca que amava moda.

Era necessário um pequeno exército para entregar os produtos Barbie. No Japão, dez mil funcionários foram contratados para manter o estoque da *Mattel's World of Barbie*, com seus treze milhões de fãs. Elliot descreveu o fenômeno Barbie como um vício. "Você se vicia em uma e aí precisa comprar a outra. Compra a boneca e depois vai querer comprar as roupas. Sei que muitos pais nos odeiam por isso, mas ela estará presente por um bom tempo", declarou ele ao *New York Times* em 1968.

Ruth ainda rejeitava energicamente as críticas que afirmavam que Barbie encorajava uma visão sexista das mulheres ou que a boneca era prejudicial à autoimagem de meninas. A um repórter, Ruth disse que Barbie "é um produto muito educativo: as crianças aprendem sobre coordenação de cores, moda, cuidados básicos, penteados, boas maneiras e relações interpessoais — que ela usa em situações sociais". Ruth parecia personificar as lições que descrevia. "Eu tinha um belo corpo", afirmou. "Era bem-feita e tinha orgulho de meus seios. Tinha orgulho da minha aparência. Eu usava roupas de grife, que me vestiam bem e acentuavam minhas curvas." Seu guarda-roupa era estiloso e seguia as últimas tendências, e o cabelo, a maquiagem e as unhas eram tão perfeitos quanto os da Barbie. Diferentemente de Ruth, óbvio, a nova Barbie que falava não cuspia palavrões nem tinha um lado mandão, e nenhuma das muitas ocupações da boneca incluía ser dona da maior companhia de brinquedos do mundo.

Os jovens executivos de Ruth tinham grandes responsabilidades, frequentemente além da expertise que fizera com que fossem contratados. "Ela não ligava para experiências passadas", recordou Marvin Barab. "Ela simplesmente o encaixava onde você se sairia melhor. Gerência e antevisão contavam mais do que bagagem técnica, mas ela também não hesitava em demitir pessoas que não estavam indo bem." Às vezes, as táticas de Ruth eram dissimuladas. Stan Taylor era um gerente de publicidade que ela queria demitir. Um dia ele chegou ao trabalho e descobriu que um diretor de publicidade havia sido contratado. "Não preciso de nenhuma porcaria de diretor de publicidade", ele protestou. Logo depois, Taylor saiu de férias e nunca mais voltou.

Conforme a Mattel se expandia, Ruth sentia uma responsabilidade de mantê-la em crescimento, com medo de seus jovens tigres irem embora se a empresa parecesse estagnar. "Precisávamos acreditar que o negócio tinha que crescer, senão morríamos. Não sabíamos desacelerar. Talvez até soubéssemos como, mas não queríamos." Os custos de pesquisa, desenvolvimento e modelagem, entretanto, eram cada vez maiores. Camadas de gestão intermediária tinham acrescentado grandes custos anuais com pessoal, e o maior ganha-pão da empresa, a Barbie, parecia estar perdendo popularidade. Ruth e Elliot concordavam que brinquedos geralmente atingiam o ápice em cerca de duzentos milhões de dólares. A única maneira de continuar crescendo era diversificar. Foi uma decisão crucial que tirou os Handler de sua missão central e da fonte de seu sucesso. Anos depois, Ruth diria: "O que tornou a Mattel grande e permitiu que ela florescesse como floresceu foi seu produto, e eu sempre tracei a Mattel através de suas linhas de produtos". Mas para evitar que os jovens tigres rosnassem, Ruth mudou o centro de gravidade da empresa.

Enquanto ela começava a focar em diversificar, Elliot continuava focado no que mais o recompensava: brinquedos. "Quando você vê seus displays usados nas feiras de brinquedos em todo o mundo e milhares de pessoas produzindo para você, é meio assustador", contou ele a um repórter. Ele ainda era cheio de ideias, seu gênio imaginativo intacto, e Ruth jamais perdeu o empenho para vender o que Elliot criava. A história de amor dos dois também não havia mudado.

Elliot respeitava talento natural de Ruth para os negócios, deixando-a agir como quisesse e sabendo que ela respeitaria a opinião dele se ele achasse necessário opinar. "Eles eram adoráveis juntos", lembrou Derek Gable, e não pareciam precisar de muito além de um ao outro. Tinham poucos amigos e não socializavam muito. "Somos pessoas muito simples vivendo uma vida pessoal também muito simples", afirmava Ruth em entrevistas. "Nossas viagens e entretenimento são relacionadas ao trabalho; simplesmente não somos festeiros... Um bom líder provavelmente não pode ser também um bom festeiro. Nossas visitas favoritas são as dos nossos filhos e netos." Ruth e Elliot tinham um ao outro, os grandes clãs Mosko e Handler e a Mattel, que ainda era a filha preferida. "Eles trabalham pesado demais", contou um colega ao *New York Times* em 1968, "e colocam os negócios na frente de tudo. Eles têm muito mais de cinquenta milhões em ações e, no entanto, parecem não saber desfrutar isso — eles ainda se preocupam com cada centavo".

Ruth ia para o trabalho em seu Cadillac El Dorado e Elliot no Rolls-Royce, mas ainda comiam no refeitório da companhia sempre que possível, desfrutando da comida kosher da mercearia e contando piadas. A intensidade de Ruth não diminuíra, e Elliot ainda era lacônico, com um senso de humor irônico. Indagado por um repórter a respeito de uma boneca que recitava quinze cantigas de roda completas e a mesma quantidade de conversas, ele declarou: "Ela recita quando você a soca ou chuta seu rim, mas depois descobrimos nos testes de voz que as crianças também a chutavam na cabeça se ela falava durante os sete minutos para os quais foi projetada".

Em 1967, Elliot pedira a Jack Ryan por melhorias em um molde de carro em miniatura de cinco centímetros de comprimento chamado Matchbox, que era feito pela Lesney Products, uma empresa britânica. Na época, Ryan já acumulava quase mil patentes no seu nome, incluindo os movimentos nas articulações da Barbie e dispositivos sofisticados de brinquedos falantes. Ele não estava mais na folha de pagamento da Mattel, mas ganhava meio milhão de dólares por ano em royalties. Com o mercado de armas de brinquedo morrendo, a Mattel precisava de um novo sucesso, e Ryan o tinha nas mãos.

Elliot e Ryan compartilhavam uma paixão por carros. Ryan tinha diversos Mercedes customizados na garagem. Elliot atribuíra a ele aquela tarefa depois de ver o neto, Todd, brincando com um carrinho de brinquedo de outra companhia que não a Mattel. Elliot e Ruth só davam aos filhos brinquedos da empresa, mas Todd, de apenas três anos de idade, amava os carros Matchbox. Ele dizia "Carro Papa!" quando Elliot entrou na sala, e empurrava o brinquedinho. Aquele foi todo o incentivo de que Elliot precisava. Levando um dos carrinhos ao escritório, ele disse a Ryan: "Olhe só isso. É uma loucura. As rodas são moldadas diretamente no carro. Quero que elas girem. Veja o que consegue fazer".

Três horas depois, Ryan parou na frente de Elliot e colocou o carrinho aperfeiçoado na mesa dele. Elliot abriu espaço no meio da papelada e observou com expectativa Ryan dar um empurrão no carrinho. O veículo de brinquedo correu pela superfície como se um minúsculo pedal de acelerador tivesse sido empurrado. *"My God, those are hot wheels"* ["Meu Deus, essas rodas são quentes"], disse Elliot. Mesmo depois de quatro décadas, ele ainda falava daquele momento com uma alegria de criança.

Conforme os novos carrinhos passavam pelo processo de planejamento, eles encontravam resistência. O departamento de marketing estava preocupado pelos carrinhos da Hot Wheels serem caros demais em comparação aos Matchbox. Elliot achava que eles estavam equivocados, insistindo que as vendas aconteceriam mesmo com o preço mais alto. Até Ruth tinha dúvidas, mas ela não ficava no caminho de Elliot. Então o marketing se recusou em gerar uma previsão de vendas grande o bastante para justificar a produção do carrinho. Josh Denham lembrou-se da resposta de Elliot: "Simplesmente aumentem a cota mesmo assim". Em uma empresa construída em cima de previsões afiadíssimas, a ordem de Elliot era fora do comum, mas três milhões de Hot Wheels entraram em produção.

Dois meses depois, o diretor de vendas, Herb Holland, apresentou o brinquedo ao representante da J. C. Penney, uma das maiores contas da

Mattel. Enquanto Elliot aguardava ansiosamente, o comprador comentou que havia gostado, mas não deu muitos detalhes. "Bom, quantos você vai comprar?", pressionou Elliot. "Todos os três milhões e mais, se você tiver", respondeu o representante. Segundo Denham, Elliot olhou para a equipe de marketing para mostrar-lhes como ele os achava idiotas.

Dezesseis modelos de carros personalizados com o nível de detalhes padrão da Mattel foram feitos para parecerem os carros mais desejados da época, incluindo Mercury Cougars, Firebirds da Pontiac e Volkswagens. A Mattel prometia que os carrinhos "correriam mais, fariam mais manobras e iriam mais longe" do que os concorrentes. Para aumentar o valor lúdico, uma pista de corridas laranja foi criada, junto com acessórios como bandeiras e uma linha de partida, para que os carros pudessem competir usando o poder da gravidade. "O segredo da velocidade deles é que fazemos os diâmetros do menor tamanho possível — 50,8 centímetros" explicou um engenheiro. Os carrinhos voavam pelas pistas e ainda mais rapidamente das prateleiras das lojas. Os brinquedos da Hot Wheels eram cativantes e foram mais um exemplo da Mattel entrando no mercado com um brinquedo melhor projetado, desenhado e comercializado do que a concorrência. A Hot Wheels gerou 25 milhões de dólares para a Mattel no primeiro ano. Os carros gerariam 88 milhões em seu melhor ano. Naquela primeira temporada, outros compradores, assim como a J. C. Penney, receavam não ter estoque suficiente, de modo que fizeram ordens a mais. Na época, a Hot Wheels parecia mais um brinquedo dos sonhos da Mattel.

Preocupados tanto com o ritmo de crescimento quanto de manutenção, Ruth e Elliot concordaram quanto a uma nova e crucial contratação em setembro de 1967. Ruth reconhecia que não tinha o treinamento formal em finanças que uma empresa grande como a Mattel exigia. Sua habilidade em previsão não significava tino contábil. Ela também sabia que a Mattel precisava manter o preço de suas ações alto para poder comprar novas companhias. Bob Mitchell, gerente do quadro de funcionários de Ruth, sugeriu um homem da Litton Industries, a grande empresa de eletrônicos, que parecia perfeito para o trabalho.

Seymour Rosenberg era um LIDO, um Litton Industries *dropout*, como eram chamados ex-executivos da empresa. Litton havia experimentado recentemente uma alta e incomum rotatividade de grandes funcionários. Rosenberg era parte de um grupo de quatro que foram embora no outono de 1967. Eles levaram consigo grandes opções de ações e uma fome por mais desafios, oportunidades e independência do que a Litton oferecia. Depois de Rosenberg chegar na Mattel, ele contou a Josh Denham: "Eu fui o cérebro por trás da parte de aquisições da Litton, mas não recebi crédito".

Litton era conhecida em Wall Street como o "pai dos conglomerados", uma companhia enriquecida por divisões relacionadas, mas autônomas, e aquisições agressivas. As divisões deviam permitir que gerentes fossem empreendedores. A gerência central era enxuta e focada em prover serviços de suporte, atuando como conselheira e crítica. Litton virou uma empresa de 1,5 bilhões de dólares, com quatro grandes divisões e um foco contínuo em aquisições. Acreditando que a diversificação através de aquisições era a única maneira de crescer, Ruth e Elliot concordaram em contratar Rosenberg, que presumivelmente levaria com ele o que o *Wall Street Journal* chamava de "Mágica Litton". Eles não sabiam que a mágica estava sumindo. Rosenberg deixara a Litton na hora certa. No primeiro trimestre de 1968, a empresa publicaria a primeira queda nos lucros em catorze anos.

Rosenberg tinha a reputação de ser o gênio financeiro que negociou muitas das melhores aquisições da Litton, incluindo a Royal Typewriter. Ele era um confidente de Roy Ash, presidente da companhia. "A Litton era a Empresa Maravilha de Los Angeles", disse Ruth. "Rosenberg foi imediatamente considerado um salvador. Ele tinha toda a experiência em finanças e em Wall Street." Advogado de patentes impetuoso e astuto que já havia trabalhado para Howard Hughes, Rosenberg era tão admirado por Wall Street que as ações da Mattel subiram diversos pontos quando foi anunciada a chegada dele.

Cerca de uma semana após Rosenberg chegar, Ruth foi até o escritório dele para discutir a respeito de alguns assuntos financeiros e contábeis. Ela se sentou e falou durante quinze minutos, sugerindo pessoas com quem ele deveria conversar sobre alguns tópicos. Ela não conhecia muito sobre o lado pessoal daquele homem com sorriso do gato de Alice. Ouvira dizer que a esposa dele havia sido severamente debilitada pela poliomielite. Também comentavam pelo prédio que ele gostava de paquerar as secretárias. "Ele costumava engatinhar para debaixo de nossas mesas e ficávamos apenas repetindo 'acho que não' às investidas dele", expôs Pat Schauer. Conforme falava, Ruth reparou que Rosenberg não estava anotando nada. De repente, ele disse: "Ruth, você não vai fazer isso". Surpresa, ela perguntou: "O que disse, Seymour?", e ele repetiu: "Você não vai fazer isso. Você é mulher, é judia e seu estilo está completamente equivocado. Se você fosse lidar com o mercado de investimentos, não deixaria uma boa impressão. Você simplesmente é a pessoa errada para levar esta empresa a um novo nível de desenvolvimento". Ruth se lembrou de ter ficado "surpresa demais para responder". Ela se levantou e entrou aos tropeços em sua sala, onde bateu a porta e chorou. Elliot a encontrou lá, e ela lhe disse que queria despedir Rosenberg, mas ele teve medo de que uma decisão tão abrupta pudesse prejudicar as ações da empresa. Ruth concordou em deixá-lo ficar.

A história sobre o começo do mandato de Rosenberg tem toques de exagero, se não um tom inteiramente falso. Para se distanciar das acusações de fraude que vieram depois, ela pode ter reformulado a narrativa para parecer uma vítima indefesa. Em sua autobiografia, Ruth conclui a história do confronto com Rosenberg expondo: "Ele *precisou* ficar e aquela conclusão me inundou de desgosto... e uma sensação de total impotência. Em um golpe, um homem havia ganhado poder sobre mim em minha própria empresa, me pondo para baixo. Após aquele episódio, me afastei dele e o deixei trabalhar mais ou menos por conta própria. Como descobri depois, eu devia ter arriscado e o demitido na época". Mas os comentários feitos após suas acusações criminais por fraude diversos anos depois parecem mais próximos da verdade. "Nós operávamos em uma trégua armada", escreveu ela.

Se Ruth esteve impotente de 1967 em diante, ela não poderia ter sido conivente com a fraude que aconteceu. Mas até aquele ponto, a reação de Ruth às humilhações que sofria por parte de homens tinha sido tudo menos choro e incapacidade. Tirando suas lágrimas em particular com Elliot por causa da reação inicial à Barbie na Feira de Brinquedos de 1959, nem ela nem qualquer um que tenha trabalhado com ela descreve Ruth como uma pessoa propensa a chorar. Muito pelo contrário. Como lembrou seu filho Ken: "Minha mãe não costumava ser muito diplomática. Ela podia ser muito dura".

Rosenberg também confrontou Ruth perto do auge do poder dela. Ela acabara de assumir o título de presidente, dando a Rosenberg o título que abandonara: vice-presidente executivo. Todas as evidências sugerem que seria mais provável que ela vociferasse alguns palavrões a ele ou o demitisse na hora, do que ir embora chorando.

Ruth tinha munição para disparar de volta em Rosenberg. Ela era o ponto de contato para a auditoria que levou a companhia a abrir o capital. Lidara bem com a comunidade investidora durante anos, em diversos níveis. Ela era judia, mas Rosenberg também, então por que aquilo seria um problema? E ela se divertia em ter tido sucesso do "seu jeito", a seu próprio estilo. Por que ela desabaria com uma crítica negativa a feita por um homem que mal conhecia?

Embora pareça verdade que Ruth não gostava de Rosenberg, também parece exagero a ideia de que ela tenha sido totalmente intimidada por ele ou que tenha o deixado agir como bem entendia. Em outras ocasiões, Ruth escreveu que ela "foi se acostumando aos poucos" com Rosenberg e que havia respeito mútuo. "Ele me colocava diante das pessoas do mercado financeiro, me aconselhava quanto ao que dizer e parecia satisfeito por eu estar me saindo bem." Não há evidências de que nos primeiros anos do mandato de Rosenberg ela tenha se distanciado dele e de suas ideias, nem do próprio papel como presidente.

A influência de Rosenberg na Mattel era óbvia. Depois de ele subir a bordo, a empresa começou a fazer aquisições ainda mais agressivas e Ruth começou a criar divisões. Rosenberg seguira o estilo de compra da Litton, e estava tomando conta de tudo.

Em 1969, Ruth convocou uma reunião com seis integrantes do grupo executivo e expressou a eles que gostaria de estabelecer divisões na empresa.

Depois de diversos meses de reuniões, um plano foi criado para resumir as operações da Mattel em quatro divisões. Cada uma delas funcionando como uma empresa própria, fazendo seu próprio planejamento de produto, previsões, marketing e contabilidade. Ruth supervisionava agora três divisões de brinquedos: *Dolls* [Bonecas], *Wings and Wheels* [Asas e Rodas], e a genérica linha *Toys* [Brinquedos]. A quarta divisão, à qual Ruth se opusera, abrangia a Standard Plastics, a companhia de Nova Jersey que fabricava as maletas de viagem para levar Barbies, e a categoria geral de Jogos. Elliot insistiu naquela divisão, e a administrava com Art Spear. Ruth escolheu três de seus mais promissores jovens tigres para encabeçar as outras divisões, planejando que elas operassem em estágios. "As divisões deveriam mudar as prioridades para que cada um recebesse um pedaço do bolo", lembrou-se Josh Denham, que se tornou cabeça de uma delas. "Isso ia ser a coisa de Ruth."

Como na Litton, havia um grupo de executivos para finanças, operações e marketing, além de Ruth como presidente, para servir as divisões e supervisionar. A mudança devia ser implementada ao longo de três anos. Ruth deixou claro que os planos iniciais para cada divisão precisavam ser dirigidos por ela ou um dos vice-presidentes executivos, mas encontrou resistência desde o começo. "Gerentes de divisões eram muito possessivos quanto ao poder que eu delegara a eles", narrou Ruth. Brigas internas e ciúme infectavam o plano.

Por mais que o plano das divisões tenha tido um começo conturbado, a empresa ainda estava prosperando. A Hot Wheels estava massacrando a concorrência. O diretor da divisão *Wheels*, Bernie Loomis, um grande e efusivo homem cheio de ideias de marketing, havia desafiado limites de um brinquedo já popular.

Em uma empresa de funcionários agressivos, Loomis se destacava. "Em uma escala de um a dez em termos de marketing agressivo, Bernie era um dezoito", lembrou Josh Denham. Ele também era teimoso e questionador. Ele discutiu com Ruth quanto a testes de produtos no dia em que a conheceu, na Feira de Brinquedos de 1961. Ela o contratou mesmo assim, nunca se deixando intimidar por pessoas que a desafiavam, mas conforme a empresa de brinquedos crescia, as tensões entre os dois também aumentavam. Assim como Ruth, Loomis nunca estava satisfeito. Ele pressionava os compradores incansavelmente. Pressionou a Carson/Roberts a aumentar a publicidade na televisão para muito além de comerciais. Por que não um programa inteiro dedicado a um brinquedo? O programa de televisão com o tema Hot Wheels nasceu em 1969, na ABC.

A Mattel estava testando o limite que a Comissão Federal de Comunicações havia estabelecido em relação à propaganda em programas infantis. Outra empresa de brinquedos reclamou da ideia de um programa feito para um brinquedo e batizado com seu nome. Mandaram que a Mattel cancelasse o programa, mas coisa alguma podia parar as vendas da Hot Wheels. Os brinquedos coloridos como balas se tornaram tão populares que uma fábrica inteira foi construída para a produção deles. Se a Hot Wheels tivesse sido uma companhia própria, teria sido a segunda maior empresa de brinquedos do mundo, logo depois da Mattel.

Os lucros da empresa foram tão grandes em 1969, que a Mattel entrou em um programa de caridade chamado *Operation Bootstrap*, criado para ajudar empresas pertencentes a minorias ao compartilhar experiências e fazer empréstimos. A Mattel financiou a Shindana Toy Company, uma empresa comandada por profissionais negros no centro-sul de Los Angeles, que criava bonecas multiculturais etnicamente corretas.

Ainda operando segundo o modelo "tudo vira ouro", Ruth mergulhou em mais uma ideia de Elliot. Em 1968, assim que a Hot Wheels estava sendo lançado, ele voltara a atenção para suas raízes Uke-A-Doodle, encarregando Ryan de criar um brinquedo musical, que chamou de Optigan. Como sempre, Elliot estava à frente de seu tempo. A ideia era fazer um pequeno piano-órgão que conseguisse sintetizar sons ao ler oticamente gráficos de imagens de ondas sonoras em discos do tamanho dos LPs. Feixes de luz atravessavam os discos transparentes e eram captados pelo outro lado através de uma célula fotoelétrica. A variação nos feixes mudava a voltagem, que era ampliada e passava por alto-falantes como o som de instrumentos reais e um teclado.

O nome Optigan veio da ideia de um órgão ótico. Conforme afirmava o comercial, "Com o Optigan, você toca de verdade sons de pianos, banjos, guitarras, marimbas, tambores e muito mais".

Elliot amava sua nova criação, que tinha o formato de um piano de mesa. Conforme o desenvolvimento avançava, ele decidiu que não era um brinquedo, e sim um tipo de instrumento que adultos poderiam usar. Uma corporação separada foi criada para comercializar a novidade. Elliot o revelou em uma reunião anual da empresa em maio de 1971. Ele tilintou as teclas enquanto os acionistas aguardavam, mas só obteve silêncio do produto. Se Elliot previsse o futuro, ele teria visto o problema técnico como um sinal, mas em seguida alguém ligou o Optigan na tomada e o show continuou. Ninguém estranhou a Mattel estar, mais uma vez, se desviando de suas raízes centralizadas em brinquedos.

Enquanto isso, Rosenberg aumentou o ritmo das aquisições, usando ações da Mattel para pagar por empresas, em vez de dinheiro. Quando ele chegou a bordo, as ações da Mattel haviam acabado de se recuperar de uma queda severa dois anos antes. Elas estavam subindo com constância novamente, algo com que Rosenberg contava. Um preço de ação mais alto significava que menos ações eram necessárias para aquisições.

Em fevereiro de 1969, a Mattel comprou três companhias de brinquedos europeias por valores não divulgados: uma fabricante de bonecas, *Ratti e Vallenzasca*, e uma empresa de carros fundidos em miniatura, *Mebetoys*, ambas de Milão; além da *Ebiex*, de Bruxelas, uma empresa de marketing de brinquedos. Em junho, a Mattel comprou a *Metaframe*, uma companhia de produtos para animais de estimação com ações avaliadas em cerca de 27 milhões de dólares. Registrando uma nova alta em Wall Street em janeiro de 1970, a Mattel comprou a *Turco Manufacturing*, uma fabricante de equipamentos para playgrounds; a *Audio Magnetics Corporation*, pioneira em fitas cassete virgens e decks de rolo; a *H&H Plastics*, uma empresa de moldes em plástico; e a *Monogram Models*, produtora de passatempos de plástico.

* * *

Nos primeiros meses de 1970, Ruth foi expansiva no papel de presidente. Ela visitou fábricas ao redor do mundo, equilibrando-se em muletas por causa de um pequeno acidente, mas ainda emocionada com o alcance global da Mattel. Ela admitiu que era difícil ir de "onde está a ação" para tentar "não sufocar a criatividade dos outros". Ela tinha dezesseis vice-presidentes subordinados a ela. Ruth contou a um repórter que estava ficando cada vez mais complicado manter contato com todos eles. "Para nós, a mudança foi traumática", relatou, referindo-se ao crescimento da Mattel, "mas não se pode ter tudo". Ela estava se reconciliando com o novo papel no topo de uma empresa de brinquedos duas vezes maior que a concorrente mais próxima. Ela também estava sendo notada. O Banco da Reserva Federal de São Francisco chamou-a para fazer parte do conselho da filial de Los Angeles, tornando-a a primeira mulher a ocupar um cargo como aquele na instituição.

Ruth começou a expandir a Mattel em novas direções. Ela anunciou uma nova programação educacional televisiva para a CBS, chamada *In the News*, consistindo em minidocumentários para crianças em idade escolar, e um programa na NBC chamado *Hot Dog*, que explicaria "quem, o que, quando, onde e o por quê das coisas". Mas o que mais a orgulhava era o "mundo dos jovens", como ela chamava o conglomerado de empresas adquiridas pela Mattel e iniciativas relacionadas. A última entrada foi feita para desafiar a supremacia da Disney nos filmes infantis. Ruth fez um acordo com o produtor de cinema Robert Radnitz, autor de aclamados filmes infantis como *O Cão de Flandres*, *A Ilha dos Delfins Azuis* e *Misty*. A Mattel financiaria filmes produzidos por Radnitz e receberia parte dos lucros. Seu primeiro sucesso foi o drama familiar *Sounder – Lágrimas de Esperança*.

Ruth também iniciou um acordo para comprar o circo Ringling Bros. and Barnum & Bailey. Elliot e ela haviam começado uma discussão sobre a fusão durante um jantar no Astrodome de Houston, oferecido pelo lendário Roy Hofheinz.

Hofheinz era um grande acionista do circo e dono da Houston Astrodome Company e de um time de baseball. Ele levava uma vida grandiosa, criando a Suíte Celestial no hotel Astroworld, que era reservada por 2.500 dólares a noite. O espaço tinha oito quartos, uma miniboate, uma cozinha e bar completos e uma cama de 2,4 metros quadrados. Ele nem pestanejava antes de gastar dez mil dólares em taxas por excesso de bagagem quando viajava com seus baús, armários e malas variadas. Em Atenas, ele acomodou o corpo de 113 quilos em uma cadeira de faraó e foi carregado até o Partenon por quatro gregos e dois americanos de Houston. A maioria das pessoas o chamavam de Juiz, porque quando jovem ele fora juiz em Harris County, no Texas. Ele também poderia ter sido chamado de Prefeito, pelo tempo administrando a cidade de Houston antes de se aventurar nos negócios. Sempre leal e entusiasmado com seus projetos, os botões de seus casacos eram feitos com medalhas comemorativas folheadas a ouro do Ringling Bros. Conforme relatou um jornalista, Hofheinz era "um capitalista texano e se orgulhava disso". Richard Blum, na época um banqueiro investidor para a Sutro Investment Partners, lembrou-se de Hofheinz como "a reencarnação de P. T. Barnum".

Ruth jamais ouvira falar de Hofheinz quando ele ligou para ela durante a Feira de Brinquedos de fevereiro de 1970, mas a equipe de vendas da Mattel, já. Eles a encorajaram a voar até Houston para conversar sobre uma proposta de parque de diversões. Recebendo Elliot e ela com o charme de sempre, Hofheinz os levou para o topo do Astrodome naquela noite. Enquanto tomavam coquetéis, olhando para o estádio vazio, o gigantesco placar luminoso de repente acendeu com a mensagem: "Bem-vindos Ruth e Elliot Handler". Eles ficaram devidamente fascinados.

Em um jantar no restaurante do Astrodome, o casal foi acompanhado por Irvin Feld, que comprara o Ringling Bros. dois anos antes, e Richard Blum, cuja empresa também era dona de parte do circo. Eles estavam em busca de maneiras para expandir e se modernizar. Blum teve a ideia de apresentar Feld aos Handler, para que a Mattel licenciasse brinquedos temáticos do circo Ringling. Ele não tinha intenção de conversar sobre um acordo de fusão, mas Ruth mencionou a ideia imediatamente.

Ruth e Elliot não estavam interessados na proposta de Hofheinz para um parque de diversões em Houston, mas levar o circo para a família Mattel parecia perfeito. Eles sabiam que seus netos amariam aquilo e, pela perspectiva de negócio, os dois sempre precisavam de novas formas de alcançar as crianças, especialmente por alguns de seus programas de TV estarem sendo alvo de críticas. Uma organização ativista chamada *Ação pela TV das crianças*, fundada por Peggy Charren em 1968, estava se tornando cada vez mais forte. Charren e as outras mães que fundaram o grupo exigiam mais programação educacional de qualidade na TV para as crianças e pediram que a Comissão Federal de Comunicações implantasse aquilo. Ruth criara novos programas de TV parcialmente em resposta a Charren, mas também estava olhando para mídias fora da televisão, para proteger sua habilidade em vender produtos Mattel. O circo parecia a oportunidade perfeita, o tipo de mágica que complementava o "mundo dos jovens" da Mattel.

A Mattel tinha 25 anos e, conforme sua própria publicidade proclamava, era mais que uma empresa de brinquedos. Segundo Ruth, a Mattel atendia "às necessidades educacionais e recreativas dos jovens". O futuro prometia ainda mais diversão e inovação do que o passado — pelo menos era o que pensavam Ruth e Elliot.

O câncer interno

Tudo ia ladeira abaixo cada vez mais rápido, e eu não tinha como impedir.

Por volta de 1955, Ruth sentiu nódulos nos seios. Ela tinha uma lembrança clara da primeira vez em que estava no chuveiro, levantando o braço para ensaboar a região, e de repente sentir algo incomum. Ela continuou ensaboando e sondando o caroço no seio por um bom tempo até ter certeza de que devia ser examinada por um médico. Quando ela entrou no consultório, ele rapidamente detectou o que ela havia sentido, mas assegurou-a de que não achava que o nódulo fosse maligno. No entanto, queria fazer uma biópsia, só por garantia.

Depois desse episódio, a cada dois ou três anos, médicos, preocupados com os nódulos que Ruth encontrava, a submetiam a biópsias por meio de cirurgias para descartar a hipótese de câncer. Ela encontrou dois caroços em cada mama e fez uma série de biópsias com agulha menos invasivas. Seus seios eram císticos, o que significava que caroços benignos se desenvolviam com frequência. Todos os procedimentos mostraram que ela não tinha câncer, mas cada biópsia era uma provação. "Naquela época, eles sempre faziam muito caso dessas biópsias. Levavam você ao hospital. Mantinham você lá por alguns dias e o procedimento deixava cicatrizes nas laterais dos seios. Eles usavam as mesmas cicatrizes todas as vezes em cada seio." Ruth achava os procedimentos estressantes, toda vez acordando da anestesia sem saber quais notícias iria receber.

Depois de uma das biópsias, Al Frank, um representante da Mattel em Nova York, estava esperando no corredor do lado de fora do quarto de Ruth. Ele havia se aproximado dos Handler ao longo dos anos e era um homem acolhedor e doce. Enquanto acordava da anestesia, Ruth ouviu um homem chorando e soluçando no corredor. Ela pensou que ele devia estar aos prantos por causa dela, que os médicos deviam ter encontrado câncer e removido seu seio. Seus seios estavam enfaixados com tanta força e com tantas ataduras que ela não tinha como saber se eles ainda estavam lá ou não. Ela reconheceu a voz de Al Frank, que estava conversando com alguém. Em segundos, ele estava no quarto de Ruth, abraçando-a e contando que o resultado da biópsia fora benigno. Frank estava chorando de alegria.

Foi na década de 1960, enquanto estava em Denver por conta de um casamento de família, que Ruth descobriu um nódulo novo e mais preocupante. Ela estava tomando banho antes de se arrumar para a cerimônia e fazendo sua verificação de seios rotineira quando sentiu um nódulo maior do que todos que já descobrira antes. Parecia ter surgido do nada. Seu primo, o dr. Joel Mosko, estava no casamento, e ela lhe contou sobre a descoberta. Ele pediu para que ela fosse ao consultório na manhã seguinte, e quando examinou o seio de Ruth, mandou-a ver um médico em Los Angeles imediatamente. Ruth ligou para o dr. Paul Rekers, um cirurgião, e avisou que estava voltando para casa e que queria que ele a encontrasse direto no hospital para uma biópsia. Ele respondeu que seria mais fácil vê-la no consultório, mas ela insistiu que não queria esperar. "Aquilo era típico da minha parte", admitiu Ruth. "É assim que eu fazia as coisas. Se eu teria que ouvir notícias ruins, não queria arriscar. Eu só queria resolver aquilo de uma vez." Ruth planejou ir para o hospital direto do aeroporto, e esperava que o médico a estivesse aguardando lá.

No hospital naquela noite, o dr. Rekers usou uma agulha para aspirar fluido do seio dela, mas como ela já estava no hospital, ele resolveu fazer uma biópsia cirúrgica também. Ruth estava com medo, mas os resultados foram benignos mais uma vez.

Em 1970, no entanto, ela sentiu algo no seio em um local diferente, um caroço que pela primeira vez preocupou seu médico. Ao deixar o consultório dele em Beverly Hills e ir até seu carro, começou a chorar. Ruth estava soluçando incontrolavelmente quando um homem passou por ela na calçada. Ao vê-la, ele falou: "Senhora, não pode ser tão ruim". Ela se virou para o outro lado e pensou: *Ah, se você soubesse.*

Ruth agendou mais uma biópsia. O caroço não era maligno, mas como o médico havia feito uma biópsia cirúrgica, pôde explorar mais profundamente. Por baixo do caroço, ele descobriu sinais precoces de câncer. Naquela manhã, o seio de Ruth foi removido.

Era 16 de junho de 1970, e nada na vida pessoal ou profissional de Ruth jamais seria o mesmo. Depois de anos vivendo com medo por causa de numerosos nódulos, ela tinha a doença e estava apavorada. O câncer se espalharia? Será que já havia se espalhado? Ela perdera o seio esquerdo. Será que encontraria um nódulo maligno no outro seio? E quanto aos miomas que os médicos suspeitavam que ela tinha no útero? Desde o começo dos anos 1960, ela havia sido diagnosticada com diabete leve, tensão crônica e diverticulite. Seria o câncer que a mataria ou outra coisa?

Ruth não conseguia deixar de pensar na irmã Sarah, que a criara. Sarah morrera de câncer de ovário em 1950, após muitos anos de medidas extraordinárias para salvá-la. Ruth encarregou-se dos cuidados com Sarah, se recusando a aceitar o diagnostico pós-cirurgia inicial que deu à irmã apenas seis meses de vida. Segundo suas próprias palavras, ela "embarcou em uma missão" para encontrar os melhores tratamentos em uma era antes da quimioterapia.

Durante a Segunda Guerra Mundial, os médicos descobriram que pessoas expostas a gás de mostarda experimentaram uma redução na contagem de células brancas. A partir dos anos 1940, os médicos começaram a fazer experimentos com gás mostarda em pacientes com o tipo de câncer que se espalhava pelo crescimento de células brancas do sangue. Ruth encontrou um médico em Los Angeles que aplicava esse tratamento experimental. Sarah recebeu o gás mostarda em suas veias e, embora o tratamento tenha sido doloroso, seus tumores encolheram o suficiente para permitir uma segunda cirurgia para remover o câncer. Ela viveu mais três anos, o bastante para Ruth presenteá-la com uma viagem dos sonhos ao Havaí, lugar em que a irmã sempre quis ir. Quando Sarah voltou, precisou fazer mais uma cirurgia, mas dessa vez não se recuperou. Ruth, que andava ansiosamente de um lado para o outro no corredor do hospital durante a provação de Sarah, nunca gostara do marido da irmã, Louie, e jamais o perdoaria por "estar na rua farreando" enquanto Sarah morria.

Assim que acordou da cirurgia, Ruth olhou para o peito enfaixado e perguntou a Elliot: "Você ainda vai me amar sem isso?". Os medos e inseguranças dela a dominavam. Ela foi se recuperar na casa de praia em Malibu Colony que comprara dois anos antes. A Malibu Beach Motion Picture Colony havia sido inaugurada em 1926, com casas e chalés de frente para a praia vendidas para astros, estrelas e executivos de Hollywood. Quatro décadas depois, a Colony era um refúgio de praia exclusivo, com portões e guardas para os milionários das indústrias do cinema e dos negócios. Após notar como sua neta amava praia, Ruth comprou por impulso a casa do cantor Frankie Laine. A casa, na beira da praia, era um refúgio estimado por Ruth e sua família, mas depois da cirurgia o lugar parecia solitário e deprimente.

Os pensamentos de Ruth eram sombrios. Às vezes, ela só queria morrer. Ela se lembrava de uma história que a mãe havia contado quando ela era criança, sobre a filha de uma amiga que perdera o seio para o câncer. Sua mãe sussurrou as terríveis notícias no ouvido de Ruth. Talvez Ruth tivesse lido a matéria sobre a conferência dos pesquisadores de câncer no mês anterior, todos concordando que a cura estava a anos de distância. Ela estava zangada com o médico que a desfigurara, e envergonhada. Ninguém, nem mesmo sua família, falava sobre o infortúnio, e não haviam grupos de apoio na época. Para mulheres nos anos 1970, passar por uma mastectomia era uma secreta e indescritível brutalidade. Para aumentar as preocupações de Ruth, Barbara foi até a casa de praia para contar à mãe que estava se divorciando após onze anos de casamento.

Ruth voltou ao trabalho cinco semanas após a cirurgia. Ela achava impossível ficar sentada em casa sem fazer nada, mas foi profundamente abalada pelo desgaste físico e emocional do câncer. "Eu não conseguia falar com autoridade", escreveu ela depois. "Perdi a coragem de minhas convicções." Ela, que tanto se orgulhara do próprio corpo, agora se sentia desfigurada, feia, pouco feminina. Tinha 54 anos de idade. Novas e profundas rugas marcavam seu rosto, que começara a ficar mais cheio. Ela tinha olheiras. Suas roupas eram conservadoras, abotoadas até o pescoço e cheias o bastante para esconder o formato inconsistente dos seios. Ela perdera o sorriso largo e reluzente. Seus ombros pareciam mais caídos. Ela começou a usar os cabelos grisalhos em um corte reto e sério.

A mastectomia radical de Ruth, na qual seu seio, músculos do peito e nódulos linfáticos das axilas foram removidos, deixou permanentes danos musculares e nervosos. A dor continuaria pelo resto da vida dela.

As tensões na Mattel haviam se tornado mais prejudiciais conforme os diretores das divisões competiam para obter o maior lucro. Eles também lutavam contra a alta diretoria. Yas Yoshida, o controlador, queria o mais alto cargo financeiro, e se ressentia por Rosenberg tê-lo conquistado. Ruth, confiando em números, estava brigando com Bernie Loomis da divisão *Wheels*, acreditando que ele queria produzir em excesso um novo pack dos carros Sizzlers, uma versão motorizada do brinquedo Hot Wheels.

Darrell Peters havia se tornado o mestre interno dos dados de vendas. Ele fazia análises extensivas de anos de informações sobre vendas e construiu um modelo que mostrava a demanda atualizada, em vez de pedidos futuros ou vendas passadas. Conforme esse modelo era refinado, ele tornou-se o melhor profeta da cota de fim de ano para qualquer brinquedo. Os funcionários da Mattel iam pessoalmente às lojas selecionadas para contar os estoques e itens armazenados nas prateleiras do ponto de venda. A Mattel conseguia distinguir entre brinquedos com vendas antecipadas e aqueles sem, entre novos produtos e itens antigos, entre os anunciados na TV e os que não haviam sido. "Era um sistema de previsão e um *W report* [Relatório de Vendas e Envios Semanais] tão sofisticado quanto qualquer outro na indústria norte-americana para uma linha de produtos comparavelmente dinâmica", lembrou Joe Whittaker. Ruth acreditava no modelo de Peters, e em uma reunião de planejamento ela brigou abertamente com Loomis a respeito das vendas projetadas por ele. Finalmente, ele mandou Ruth deixá-lo em paz.

Ruth se sentia perdendo o controle da vida pessoal e da profissional. A equipe corporativa com a qual ela contara para dirigir as divisões não estava funcionando conforme planejado. A morte de seu executivo de confiança, Herb Holland, que acontecera no lançamento das divisões, havia sido um golpe terrível. Ela tentou se recompor e parecer bem, apesar de ainda sentir as dores da cirurgia. Josh Denham, um chefe de divisão que trabalhava com ela todos os dias, lembrou-se de um jantar social no qual "ela estava fazendo o possível para ser a velha Ruth, mas sua testa suava e ela parecia estar sentindo dor". Ruth se sentia ainda mais vulnerável perto do arrogante e intimidador Rosenberg, que agia cada vez mais como um antigo superastro da Litton em busca de uma empresa na qual mandar.

Rosenberg estava focando menos em aquisições do que em assuntos legais, finanças, administração, desenvolvimento corporativo e planejamento a longo prazo. Ele supervisionara cem aquisições na Litton, mas apenas oito na Mattel. Seu objetivo era mitigar o "estigma da sazonalidade", e usar o pessoal da Mattel e suas instalações o ano inteiro. A força de trabalho da Mattel, que diminuiu de uma média de trinta a quarenta mil funcionários para vinte mil durante a baixa temporada, arrastou os lucros. Funcionários da produção podiam ser demitidos, mas isso não acontecia com os executivos e engenheiros, que recebiam salários em tempo integral. Além disso, ao criar divisões, a Mattel havia aumentado os custos de operação anuais.

Rosenberg argumentava que as aquisições eram todas lucrativas e que iriam equilibrar a receita anual. Ele planejava subir de doze por cento do mercado doméstico de brinquedos para quinze, e de três a cinco por cento do mercado estrangeiro no final de 1972. Rosenberg não via as previsões pessimistas que se aproximavam sobre o mercado como um problema.

Depois de voltar ao trabalho, Ruth estava mais sozinha do que nunca. Elliot se confinou à pesquisa e design, tendo pouco interesse nos negócios da empresa. Ruth batia de frente pessoalmente com Art Spear, um executivo rígido que fora da Revlon para a Mattel em 1964 e virara vice-presidente executivo na mesma ocasião que Rosenberg. Um homem magro, de rosto comprido e testa alta e calva, ele se opunha à ideia de divisões de Ruth e estava ficando cada vez mais frustrado com a gerência da empresa. Achando que não estava "conseguindo puxar as rédeas com eficácia", Ruth começou a sentir como se estivesse sendo deixada de lado. E ninguém da alta gerência tentou fazê-la mudar de ideia.

Os problemas começaram a surgir no verão de 1970. Uma aquisição, a Turco Manufacturing, era a personificação dos problemas com as empresas do "mundo dos jovens" que haviam sido adicionadas à Mattel. Muitas dessas companhias haviam sido vendidas porque, por baixo de projeções cor-de-rosa, estavam enfrentando sérios problemas. A Turco havia atraído Elliot pela ideia de projetar equipamentos para playgrounds, pensando nos netos e no que eles gostavam. Mas o maior e quase único cliente da Turco era a Sears. A gerência da Turco jurava que o gigante do varejo era leal. Mas assim que a venda se concretizou, a Sears abandonou o projeto e encontrou outro fabricante. Comprar uma empresa com apenas um cliente foi tolice, como admitiu Ruth depois. "Na verdade, a maioria das nossas aquisições se revelaram erros", escreveu. E ela tinha razão. Apenas o Ringling Bros. e a Monogram fariam dinheiro consistentemente.

Enquanto isso, as projeções para o Natal haviam crescido exponencialmente. Mesmo odiando reduzir a produção e perder possíveis vendas, ela sabia que perdas de estoque eram muito mais caras. Se você despachasse peças demais para os clientes, eles fariam grandes cortes nos pedidos do ano seguinte. "O produto estaria morto e você passaria o ano seguinte inteiro esvaziando estoques, tanto os seus, quanto os de seus clientes", costumava explicar Ruth. Era por isso que todos haviam aprendido que números contavam mais que tudo. Executivos iam às reuniões e divulgavam índices de vendas que haviam decorado para brinquedos em particular. Pedidos, previsões, vendas, pedidos recorrentes, produção, tempo de publicidade — tudo se movia tão rápido no mercado de brinquedos que apenas as empresas e executivos mais flexíveis e agressivos sobreviviam. Mas nos meses após a mastectomia, Ruth perdera muito do espírito que tivera para liderar suas tropas por tantos anos. Depois de voltar da cirurgia, ela descobriu que as previsões de vendas estavam muito mais altas do que antes de ela sair. Mesmo que ela tivesse avisado aos chefes de divisões que as previsões estavam altas demais, eles estavam competindo entre si e não quiseram ouvir. Ruth sentia que não conseguia controlá-los, nem quando os pedidos começaram a desacelerar.

A Mattel ainda produzia os carrinhos Sizzlers de forma acelerada. A empresa projetou grandes vendas de Natal, mas os pedidos estavam lentos. O primeiro sinal de que o Natal podia não ser tão feliz para eles veio no outono. Com muitas empresas, a Mattel construíra uma fábrica bem ao sul, na fronteira em Mexicali, para tirar vantagem dos salários baixos do México. Pela primeira vez em um quarto de século de produção, um incêndio desastroso destruiu a fábrica e todo o estoque. Milhões de dólares em pedidos de Natal não foram atendidos.

Logo após as tristes notícias do México, as vendas da Hot Wheels começaram a cair. A Topper Corporation lançou os Johnny Lightning Racers, um forte concorrente. Compradores da Hot Wheels pediam mais variedade e estilos, mas esse tipo de produção gastava tempo e dinheiro. O design e a montagem podiam levar meses e meses. Havia uma "gigantesca onda" de carros, segundo Josh Denham, que precisavam de testes. Enquanto isso, para manter os compradores satisfeitos, Loomis inventou um esquema para vender conjuntos Hot Wheels em caixas. Ele prometeu aos compradores que o conjunto seria em sua maioria composto de novos modelos, com apenas alguns dos antigos, mas na verdade foi o oposto. Entre pedidos em excesso nos primeiros anos da Hot Wheels, e Loomis empurrando modelos velhos nas caixas, os compradores ficaram com estoque superlotado de carrinhos antigos. Eles não queriam fazer novos pedidos. Trinta milhões ou mais de carrinhos não vendidos acumulavam poeira nos armazéns da Mattel, finalmente sendo vendidos a preços ínfimos.

Mas a divisão Wheels não era o único problema. O Optigan também não estava sendo acolhido por compradores adultos. Sua qualidade de som era ruim e ele tinha propensão a quebrar, resultando em altas taxas de devolução da inovação de trezentos dólares, e em uma perda de 6,5 milhões de dólares. Pat Schauer, que trabalhava para o chefe do projeto, achava que o pseudoinstrumento precisava de mais tempo para ser aperfeiçoado. A Sears fez pedidos grandes, mas insistiu para que a Mattel se responsabilizasse pelos consertos, o que acabou sendo o maior problema. Mas Ruth pensava diferente e não atribuía a culpa na própria omissão ou no design de Elliot, e sim no gerente. "A Mattel tinha um grande complexo de achar um culpado", lembrou Josh Denham, e na época o tal complexo parecia estar mais forte do que nunca.

Ruth achava que, no caso do Optigan, ela fora protegida da verdade. Ela perguntara sobre o tamanho dos pedidos da Sears e se era um produto confiável. Também havia perguntado se eram canceláveis e lhe responderam que não. Ela alegou, portanto, que teria sido inadequado para ela, sob a estrutura hierárquica, verificar os pedidos pessoalmente. O Optigan era um grande projeto para a Mattel, não apenas mais um brinquedo. "Era como iniciar um negócio totalmente novo, que virou um inferno", contou Ruth. "Obviamente, nosso gerente era incompetente. Ele tinha enormes sonhos e ilusões de grandeza que não se concretizaram, então ficamos encalhados com aquilo e foi uma grande perda."

Enquanto as vendas da Barbie diminuíam na Europa, surgiam novos problemas em casa. A Comissão Federal de Comércio dos EUA declarou que os anúncios de televisão da Hot Wheels e da Dancerina eram "enganosos". A comissão alegou que os anúncios retratavam erroneamente a aparência e performance dos brinquedos. Os carrinhos Hot Wheels não eram autopropulsados e Dancerina não ficava em pé sozinha, como mostravam os comerciais.

Apesar das dificuldades no final dos anos 1970, a Mattel foi negociada por um valor trinta e quatro vezes maior que os lucros por ação do ano anterior. Pouco antes do Natal, o acordo com o Ringling Bros. foi anunciado na imprensa. Haviam algumas reservas no conselho do circo, especialmente da parte de Richard Blum, que se opunha ao acordo. Quando jovem, ele dirigira brevemente uma companhia de brinquedos. Conversando a fundo com alguns dos antigos contatos e alguns varejistas de São Francisco, ele ficou sabendo que a Mattel não estava indo tão bem quanto parecia. "Eu deixei claro que era contra o acordo", lembrou ele, mas o conselho pequeno e privado do circo seguiu em frente. Para Ruth, era um aspecto positivo. Ela contou a Josh Denham como era emocionante ver todos os olhos na plateia se voltarem para Irvin Feld quando ela se sentou com ele na grande tenda, assistindo ao espetáculo. "Agora todos estarão focados em mim", definiu Ruth.

Durante as negociações finais, Elliot e ela ficaram hospedados em um hotel com um grupo de pessoas do circo em Venice, na Flórida. Eles estavam lá para ver em primeira mão como o negócio operava. Uma noite, ela entrou em uma partida de pôquer com oito ou nove dos funcionários. As apostas não estavam altas e Ruth não queria tirar dinheiro das mãos do circo, mas ela não conseguia perder. "Eu estava jogando o pôquer mais mal jogado que uma pessoa poderia jogar", escreveu ela depois. "Quando a partida terminou, eu ganhara cerca de oitenta dólares." Ela viu seus ganhos como um bom presságio.

O acordo estipulava que os acionistas do circo receberiam 1,25 milhão de ações ordinárias da Mattel em troca das 3,46 milhões de ações em circulação da Ringling Bros. A troca foi calculada em pouco mais de 47 milhões de dólares. Ruth via o circo Ringling como uma "máquina de dinheiro virtual". A Mattel, quase vinte vezes maior que o circo de Irvin Feld, acabara de reportar mais de dezessete milhões de dólares em lucro. Wall Street ainda considerava a Mattel uma ação de luxo. Apenas alguns executivos do alto escalão da empresa sabiam que aquilo não passava de uma miragem.

Em janeiro de 1971, mesmo com a ação da Mattel alcançando uma alta histórica de 52,25 dólares cada, a linha Sizzlers estava tendo sérios problemas. Os compradores tinham muito produto em estoque. Pediam a ajuda da Mattel para conseguirem vendê-lo. Eles não queriam comprar novas linhas de brinquedos até terem certeza de que o problema seria resolvido. Com os pedidos em baixa, o estoque estava se acumulando nos armazéns da Mattel, e a receita não estava entrando para equilibrar os gastos.

Usando um método de contabilidade anualizado, perfeitamente legítimo, a Mattel se tornara mais agressiva quanto a empurrar gastos para semestres mais tardios. Certamente até lá a receita teria sido alcançada, como acontecera no passado. Certamente os compradores da Mattel inundariam a empresa de pedidos para os incríveis brinquedos que seriam lançados em 1971. As metas de lucro estavam definidas, mas diferentemente da intransigente contabilidade dos primórdios da Mattel, agora eram criadas baseadas no que deixaria Wall Street feliz. De repente, apareceram números "incontornáveis", e a alta gerência sentiu-se pressionada para descobrir como alcançar o aumento desejado por ação. A resposta veio na forma de contratos *bill and hold*, um esquema para criar a aparência de um contínuo crescimento apesar da realidade.

Faturas *bill and hold* haviam sido usadas antes pela Mattel como uma legítima estratégia de negócios. Mas aquele já não era mais o caso desde 1971, pelo menos. Rosenberg estava desesperado para evitar a queda do preço das ações por causa do acordo com o Ringling Bros. Ele disse a Denham e Loomis que, segundo os termos na fusão com o circo, se o preço da ação da Mattel caísse demais, Irvin Feld, que continuava sendo CEO da Ringling, se tornaria dono da empresa de brinquedos.

Os medos de Rosenberg eram justificáveis. O acordo de fusão, assinado em 5 de janeiro de 1971, garantia a veracidade e precisão das condições financeiras da Mattel. Rosenberg sabia que o resultado daquela mentira seria uma ação movida pelo Ringling. Especificamente, a Mattel prometia que nenhum dado enviado por ela continha declarações falsas ou enganosas. Para manter a fachada eternizada nos papéis da fusão com o Ringling, o sistema *bill and hold* foi acionado, ou seja: encargos de vendas futuras foram registrados imediatamente. Faturas falsas foram preparadas, e um segundo conjunto de livros contábeis foi criado. Assinaturas de clientes foram forjadas. Instruções de roteamento e entrega estavam incorretas. Novos produtos foram deferidos ou amortizados durante períodos extraordinariamente longos, para que os custos fossem subestimados. Pedidos legítimos foram tornados completamente canceláveis. Faturas "favor não enviar" foram criadas. Contas a receber se empilhavam enquanto clientes tornavam-se inadimplentes, mas os livros mostravam alguns deles comprando ainda mais brinquedos. Entre cinquenta e oitenta por cento das vendas faturadas seriam canceladas pelos clientes antes do envio. Até a reinvindicação de seguro para o incêndio em Mexicali foi inflacionada, com dez milhões postados como crédito na declaração de rendimentos de 31 de janeiro de 1971. Seis anos depois, apenas 4,4 milhões de dólares haviam de fato sido pagos. De acordo com um relatório posterior feito por Arthur Andersen, um advogado especial que investigava o caso, a empresa que conduzia auditorias para a Mattel ou fizera vista grossa ou era perigosamente inapta.

Denham e Loomis ficaram desconfortáveis ao verem as implicações de tal estratégia. Eles foram até o escritório de Ruth e advertiram: "Vamos arruinar a companhia pelos primeiros seis meses deste ano". Eles explicaram que não haveria nenhuma venda real. Mas Rosenberg os viu falando com Ruth e entrou na sala. Ele mandou os dois chefes de divisão irem até o escritório dele para lhes "explicar o que está acontecendo". Ruth não disse nada.

Em uma empresa que parecera encantada por tantos anos — uma queridinha de Wall Street, que dera retornos de dois dígitos aos acionistas por toda a década de 1960 —, é difícil não imaginar executivos otimistas. O esquema *bill and hold* era arriscado e errado, mas sempre que a Mattel fora mal no passado, ela se recuperava. Contanto que os números fossem maquiados com vendas fortes nos últimos semestres do ano, talvez ninguém descobrisse a fraude. Mas Denham explicou que eles não tinham tempo de usar muito a razão. "Os problemas decorrentes do *bill and hold* chegavam tão rápido que não tivemos tempo de pensar. A gente só achou que teria problemas por cerca de cinco meses". Em vez disso, a recessão econômica piorou, e no outono de 1971, uma greve de estivadores na costa oeste prometia a ruína para o segundo Natal seguido da Mattel. Haviam anos de problemas à frente.

Rosenberg provavelmente arquitetou o esquema inicial. As evidências de que Ruth sabia de tudo são fortes. O Tribunal Federal decidira depois, apesar de veementes negações, que Ruth fora conivente. Ela insistiu que acreditou demais em mãos nas quais confiava, que não estava bem depois da cirurgia, que 1971 parecera sim um ano de retomada com produtos empolgantes sendo lançados e despesas gerais reduzidas. Em 27 páginas escritas à mão, explicou mais tarde sua versão dos fatos.

Ruth relatou que ela e Elliot nunca estiveram cientes da magnitude do programa de *bill and hold* nem dos direitos de cancelamento até muito tempo depois. Ela achava que seu time de vendas estava escrevendo pedidos de rotina na magnitude de dois a quatro milhões de dólares, que não eram canceláveis, mas estariam no armazém da Mattel para posteriores instruções de envio. Ela alegou: "Eu nunca, jamais, ouvi falar em faturas falsas. Não tínhamos números 'essenciais' nem 'metas' de lucro". Ruth alegou que constantemente questionava a respeito das metas de vendas e que sempre recebia garantias quanto a elas. Em particular, ela achava que se as vendas não fossem alcançadas, ainda seria aceitável ganhar dez ou vinte centavos a menos em cada ação.

Em retrospecto, ela reconheceu que parecia impossível nem ela nem Elliot saberem o que estava acontecendo. Entretanto, eles eram pessoas muito ocupadas, preocupadas com diversas outras coisas. Ruth tinha uma corporação gigante para gerir e também estava gastando cada vez mais tempo com questões relacionadas ao consumidor que exigiam que ela não estivesse na Mattel. Ela também acreditava que, como estava se recuperando de uma mastectomia, a equipe estava lhe poupando de problemas no trabalho. Rosenberg e Spear haviam lhe garantido, após a mastectomia, que ela podia contar com eles para dirigir e controlar as coisas. Rosenberg também a impediu de revisar as informações de contabilidade e os números financeiros detalhados em detalhes. Ruth aceitara porque havia sido informada que a Mattel era um negócio grande demais para ela se envolver em cada aspecto dos assuntos corporativos. Ela devia deixar sua equipe ter autonomia, disseram-lhe. Precisava delegar. Infelizmente, expressou Ruth, ela seguiu os conselhos.

A versão dos fatos narrada por Ruth fica cada vez mais amarga conforme suas anotações prosseguem, atribuindo a culpa à equipe de gerentes na qual ela confiara: Art Spear, Seymour Rosenberg, Ray Wagner, Josh Denham, Bernie Loomis, Yas Yoshida e Vic Rado. As notas de Ruth rapidamente viram uma explicação detalhada das operações da companhia, que revelam mais sobre o entendimento geral de Ruth quanto às operações da empresa do que a sua inocência. Ela era presidente da Mattel e agia como tal, mas não admitia ter conhecimento algum da contabilidade fraudulenta acontecendo ao redor. Ela ainda recebia semanalmente, às vezes diariamente, os relatórios de vendas e envios. Eles teriam revelado que, por exemplo, cem mil unidades de um brinquedo haviam sido vendidas, mas havia apenas doze no estoque prontas para envio. É improvável que uma mulher que costumava detectar os menores erros no passado deixasse de notar os exageros graves que o *bill and hold* criava. Ela admite saber sobre *bill and hold*, mas apenas como prática legítima. Ruth alegou ficar chocada pelo tamanho dos exageros, que totalizavam quase dezoito milhões de dólares.

O esquema *bill and hold* funcionou por um tempo. Apesar do preço da ação da Mattel cair para 19,125 dólares perto do final de 1971, a queda foi atribuída a uma perda relatada de quatro milhões de dólares e na contínua greve nos portos. A Mattel continuou sendo uma queridinha de Wall Street, suas ações mantidas quase artificialmente altas com base na crença de que a companhia continuaria a crescer. A extensão total das perdas ainda estava oculta, e permaneceria assim por mais um ano.

Os novos advogados da gerência eram mal-organizados. Uns estavam sempre evitando os atos dos outros com memorandos que contradiziam ordens de diferentes níveis no mesmo departamento. No marketing, um funcionário reclamou que era "impossível fazer qualquer coisa no prazo... Impossível fazer qualquer coisa, ponto final". Alguns executivos se esgotavam e deixavam a empresa às pressas. Outros eram contratados sem o processo seletivo rígido e exigente do passado. Enquanto isso, Ruth pressionava por previsões de vendas excessivamente otimistas, narrando depois que baseava sua exuberância em experiências passadas. Mas revelações posteriores de metas de receitas escondidas sugerem que os esforços dela também estavam ligados ao esquema *bill and hold*.

No começo de 1972, Ruth e Elliot estavam considerando uma direção completamente nova. Sem dúvida, a ideia parecia ainda mais tentadora com toda a conturbação acontecendo dentro da Mattel. No verão de 1971, Rosenberg contara a eles que a Kinney Systems, especializada em lazer, imóveis e serviços financeiros, queria explorar a ideia de uma fusão com a Mattel. Kinney havia desagregado partes de seu conglomerado depois de comprar a Warner Brothers e, em setembro de 1971, mudou seu nome para Warner Communications. Ruth podia enxergar a lógica de se juntar à Kinney/Warner, que depois da fusão tinha mais dinheiro e ganhos do que a Mattel, mas era negociada a um valor mais baixo. Steve Ross, o agressivo negociante que estava dirigindo a Kinney, queria associar-se ao nome Mattel, acreditando que aquilo aumentaria muito o valor da ação da nova entidade.

Em maio de 1972, foi marcada uma reunião na casa de praia de Ruth para os conselheiros de investimentos, advogados e executivos da empresa, incluindo Ruth, Elliot e Seymour Rosenberg, que planejavam fechar o acordo. Talvez a montanha-russa criada por Wall Street tenha aumentado o desejo de Ruth de reduzir as pressões de sua vida profissional. Ela gostava de Felix Rohatyn, que havia negociado o acordo com a Kinney, e confiava nele. Elliot e a esposa continuariam como membros minoritários do conselho e ela havia concordado em gerenciar a divisão *Toys* após a fusão.

Sentada com o grupo revisando os documentos finais, Ruth ficou surpresa ao ver que Rohatyn, em vez de ser um dos membros majoritários do conselho da Kinney, estava listado como membro minoritário. Ela gostava de Rohatyn, mas não pretendia que a Kinney escolhesse os representantes dela para o conselho. Deixando clara sua opinião, Ruth examinou o resto dos documentos, se sentindo cada vez mais desconfortável. Kinney estava propondo que seu fundador de oitenta anos de idade fosse nomeado presidente do conglomerado, mas Ruth esperava que Steve Ross ocupasse o cargo. Não fazia sentido para ela colocar aquele velho na chefia operacional da empresa, a não ser que houvessem outras intenções.

Ruth suspeitava que Rosenberg tivesse feito um acordo pelas costas dela para se tornar presidente da empresa assim que a fusão estivesse concluída, sabendo que Ruth vetaria tal plano se pudesse.

Mal controlando a raiva, Ruth expôs ao grupo que concordaria em ser a cabeça da divisão *Toys*, mas que renunciaria assim que o presidente renunciasse. Elliot perguntou como o idoso, que não tinha papel ativo, poderia ser presidente para começo de história. Os representantes da Kinney explodiram, insistiram que Ruth era necessária para dirigir a divisão *Toys*, mas a angústia deles só confirmou as suspeitas de Ruth. "Essa coisa toda é uma farsa", ladrou ela. Virando-se para Rosenberg, ela o acusou de deslealdade e de orquestrar uma aquisição pelas costas dela. Ele foi a primeira pessoa a deixar a sala. Mais tarde, o vice-presidente executivo Art Spear diria que a fusão fracassou devido a "um problema de política e egos".

Naquela primavera, Rosenberg devia ter ficado desesperado. Um novo comitê de operações havia sido formado para dirigir a Mattel, que incluía ele, Elliot, Ruth e três vice-presidentes executivos. O fracasso da estratégia *bill and hold* seria abordado? Será que encontrariam uma maneira de compensar todos os lançamentos falsos? Se sim, nunca aconteceu. Rosenberg deve ter achado que a fusão com a Kinney poderia ser sua salvação, e ele quase a conquistou. Mas Ruth destruiu o trato e qualquer esperança que ele tinha de assumir o comando da organização e acobertar a fraude que estava acontecendo havia mais de um ano.

Segundo Pat Schauer, na segunda feira, depois da reunião de fusão que havia dado errado, Ruth entrou como um furacão no escritório e ordenou que a fechadura da sala de Rosenberg fosse trocada. Ela deixou instruções para que o mandassem embora assim que ele chegasse. Mas depois de Ruth entrar na própria sala, Elliot foi até lá e disse à esposa: "Ruth, você não pode fazer isso". Ambos temiam a reação em Wall Street caso Rosenberg fosse despedido precipitadamente. Furiosa, mas resignada, Ruth concordou que Elliot tinha razão. Ela ficou lívida por dias depois do incidente, mas negociou discretamente um acordo com Rosenberg. Ele concordou em se aposentar em agosto, sendo substituído por Robert Ehrlich, que foi instruído a refazer sistemas contábeis e manter Ruth informada.

Rosenberg, o gênio financeiro de 43 anos, iria embora com um pacote que incluía sessenta mil dólares por ano durante vinte anos, e a promessa de atuar como consultor para a Mattel. Ele concordou em entregar quarenta mil títulos e ações que caíam rapidamente, vendeu mais oitenta mil por quase dois milhões de dólares, e permaneceu membro do conselho. Parecia que havia saído bem a tempo.

No final de março de 1972, a Mattel anunciou que pela primeira vez na história operara com prejuízo no ano fiscal anterior. Elliot, como presidente do conselho, teve dificuldades em parecer animado com o futuro quando explicou um déficit assustador de 29,5 milhões de dólares comparado aos mais de dezessete milhões de lucro do ano anterior. Grandes remissões para reestruturar a operação europeia foram responsabilizadas, assim como a greve nos portos, sobretaxas, desvalorização da moeda, perdas não recorrentes de estoque e anulação de montagens.

Ruth e Elliot continuaram a agir como se tudo estivesse bem, ou até mesmo melhor do que nunca. Eles anunciaram um novo parque temático de cinquenta milhões de dólares chamado Circus World, na Flórida, que era parte do acordo que haviam feito com Feld. Na reunião anual em maio, Elliot proclamou: "Temos muitos motivos para acreditar que estamos dando uma reviravolta e avançando rumo a um ano inovador e lucrativo no tradicional estilo Mattel". Mas a história estava longe de se repetir, e Wall Street não achou sua fala persuasiva.

Em junho, 450 mil ações foram largadas pelo maior investidor institucional da Mattel, que deixara de acreditar na gerência da empresa. A ação caiu de vinte para dezesseis dólares em um dia. As perdas de capital só aumentavam. Ruth frequentemente desabafava a respeito de pessoas de quem não gostava, e tinha o hábito de encontrar alguém para culpar quando as coisas davam errado. Frustrada, Ruth demitiu o homem que considerava ser o maior responsável pelas perdas ao lado de Rosenberg, Bernie Loomis.

Na esperança de ajudar os Handler a lidarem com a bagunça, os cabeças das divisões e Art Spear marcaram um jantar com Peter Drucker, o homem que inventou o gerenciamento moderno. Eles se encontraram no restaurante do aeroporto de Los Angeles. Enquanto os instigadores foram para o bar, Drucker e os Handler conversaram durante mais de duas horas. Depois que Ruth e Elliot foram embora, os outros correram de volta para a mesa a fim de perguntar a opinião dele. "Existem muitos, muitos poucos empreendedores que criam grandes empresas", comunicou-lhes Drucker, "e que conseguem sobreviver à fase seguinte".

Naquele longo verão de 1972, milhões estavam sendo perdidos em operações descontinuadas e encargos especiais. Em agosto, as ações caíram para o menor preço do ano, depois de a Mattel anunciar que as vendas da primeira metade de 1972 seriam ainda piores que as do ano anterior.

Em outubro, a primeira do que seria uma cascata de ações judiciais foi movida por um acionista. Lawrence Seftel alegou que Elliot, Ruth, Rosenberg e outros cinco haviam vendido 118 mil dólares de seus próprios títulos Mattel, baseados em informação privilegiada, antes do anúncio feito em agosto que acarretou na acentuada queda no preço das ações despencasse de dez a quinze por cento. No caso de Ruth, ela parecia ter vendido a ação para ajudar Barbara a comprar uma casa maior, mas ainda assim aparentava ser informação privilegiada. Os ataques vieram de todos os lados e estavam prestes a ficarem mais ferozes e perigosos.

A trama se desfaz

Começamos a ser atingidos por uma catástrofe.

No começo de janeiro de 1973, Ruth e Elliot estavam em um cruzeiro no Caribe. Eles tinham tomado uma decisão de última hora de encontrarem Max, irmão de Ruth, e a esposa Lillian, voando até Nova York e se hospedando no hotel Plaza antes de embarcar no *SS France* no dia 21 de dezembro. Eles navegaram até Porto Príncipe, no Haiti, na véspera de Natal, e dali partiram para Cristóbal, na Zona do Canal do Panamá, no dia de Natal. Dali eles foram para Curaçao, depois Barbados e, em seguida, passaram a véspera de Ano-novo em Martinica. Quando chegaram em St. Thomas, em 2 de janeiro, Ruth ligou para sua secretária para ter notícias. Alguma coisa no tom de voz da mulher parecia desconfortável. O cruzeiro estava marcado para terminar só dali a três dias, quando Ruth e Elliot voariam até Sarasota, Flórida. Mas Ruth fez uma mudança abrupta. Deixando o navio em St. Thomas, Elliot e ela voltaram para Los Angeles o mais rápido possível.

Quando chegaram, descobriram que a intuição de Ruth não havia falhado. Cerca de quinze banqueiros estavam na sala de reunião do conselho, junto com Art Spear e outros executivos, quando Ruth e Elliot apareceram sem avisar. "Eles ficaram todos muito surpresos e envergonhados ao nos ver", contou Ruth. "Reuniões sorrateiras com os banqueiros já aconteciam havia algum tempo. Uma terrível trama estava se desenrolando."

Ruth estava certa. Uma reunião crucial já havia acontecido na sede da Mattel. O vice-presidente executivo Art Spear pedira a Bob Ehrlich, que assumira o lugar de Rosenberg, e mais um executivo da Mattel para se encontrarem com um grupo-chave de banqueiros. O grupo incluía Dick Bingham, sócio da Kuhn, Loeb, o ilustre banco de investimentos. Com duzentos milhões de dólares em financiamentos de curto prazo pendentes, os bancos que tinham emprestado dinheiro à Mattel estavam preocupados. Retirados os pratos da mesa, a primeira ordem do dia seria uma grande mexida na gestão, focada em remover Ruth da cadeira de presidente.

A reunião foi aberta e casual, mas Spear não perdeu tempo em chegar ao ponto principal. Ehrlich e ele deixaram claro que consideravam Ruth o coração dos problemas da empresa. Eles não acreditavam que ela compreendia as implicações financeiras de suas ações, nem que tinha um compromisso forte o bastante para controlar as subsidiárias da Mattel. Spear esperava conseguir convencê-la a deixar a presidência, mas as relações entre ele e Ruth eram tensas. Ele era mais próximo de Elliot, mas explicou que não podia contar com ele. Elliot agiria como marido antes de presidente do conselho. Spear propôs que os banqueiros se esforçassem para pressionar Ruth a sair do cargo de presidente.

Bingham e os outros concordaram; eles fariam o que fosse preciso para proteger seu investimento. Eles não concordariam em apoiar Spear em uma aquisição, mas uma nova gestão certamente era necessária. Eles também pressionaram para um conselho externo, argumentando que ninguém iria querer se juntar a um conselho que tivesse os Handler como os maiores acionistas. Após a reunião, Spear começou a procurar meios de pressionar Ruth a se afastar. Em semanas, a crise da qual ele necessitava explodiu nas notícias do mundo das finanças.

Elliot e Ruth estavam no Toy Show, em fevereiro de 1973, supervisionando a nova linha de brinquedos da Mattel e conversando com clientes. Eles receberam uma ligação de Art Spear avisando que estava chegando de Los Angeles e que precisava vê-los no hotel em que estava hospedado na manhã seguinte. Na reunião, Art, Ron Loeb, sobrinho de Ruth, e Ray Ferris alertaram Ruth e Elliot que a Mattel encontrara um problema sério. Algumas semanas antes, em 5 de fevereiro de 1973, Elliot anunciara que a empresa teria um bom lucro para o ano fiscal. Sua declaração previa uma "definitiva reviravolta" para a Mattel. Os problemas de rendimentos estavam sendo atribuídos ao Optigan, mas Elliot previu que o relatório da empresa mostraria "ganhos significativos de operações continuadas".

Spear comunicou a Ruth e Elliot que, ao contrário da declaração de 5 de fevereiro, o último trimestre mostraria uma perda substancial. Uma nova declaração devia ser imediatamente divulgada para a imprensa. Em 23 de fevereiro, a Mattel divulgou uma nova declaração de imprensa afirmando: "... a companhia espera agora assumir um substancial prejuízo operacional para o ano fiscal que termina em 3 de fevereiro de 1973, ao contrário do lucro previamente esperado". A divulgação deveria ter usado o termo "espetacular prejuízo". Foram 32 milhões de dólares.

Ruth se lembrava dos relatórios conflituosos como tendo meses de diferença, em vez de semanas, e nunca se esqueceu das consequências. "Tudo virou um inferno. Foi como um sonho ruim; e o pesadelo veio depois. Aquilo foi só o começo. Estávamos fora de controle e não sabíamos de fato o tamanho do problema, porque quando finalmente anunciamos nossas perdas, ficou bem óbvio que ainda não havíamos considerado todas as coisas que precisavam ser anuladas. [Mas] não soubemos disso até muito tempo depois, infelizmente."

Em seu tradicional modo "Quem foi?", Ruth culpou a equipe financeira e de relações públicas pelo fiasco do relatório. Alegou que Elliot e ela haviam confiado nos números apresentados pela equipe financeira da Mattel, e permitido que a equipe de relações públicas escrevesse o relatório divulgado para a imprensa com a assinatura de Elliot. Ela argumentou que não era "profissional em finanças", mas que, tendo permanecido como presidente, só havia um colo no qual a culpa poderia cair. Mais tarde ela alegou que não estava no controle da empresa, pelo menos desde a época em que voltou da cirurgia, mas foram poucos os que aceitaram aquela desculpa. Ruth construíra seu poder com funcionários muito semelhantes a si mesma. Ela rapidamente despachava aqueles que não conseguiam acompanhar, e sempre estivera lado a lado de cada operação da empresa.

A verdade por trás das vendas de mentira e receita falsa estava começando a vazar. Ruth estava desesperada por aliados depois que o representante da Mattel no Bank of America relatou a ela e Elliot que seus credores queriam Spear como presidente. Ela chamou Josh Denham em seu escritório. Ele sempre havia sido apolítico, um pacificador ligeiramente corpulento e eloquente, e trabalhava para Spear. Ela pediu ajuda, mas ele respondeu que não havia algo que pudesse ser feito, pois os problemas eram profundos demais.

Ruth confrontou os banqueiros, alegando que Spear não sabia o bastante sobre marketing ou o mercado de brinquedos para assumir a presidência, mas eles já haviam tomado a decisão. Ameaçaram cortar o crédito da Mattel se ela não concordasse. Em 27 de março de 1973, Spear foi nomeado presidente da Mattel. Ruth tornou-se copresidente com Elliot. Três dias depois, a *Fortune* listaria Ruth, junto com Katharine Graham, a dona do *Washington Post*, e Olive Ann Beech, da Beech Aircraft, como uma das dez executivas mais bem pagas do país. Diferentemente das outras, no entanto, Ruth agora tinha um portfólio bem vazio de tarefas, apesar de insistir publicamente que a mudança fora planejada havia muito tempo.

O controle total da Mattel passou para Art Spear e outros executivos. Ruth ia trabalhar todo dia e ficava no escritório sem muito o que fazer. Ela sabia que todos estavam a evitando, às vezes de maneiras óbvias e penosas. Em uma ocasião, ela estava descendo o hall de entrada, passando por todos os escritórios executivos. Estava indo na direção do escritório de Jay Jones assim que ele saía de sua sala. Ao ver Ruth, Jones deu meia volta e entrou na sala de novo, fechando a porta. Ela viu a expressão de pânico em seu rosto. Ele estava se escondendo dela.

Em mais um incidente humilhante, Ruth pediu a Ray Wagner que fosse até a sala dela. Ela queria conversar sobre um plano de marketing que havia aparecido em sua mesa, que ela acreditava ter falhas. Ele ficou a evitando.

Finalmente, foi vê-la. Enquanto revisavam o plano, Wagner roía as unhas, uma coisa que Ruth sabia que ele fazia quando estava nervoso. Ele também ficava se remexendo na cadeira, como se não conseguisse ficar quieto. Quando Ruth estava na metade do plano, ele declarou que precisava ir embora para um outro compromisso. Wagner se levantou e saiu sem esperar pela resposta dela. "Fiquei tão magoada. Ele jamais teria feito algo daquele tipo. Era um bom homem", relatou. Quando ela se lembrava do incidente, anos depois, afirmava que ainda "doía terrivelmente".

Spear fez um rápido trabalho no conglomerado insuflado. Em junho, ele já havia eliminado 125 linhas de brinquedos. Uma nova linha estava indo bem. Big Jim, um *action-figure* masculino não militar com bíceps que flexionavam, havia tido boas críticas, e os móveis da casa da Barbie nos tons de laranja queimado e azul claro dos anos 1970 venderam rapidamente. Erros em vendas estrangeiras, como lançar Barbies com roupas que não refletiam o gosto europeu, estavam sendo corrigidos. "A gestão anterior estava preocupada em dar um grande salto de crescimento e não prestava atenção na estrutura de capital. Nós planejamos um crescimento moderado e apertamos o controle financeiro, o que vai resultar em lucros garantidos", contou Spear ao *Wall Street Journal*. Ele estava tentado tranquilizar acionistas de que o navio corporativo havia sido estabilizado, mas eles não se apaziguaram facilmente. Depois de dois anos fiscais de perdas totalizando 62 milhões de dólares, as ações da Mattel despencaram como um avião cujos motores haviam parado de funcionar. De uma alta de 52,25 dólares apenas dezoito meses antes, as ações estavam sendo negociadas a cinco dólares.

A Mattel se tornara alvo de piadas internas. O *Wall Street Journal* publicou uma piada trocada entre a comunidade financeira: "Já ouviu falar na nova boneca falante da Mattel? Dê corda nela e ela prevê um aumento de cem por cento nas vendas e lucros. Depois disso, ela cai de cara no chão". Cinco novas ações coletivas de acionistas haviam sido movidas, incluindo uma pelo Ringling Bros. ao qual Roy Hofheinz se juntou. Os acionistas do circo alegavam que, na época da fusão, a Mattel exagerara os lucros, subestimando as perdas, e deturpara finanças na declaração de procuração usada para o acordo. Os processos judiciais iniciados por acionistas chamaram a atenção da Comissão de Valores Mobiliários, aumentando o escrutínio das maquinações financeiras dos anos anteriores.

Para Ruth, cada dia no escritório se tornava um exercício de fingimento. Executivos de todos os níveis a evitavam. Ninguém a expulsava de reuniões, mas quando ela falava ninguém dava ouvidos. Pessoas que ela considerava amigos leais, como o chefe de divisão Ray Wagner, estavam completamente indisponíveis. "Passei por um período no qual achei que não havia uma pessoa no mundo que me queria ou que queria alguma coisa de mim, o que era o completo oposto de como havia sido minha vida durante os trinta anos anteriores", narrou Ruth. Ela odiava aquela sensação de não ser querida, de ser rejeitada. Sentia-se como uma leprosa, e achava que as pessoas não eram sinceras ao demonstrarem respeito por ela. "Foi uma experiência muito embaraçosa e humilhante", lembrou. Ela comunicou a seus advogados que queria sair da empresa, que odiava estar lá, mas eles quiseram que ela ficasse. Sentiam que ela enfraqueceria sua posição legal ao sair. Eles não estavam levando em consideração seu estado emocional. A cada dia que ela ia para a Mattel, sua sensação de isolamento e vergonha aumentava.

Ruth encontrou uma dose de alívio na família. Ken e a esposa Suzie haviam acrescentado três netos aos dois filhos de Barbara, e a casa em Malibu se tornou um refúgio onde Ruth e Elliot desfrutavam da companhia das crianças. Cada vez mais, entretanto, Ruth saía de Los Angeles.

Em janeiro de 1973, o presidente Richard Nixon criou um Comitê Consultivo sobre o Papel Econômico das Mulheres, e elegeu Ruth como uma de suas dezesseis integrantes inaugurais. "Lembro-me dela como uma dama corajosa", contou Jacqueline Brandwynne, que também atuou no comitê. "Ela era uma espoleta, tinha muita energia e entusiasmo. Éramos ambas fortes defensoras dos consumidores e das mulheres." Além de comparecer às reuniões do comitê, Ruth começou a dar palestras. "Os Desafios do Consumismo" e "Regulação Obrigatória vs. Voluntária" para o *Better Business Bureau*, uma organização sem fins lucrativos focada em negócios. "Segurança no Mercado" para as associações de fabricantes e do *Business and Professional Women's Clubs*. Ela falava sobre o que sabia: "Qualquer coisa que você faça, comece identificando a necessidade do consumidor e acabe com um produto que satisfaça aquela necessidade". Ela viajou pela Califórnia, até o Winsconsin, Havaí, Washington D.C., e Forth Worth, no Texas. Na companhia de Elliot, Ruth viajou pelo mundo para algumas das unidades fabris e subsidiárias da Mattel, mas ela sempre voltava para um escritório frio de inatividade e um ambiente de trabalho cada vez mais hostil.

No verão de 1974, a *U.S. Securities and Exchange Commission* [Comissão de Valores Mobiliários dos Estados Unidos] (SEC) atuou em uma queixa que fora movida contra a Mattel. A empresa estava cooperando com a investigação durante o último ano. Ruth concordara que Art Spear fosse até Washington D.C. para resolver os problemas com a agência.

Ruth ainda acreditava que Spear era um aliado. Mais tarde, ela se convenceu de que ele fora conivente na ação da SEC contra ela. "Art foi o verme na maçã", proferiu ela. Para Ruth, ele foi bem pior do que Rosenberg, pois traiu sua confiança. Quando Spear foi a Washington, ele negociou um acordo que mudou o conselho da Mattel de modo que ele ficasse encarregado de encontrar novos membros do conselho, e cujos nomes seriam enviados à SEC para aprovação. Ruth o condenou, dizendo que Spear escolheu seus comparsas para o conselho. Os Handler foram forçados a concordar por causa das ações pendentes e da ameaça de uma ação de crime federal. Spear também concordara com a indicação da SEC de um advogado especial, Seth Hufstedler. Apesar de não existirem evidências que suportem essa afirmação, Ruth suspeitava que Spear ajudara a escolher Hufstedler, abrindo caminho para que os dois se tornassem, nas palavras dela, "amiguinhos do peito".

Ruth acreditava que Spear viu a chance de assumir a empresa em cima dos problemas dela e de Elliot. Ele estava estabelecendo contatos com o governo e os bancos. Ela disse ter encontrado documentos indicando que Spear achava que, se ele conseguisse fazer Ruth sair, Elliot sairia em seguida. Em agosto, a Mattel admitiu que divulgara relatórios financeiros falsos e enganosos. O Tribunal Federal ordenou a nomeação de diretores não filiados e a criação de novos comitês para investigar mais a fundo a desordem financeira da empresa. A corte deu aos diretores e comitês diversos anos de poder, mas só levou um mês para um novo golpe. A Mattel anunciou que "haviam sido descobertas informações" sobre possíveis irregularidades financeiras. Os novos comitês estavam fazendo seu trabalho.

Em outubro, logo depois de Arthur Andersen renunciar como auditor da Mattel, a SEC fez uma jogada de poder sem precedentes. Mais violações haviam sido descobertas, então a agência pediu para ter controle efetivo sobre a corporação. Ignorando os acionistas, que tinham o papel tradicional de escolher diretores, a SEC estabeleceu critérios para nomear um novo grupo majoritário de diretores para o conselho. Concordando, a corte forçou a Mattel a escolher diretores não afiliados a ela ou qualquer outra companhia com a qual fizesse negócios. O procurador especial Seth Hufstedler foi encarregado de investigar os acordos financeiros da empresa. Ele teve quatro meses para entrevistar funcionários e analisar os registros da Mattel referentes aos cruciais anos de 1971 e 1972.

Os acionistas da Mattel haviam parado de receber dividendos dezoito meses antes. Quando a SEC apertou o cerco com sua nova ordem, a empresa pediu uma interrupção na negociação de suas ações na Bolsa de Valores de Nova York. Novos diretores foram anunciados antes do Natal, mesmo enquanto duas novas ações judiciais eram movidas. Em um de seus primeiros atos, o conselho aboliu os títulos operacionais de Ruth e Elliot, deixando-os apenas com o papel diminuído no conselho. "O novo conselho de fato baniu Ruth e Elliot", relembrou Tom Kalinske. "Os Handler não eram bem-vindos."

Elliot encontrou conforto em suas pinturas, arranjando um estúdio perto da cobertura do casal e indo pintar em Malibu nos fins de semana. Sem uma válvula de escape, Ruth era consumida pelo ressentimento e pela raiva. Ela não sabia o que fazer com seu tempo. Odiava as intermináveis reuniões com advogados. Sentia falta de trabalhar. "Sob aquelas circunstâncias, algumas pessoas teriam ido a um psiquiatra, outras teriam explodido os próprios miolos, e alguns teriam fugido para uma ilha deserta. Eu tentei um pouco de cada", disse ela em uma reportagem. Com muita frequência, ela dirigia o

Rolls-Royce vermelho até Gardena, a cidade de jogos de azar nos arredores de Los Angeles. Ela era conhecida por explosões cheias de palavrões nas mesas e indiferença quanto ao dinheiro que ganhava ou perdia. Em uma viagem a Las Vegas logo após a saída de Elliot e Ruth da Mattel, ela estava jogando dados e perdendo. Elliot pediu para que ela parasse e foi buscar o carro. Quando ele voltou, ela havia recuperado os cinquenta mil dólares que tinha perdido. "Como você lida com isso tudo?", indagou ela. "Você chora, fica doente, se sente péssima." Ela tentou dar aulas na Universidade do Sul da Califórnia e na UCLA, mas ressentia-se por trabalhar de graça. Ruth sentia que universidades não achavam que ela tinha valor, considerando que não davam nem um dólar por seus ensinamentos. Ela começou a jogar todos os dias, brincando com a ideia de se tornar profissional naquilo. Enquanto isso, ela e o marido foram obrigados a dar dois milhões de ações da Mattel para fazer acordos em processos judiciais coletivos. "Em certos dias, eu poderia ter me matado", confessou Ruth.

Hufstedler, o advogado especial, estava encontrando uma teia mais complicada do que a SEC imaginara. Ele precisou de um ano para terminar o trabalho. Ruth foi uma das últimas pessoas que ele entrevistou. Ele a interrogou com atenção, ocasionalmente recomendando que ela se aconselhasse com um advogado antes de responder, mas ela não o fez. O que ela não negava, alegava não lembrar. "Eu não me lembro", declarava ela ao procurador. "Agora estou tendo dificuldade em separar lembranças recentes das mais antigas."

Ruth alegou que não sabia nada sobre ferramentagem, cálculos ou obsolescência. Ela só se dera conta da magnitude do esquema *bill and hold* depois de uma "explosão do computador". Quando ela chamou Yoshida até sua sala para perguntar por que o relatório matinal só tinha "números negativos", ele expressou que estava revertendo os contratos *bill and hold*. Ela ficou chocada ao saber que o total era de dezoito a vinte milhões de dólares, e ordenou a ele que corrigisse. "Eu era completamente obcecada em receber números precisos para poder revisar nossas cotas", proferiu Ruth a Hufstedler. Mas os números *bill and hold* foram postos de volta no computador, e então retirados novamente. Ela falara com Yoshida a respeito daquilo? Ruth achava que não. E também não falara com nenhum chefe de divisão. Se estavam acontecendo manobras com os números, era novidade para Ruth.

Hufstedler se concentrou na conexão entre o acordo com o circo e a pressão por lucros. "Seymour Rosenberg discutiu com você algum possível efeito de um declínio nas vendas na aquisição do circo?", perguntou ele diversas vezes, de várias maneiras. As respostas de Ruth nunca mudavam. Ela não conectou as vendas ao acordo com o circo de maneira alguma. Acreditava que os lucros na época estavam bons. Rosenberg era cheio de segredos. Ele era o arquiteto financeiro, não ela. Rosenberg estava sempre insistindo em metas mais altas; ela odiava aquela pressão. Rosenberg era o vilão, e Bernie Loomis, o chefe da divisão *Wheels*, era o coadjuvante.

Anos depois, Hufstedler se lembrou de Ruth com certa simpatia, como uma "mulher forte", mas ela não teve palavras gentis para ele. Ruth achou que ele duvidou de tudo que ela dissera. Sentiu-se insultada quando ele proferiu que ela estava mentindo. Ela tinha certeza de que ele era amigo do advogado dela, Francis M. Wheat, da firma de advocacia Gibson, Dunn & Crutcher. Wheat havia trabalhado para a SEC, e por isso o recomendaram aos Handler. Ele era um dos advogados mais respeitados de Los Angeles e exercia um grande poder dentro de sua firma, mas contaram a Ruth que ele já havia feito excursões de alpinismo com Hufstedler. Ela afirmou: "Acho que Wheat não acreditava que eu era inocente de muitas das coisas que me acusaram porque seu amiguinho Hufstedler já tinha decidido que eu era a culpada. Então tive um advogado que não acreditava na minha inocência". Conforme os problemas legais de Ruth aumentavam, ela via mais conspirações ao seu redor.

Um mês antes de Hufstedler anunciar as ações descobertas, Ruth e Elliot renunciaram ao conselho da Mattel, cortando a conexão que restava com a empresa. Eles anunciaram que dariam dois milhões e meio de suas ações para acordos com processos de acionistas. Era metade do que eles tinham da empresa, e no final, 34 milhões de dólares seriam pagos pela Mattel pelas ações civis. No entanto, Ruth ainda tinha esperanças de encontrar uma maneira de recuperar o controle, ou pelo menos tirá-lo do homem que ela sentia ter tramado contra ela: Art Spear.

Em 16 de dezembro de 1975, Ruth encontrou-se com Bob Ehrlich, aquele que assumira o lugar de Rosenberg. Ehrlich expôs que dissera ao advogado especial que Rosenberg e Loomis foram os planejadores da fraude, mas que ele também tinha certeza de que Spear sabia a respeito. Ele a contou que fora até Hufstedler após a finalização do relatório, afirmou que Spear estivera envolvido e que grande parte do relatório estava errado. Hufstedler supostamente disse que concordava, mas era tarde demais para mudar o texto.

Ruth concluiu que Hufstedler não havia se esforçado de fato para descobrir a verdade sobre Spear. Em suas anotações da reunião, ela escreveu: "Tudo que [Spear] tinha que ter feito era falar sobre o problema conosco, e assim poderia ter parado a coisa toda". Ehrlich ofereceu um acordo para Ruth, visando assumir a Mattel e comprar as ações dos Handler. Ele explicou o plano, garantindo a ela que escolheria membros do conselho leais aos Handler. Mas Ruth não estava pronta para vender, mesmo com ela e Elliot fora da empresa.

Finalmente, Ruth percebeu que a Mattel não estava mais sob seu controle. A dor da separação foi intensa. Ela chegara ao ponto mais baixo de sua vida. "Foi de partir o coração. Quando saímos, fiquei devastada. Eu não conseguia acreditar no que estava acontecendo. Eu realmente estava traumatizada e ficava repetindo: 'Isso não pode estar acontecendo'." Elliot também sofreu, apesar de ter mais facilidade em aceitar uma vida mais tranquila. "É uma coisa devastadora perder seu bebê; algo que você construiu ao longo dos anos, e perder ações. Mas o pior é termos perdido nosso bebê." Ruth estava prestes a dar os primeiros passos rumo a um tipo diferente de salvação, um que apenas ela poderia ter inventado. Mas a longa e dolorosa queda do poder não havia acabado. Ela estava perto de ser jogada em um abismo aterrorizante.

Quase eu

Eu simplesmente não podia frear depois de correr a vida inteira.

Ruth trabalhou na apresentação de seu novo produto até atingir uma performance estudada e previsível ao longo de 1977. Ela sabia quando surgiriam os olhares de desconforto, as risadinhas nervosas, as expressões chocadas e envergonhadas. Ela levara o show primeiro à Neiman Marcus, depois à Bonwit Teller e I. Magnin. Ruth insistiu que todos participassem: do presidente da empresa, gerentes, equipe de vendas, até estoquistas, eletricistas e funcionários dos armazéns. Afinal, eles também tinham mães, irmãs e esposas. Se ela não estivesse convencida de que uma loja venderia o produto exatamente como ela queria, ela não venderia.

O show começou com Ruth falando sobre sua mastectomia. Ela foi bem objetiva. Aquilo era importante. Ela estava falando sobre o marketing de inserções protéticas, desmistificando e tirando o horror de todo o processo, tudo ajudar mulheres como ela mesma a se sentirem dignas novamente. Ela narraria a ida até uma loja de departamentos em Beverly Hills logo após a cirurgia do câncer. Elliot pedira para ela ir, dizendo-lhe para enfrentar a mudança em seu corpo.

Ruth perguntara às vendedoras sobre uma prótese mamária. Elas se agruparam, sussurrando e fazendo caretas, e na cabeça de Ruth, sorteando quem teria que atendê-la. Finalmente, a "perdedora" mostrou o caminho até um provador e fechou a cortina. Quando voltou, balançou um sutiã cirúrgico com bolsos embutidos por cima do alto da cortina do provador, claramente relutante em ver Ruth despida. Então vieram as malfeitas e irregulares bolas que compunham os enchimentos. Ruth teve dificuldade em encaixá-las nos bolsos internos do sutiã. O tamanho do preenchimento não era proporcional ao da peça íntima. Ela experimentou o tamanho seis — grande demais. Um cinco pareceu menos horrível. Ela comprou um para usar em casa e um para a casa de praia, e saiu da loja sentindo-se infeliz. Depois daquilo, Ruth explicou à plateia, ela doou suas roupas justas de alta-costura e passou a usar qualquer coisa sem forma e de cor tediosa que cobrisse os contornos estranhos e desproporcionais dos seus seios.

Então ela jogou os ombros para trás um pouco mais, enfatizando o definido e equilibrado busto e sua blusa justa e colorida. "O chamo de *Nearly Me* [Quase Eu] porque não sou eu, mas é uma grande melhora em relação ao que existia no mercado", contava ela. Ela desafiava a equipe de vendas a adivinhar qual seio era falso. Às vezes, convidava um dos homens para se aproximar dela. Pegando as mãos dele, as colocava sobre seus seios, dizendo-lhe para ficar à vontade para apertar, e exigindo que adivinhasse qual era a prótese. A plateia abafava o riso. Era possível ver rostos corados de vergonha, mas Ruth deixou seu ponto de vista claro. Geralmente o palpite deles sobre qual seria o lado com a prótese estava errado. No *grand finale*, Ruth abria a blusa ou terno para que todo o seu grande sutiã fosse visto. Depois vestir a blusa novamente, ela enfiava a mão dentro do sutiã e tirava o seio Nearly Me para passá-lo pela sala.

Mais uma vez, Ruth revolucionou não só um produto, como também o marketing dele. As velhas próteses haviam sido desenhadas por homens, explicava ela em um tom zombeteiro. Eles não se davam conta de que seios têm lado direito e esquerdo, assim como pés. Tinham tanta vergonha dos produtos que chamavam os enchimentos de "almofadas" ou "formas". Ela insistia em chamar os seus de "seios". Cunhando um novo termo, ela chamava as mulheres que a abordavam de "mastectomizadas", porque "sentimos que passamos por uma amputação, como amputadas". Ela queria acabar com a vergonha de ter passado por uma cirurgia deformadora.

Ruth recordou as crises de choro inesperadas que teve depois da própria cirurgia. Certa noite, em uma festa, ela começou a conversar com um estranho sobre o câncer e a mastectomia. Ela lembrou: "As lágrimas pararam e a hostilidade começou a desaparecer". Ela queria dar a outras mulheres aquele tipo de alívio, criando um lugar no qual elas pudessem se abrir em relação a seus sentimentos, necessidades e lutas. Ela ajudou mulheres em suas dores da maneira que lhe era mais natural — criando um produto comercial para vender. Ela tirou o mercado de próteses de seios das sombras, junto com as mulheres que precisavam delas.

Depois da horrível primeira visita de Ruth à loja de departamentos, em 1970, ela tentou ir a outras. "Eu comprava tudo que conseguisse encontrar de próteses, e eram todas bolas", explicou. "Então seu ego afunda até o inferno, e entrar em uma loja e ser atendida por uma pessoa sem treinamento que não entende sua situação é uma tortura. Eu concluí que experimentar próteses era pior que a cirurgia." Então Ruth ouviu falar em Peyton Massey, um escultor de Santa Monica mundialmente famoso que se especializara em fazer próteses de nariz, mãos, pernas e seios por encomenda.

Massey enrolou gaze gessada molhada ao redor de Ruth para fazer um molde de seu peito, desenhando assim uma prótese personalizada que Ruth achou mais confortável e bonita do que os caroços em forma de ovo que ela andava usando. Ela comprou duas, por 350 dólares cada. O novo seio era esculpido e ficava apoiado na parede do tórax de Ruth, mas haviam problemas. O material do seio tinha um cheiro esquisito, e se Ruth precisasse tirar a blusa, suas beiradas apareciam por baixo do sutiã. Também havia um outro erro que a fez lembrar dos problemas com as primeiras Barbies, moldadas no Japão.

Em retrospecto, Ruth achava a história engraçada, e a contava com frequência. As primeiras próteses que Massey fez para ela tinham mamilos grandes e eretos. Ele havia aplicado a gaze para moldar o seio de Ruth em uma sala fria, o que fez com que seus mamilos endurecessem. Apesar de algumas mulheres terem mamilos duros a maior parte do tempo, os de Ruth normalmente não eram. Massey fabricou as próteses baseando-se em seus moldes, e Ruth teve que procurar roupas que disfarçassem os mamilos não naturais.

Pouco antes de sair da Mattel em 1975, Ruth entrou em um agressivo programa de perda de peso como tentativa de sair da depressão. Ela perdeu centímetros de medidas, e quando voltou a Massey para novas próteses explicou a ele exatamente como queria que elas fossem. O novo modelo era mais confortável e tinha uma aparência mais natural. Ruth entendeu então o que precisava ser feito para criar uma prótese que funcionasse para as mulheres, ao contrário dos seios artificiais encontrados no mercado na época.

Um dia, depois de já ter deixado a Mattel, Ruth dirigiu até Gardena para jogar, mas segundo ela mesma contou, "meu carro virou sozinho e voltou para a casa de Massey". Ela entrou, sem ter certeza do que queria falar até parar na frente de Massey, e então afirmou: "Peyton, vou entrar no negócio de seios". Ela disse a ele que queria fazer seios personalizados que pudessem ser vendidos em lojas. Queria que as lojas tivessem opções para os tamanhos das mulheres. Ela não tinha certeza de quantos tamanhos precisaria, mas queria que todos estivessem nas disponíveis nas lojas para serem experimentados. Ela queria oferecer seios direitos e esquerdos separadamente, similares aos que ele havia feito sob medida para ela, porém que pudessem ser fabricados. Massey achou a ideia impraticável, mas Ruth estava determinada. Ela o convenceu a ajudá-la, alegando que descobriria como fabricá-los se ele cuidasse dos moldes.

Ruth encontrara sua salvação. Enquanto as reuniões com advogados por causa da miríade de processos relacionados à Mattel continuavam e a ameaça de acusações de crimes federais pairava, ela seguiu a toda velocidade mais uma vez em um novo negócio. Ruth passara a vida comercializando e criando produtos. Ela costumava dar palestras sobre definir uma necessidade e direcionar os consumidores, sobre nunca entrar em um negócio como mais um, e sim resolver um problema de uma maneira diferente. Você precisava saber *por que* estava no negócio, discursava Ruth. "Todo produto precisa ter uma razão de ser." Ela anunciou que produzir aquelas próteses era o que desejava fazer pelo resto da vida.

Ruth tinha um marido amoroso e uma família unida, e afirmava querer "passar os anos de aposentadoria fazendo algo que precisava ser feito, e algo que precisava ser feito por uma mulher que passara por uma mastectomia".

Boas intenções eram parte da explicação, mas ela também precisava de uma válvula de escape para a energia empreendedora que sempre a motivara. E também precisava de algo mais. Tom Kalinske, que a considera uma mentora, lembrou: "Ninguém era melhor em identificar tendências, mas ela também precisava ter uma espécie de redenção, precisava provar que não era uma pessoa ruim".

Retratar Ruth como uma pessoa ruim, entretanto, ou pelo menos como uma infratora responsável pela companhia, era justamente o que o relatório do advogado especial Hufstedler fizera. O cansativo calhamaço de quinhentas páginas caiu como uma pedra no novo mundo de Ruth. Ela estava trabalhando em sua ideia de prótese com uma equipe de engenheiros, químicos, designers, experts em materiais e fabricantes de moldes, alguns deles aposentados da Mattel. Seus advogados lhe mostraram o relatório em novembro, logo depois de o texto ter sido apresentado. Suas implicações eram inconfundíveis e escrupulosamente documentadas.

Hufstedler descobrira que a Mattel havia enviado à SEC e divulgado publicamente informações financeiras falsas e maquiadas. A fraude surgira de um desejo de mostrar um padrão de "crescimento ordenado com vendas e lucros regularmente crescentes". A firma de contabilidade da Mattel, Arthur Andersen & Co., devia ter descoberto a fraude durante o curso normal de seu trabalho, mas se descobriu, não havia evidência de que tentara parar aquilo.

Hufstedler reconheceu a criatividade e inovação que deram sucesso à Mattel até 1970. "O sucesso, por sua vez, gerou uma crença entre a gestão", escreveu ele, "de que o crescimento da empresa prosseguiria indefinidamente". Mas a gestão da Mattel mostrou uma "incapacidade de ajustar suas crenças às mudanças de realidade", o que levou ao declínio nas vendas e lucro, que deram impulso à fraude.

Hufstedler reconstruiu um calendário quase diário de reuniões corporativas e ações ao longo de três anos. Ele explicou como a mudança para a legítima prática de contabilidade anual, iniciada após a Mattel abrir o capital, armou o palco para abusos posteriores. Ele expôs o plano para programas de incentivo a vendas que deram errado e a desastrosa jogada de diversificar, que começou após a Mattel passar da marca de cem milhões de dólares em vendas, em 1965. Naquele ano, Ruth havia determinado um novo objetivo corporativo: "Aumentar os lucros por ações de maneira que promovesse novo crescimento e aumentasse o investimento de acionistas". Ela visava aumentar o volume de vendas em dez por cento por ano, e os lucros em vinte e cinco. Segundo Hufstedler, para chegar lá Ruth trouxera Rosenberg, que embarcou no seu mandato para melhorar a imagem da Mattel junto à comunidade financeira e cumprir os objetivos que Ruth determinara, rapidamente conseguindo criar mais interesse nas ações da Mattel. Enquanto isso, o programa de aquisições prosseguiu.

Hufstedler destacou os problemas com diversificação: "Sendo uma fabricante de brinquedos, a Mattel tinha pouca expertise nos ramos representados pelas entidades adquiridas. Como resultado, essas companhias adquiridas precisaram ser comandadas em grande parte pela gestão anterior, com pouca ou nenhuma supervisão ativa por parte da Mattel". No caso do Ringling Bros., o contrato determinava que a Mattel não interferiria, e Feld continuou comandando o show.

Quando se tratava de organização, Hufstedler era direto. Organogramas eram uma ficção, e "a Mattel era operada mais ou menos da mesma maneira de quando era uma pequena empresa". Ele notou que até os funcionários da Mattel haviam admitido que as divisões foram um erro. Ele colocou a culpa da perda de 55 milhões de dólares do ano fiscal de 1972 em falsas esperanças. A empresa fracassara em "controlar o otimismo dos anos anteriores", e "certos responsáveis da companhia queriam manter a taxa de crescimento do passado". Ele estava se referindo a Ruth, Elliot, Rosenberg, o contador Yas Yoshida e os chefes de divisão. Em um pequeno ponto positivo para Ruth, ele não viu evidências de informações privilegiadas significativas, exceto por Rosenberg.

O relatório, acompanhado por uma auditoria da Price Waterhouse, detalhava o método usado para a fraude: "vendas" *bill and hold* de cerca de catorze milhões de dólares que jamais haviam sido despachadas ou pagas, subestimando o excesso de estoque em cerca de sete milhões, adiando diversos milhões em custos de ferramentas e fazendo vista grossa para um erro de faturamento que acrescentara quase cinco milhões de dólares ao relatório do primeiro trimestre de 1972.

Ruth tentou se concentrar no novo negócio. Quando lhe perguntaram a respeito do relatório do advogado especial, ela deu uma resposta pronta: "Eu me preocupo, mas não há nada que eu possa fazer. O que tiver de ser, será". Mas Ruth tinha uma boa ideia do que poderia acontecer. O relatório de Hufstedler estava sendo usado para preparar um caso de crime federal contra ela e outros ex-funcionários da Mattel.

Entre intermináveis encontros com advogados, nos quais fazia muitas anotações, ela prosseguiu com a produção do Nearly Me. Além disso, batizou a nova empresa como Ruthton, uma combinação estranha de "Ruth" com "Peyton". Embora não achasse um nome muito bom para uma empresa, aquilo a aliviou de um de seus ressentimentos mais antigos. Ruth explicou que foi ela quem "realmente começou a Mattel" com Matt Matson, mas quando o nome escolhido foi o que combinava os primeiros nomes de Elliot e Matt, ela fora deixada de fora. O mesmo havia acontecido com a Elzac, que combinava os nomes de Elliot e Zachary Zemby. "Eu era extremamente ativa no negócio", narrou Ruth, "mas de alguma forma, saiu Elzac". Ela admitiu: "Ruthton é realmente um nome de merda, mas não consegui pensar em um nome que funcionasse. Na verdade, com aquele nome eu estava declarando que aquilo era uma coisa que eu faria do meu jeito".

A Ruthton começou em um depósito atrás do escritório e laboratório de Massey. O espaço era "sujo e cheio de tralhas", de acordo com Ruth, mas Elliot e alguns amigos o limparam e pintaram. Ela comprou uma velha mesa de lata e ferramentas da Sears. Estacionava o Rolls-Royce no beco onde ficava a única entrada para a sala, e ia trabalhar, muitas vezes rindo da discrepância.

Ruth disse à equipe que queria "o primeiro design inovador do mundo", uma prótese que se parecesse com um seio humano de verdade, e não apenas uma bola para enfiar em uma taça de sutiã. Ela sempre conseguia identificar uma mulher com uma prótese, pois o peso deixava um ombro mais baixo que o outro. O seio que ela estava projetando teria a própria parede torácica, e assim resultaria em um caimento mais natural. O núcleo de espuma esculpida era cercado por compartimentos selados de silicone fluido, não em gel, porque tinha uma "sensação mais viva". A espuma era parecida com a usada nas bonecas Tender Love da Mattel. O seio era envolto por uma pele externa de poliuretano. Era relativamente leve e inodoro. Ruth fez quarenta esquerdos e quarenta direitos, mais estreitos na parte de cima e laterais e com tamanhos como os de sutiãs, que iam do 32 ao 42, e bojos de A a DD. Eles custavam de razoáveis 98 a 130 dólares, dependendo do tamanho, e podiam ser usados colados ao corpo, com uma cobertura que vinha incluída, ou em um sutiã com bolso. Odiando os caros e feios sutiãs cirúrgicos que eram empurrados para as mastectomizadas, Ruth testou dúzias dos produtos já existentes no mercado e em seguida recomendou quais marcas de varejo vestiam melhor o Nearly Me.

Uma vez construídos os seios, Ruth precisava de um exército de mulheres para testá-los. Ela foi ao consultório de um grande especialista em seios de Beverly Hills para um exame, esperando obter nomes de outras mulheres que experimentariam os seios Nearly Me. Depois do exame, ela mostrou sua prótese ao médico. Ele se recusou a lhe dar nomes de pacientes, sem dúvida por motivos éticos, e a enfermeira a indicou o nome de outro médico.

Ruth levou uma amostra de seio até o consultório do médico recomendado. Ele e a enfermeira foram solidários e demonstraram entusiasmo com o produto. Ruth explicou que ela não queria vender a prótese àquelas mulheres, mas que precisava que elas as experimentassem. Ele concordou em dar à Ruth nomes de suas pacientes de mastectomia. Ruth, ressentida por seu médico ter se recusado a ajudá-la, passou a ser paciente do novo especialista.

Em abril de 1976, ela começou a vender os seios em uma loja anexada a uma fábrica de 464 metros quadrados em West Los Angeles. Ela não tinha certeza de qual seria a melhor estratégia para o marketing da prótese. Pensou em abrir suas próprias lojas, querendo ter a certeza de que o processo de experimentação seria feito do jeito certo. Ruth trabalhou em panfletos, anunciando o Nearly Me com o slogan "Os melhores seios criados pelo homem são feitos por uma mulher". No passado, ela usara seu gênero com sutileza. Com a Ruthton e a tragédia que incitou sua criação,

Ruth viu seu gênero como uma ferramenta de marketing, mas descobriu algo ainda maior.

No verão anterior, ela discursara no evento inaugural do novo grupo Mulheres da Mattel. Apesar de problemas crescentes e dos rumores que corriam pela companhia, as mulheres a acolheram. Em um bilhete que Ruth guardou, uma das participantes do evento escreveu: "Você nos inspirou. Nos ajudou a reconhecer nossas fraquezas sem culpa autoimposta, mas acima de tudo a maximizar nossos pontos fortes. Você é um exemplo de como encontrar a própria e singular dimensão". Em uma colagem de fotos do evento, que mostrava Ruth risonha e relaxada, ela escreveu: "As mulheres estavam finalmente começando a se organizar na Mattel". Em um de seus arquivos da época, intitulado como "Notas sobre Mulheres", ela guardava uma carta de Gloria Steinem promovendo a *Ms.* e uma dissertação feminista de Cynthia Fuchs Epstein. Ambos os textos eram discussões francas sobre sexismo, discriminação no ambiente de trabalho e a necessidade de ativismo feminino. Ruth, que jamais procurara nem mantivera amizades próximas com mulheres, estava começando a entender o poder da irmandade.

Naquele verão, ela se juntara a um grupo de Los Angeles chamado Mulheres nos Negócios. O grupo se reunia uma vez por mês e ocasionalmente saía junto. Ruth se inscreveu para uma viagem a Tecate, México, naquele outono, para ficar no Rancho La Puerta, um resort e spa rústico de 1.215 hectares com uma deslumbrante vista das montanhas e ênfase em bem-estar e alimentação saudável. Cerca de vinte mulheres foram de carro, dormindo duas ou três em cada uma das simples *casitas* que cercavam a propriedade.

Algumas mulheres da Mattel estavam no grupo. Rita Rao lembrou-se de que elas foram para a grande jacuzzi após o jantar. "Nós tomamos muitos drinks e Ruth ficou bêbada." As mulheres tiraram as roupas e afundaram na água, mas Ruth se conteve. As outras eram jovens. Nenhuma havia sido desfigurada como ela. "Ela jamais mostrara a cicatriz a ninguém além de Elliot", explicou Rao. Mas naquela noite, com as outras mulheres pedindo para Ruth se juntar a elas, Ruth finalmente tirou a calça jeans e o suéter e entrou. Ninguém pareceu notar. "Estávamos gritando e sendo tão desordeiras, que depois de um tempo o gerente veio e nos expulsou, então fomos para o quarto de alguém e Ruth ficou nos contando histórias", relatou. Pat Schauer, mais uma funcionária da Mattel, lembrou-se: "Ruth sabia muito bem como cativar uma plateia. Ela era sempre o centro das atenções. Rapidamente virou a dona daquela banheira de hidromassagem".

Alguma coisa aconteceu com Ruth naquela noite de camaradagem junto a mulheres tão divertidas, brilhantes e ambiciosas. Anos depois, Ruth diria, lembrando-se da noite na jacuzzi: "Descobri que gosto mais das mulheres do que dos homens. Meu mundo mudou. Acho que posso ter me sentido vitimizada pelos homens". Sua transformação pode ter começado em Tecate, mas não parou ali. A menina que não gostava de outras meninas, a mulher que gostava de ter poder entre os homens e a atenção deles, estava descobrindo o que havia perdido. As mulheres podiam restaurar sua confiança e esperança e fazer dela uma heroína. "Eu estava tentando reconstruir minha autoestima. Parecia encontrar amizade verdadeira em desconhecidos e, estranhamente, em mulheres. Eu jamais fizera amizade com elas, mas de repente descobri que as mulheres estavam se tornando minhas amigas. Eu nunca fui atrás delas. Encontrei toda uma nova geração de mulheres me procurando. Mulheres jovens, com carreiras, profissionais, me procuravam como um exemplo, como alguém que poderia ajudá-las a entender o que elas eram capazes de alcançar."

Ruth gostou do novo papel. Ela sentiu que essas mulheres estavam sendo honestas com ela, e que ela era honesta de volta. Apesar de ser mais velha e de ter feito mais no mundo dos negócios, sua solidão a fez ignorar as diferenças. Ruth deixou que elas a puxassem para o círculo delas, e elas ajudaram a dar fim em seu isolamento.

Quando Ruth voltou de Tecate e foi até a fábrica em Los Angeles, ela procurou Alex Laird. Ela estava subindo na gestão da Mattel quando Ruth a levou para ser especialista em marketing na Ruthton. Ruth estava montando uma empresa comandada por mulheres, e como todas as mulheres contratadas nessa nova empresa, Alex fizera uma mastectomia. Naquela manhã, Ruth pediu desculpas a Alex por não ter dado mais atenção a ela quando ela estava tentando subir de posição na Mattel. A viagem a fizera perceber que ela não podia mais conter a Ruthton. Estava pronta para comercializar o Nearly Me, não em suas próprias lojas, mas em lojas de departamento de luxo. Ela queria começar com a Neiman Marcus de Dallas.

Mas mesmo enquanto construía o próprio negócio, os problemas legais de Ruth demandavam sua atenção. Ela foi acusada de atividades criminosas e sentia como se estivesse sendo constantemente chamada até o escritório de seu advogado. Suas obrigações legais conflitaram ainda mais com o negócio em janeiro de 1977, quando ela começou a viajar pelos Estados Unidos para promover a prótese Nearly Me. Sua primeira divulgação, como ela esperava, foi na Neiman Marcus de Dallas. A segunda foi na Woolf Brothers, em Kansas City, e então ela viajou para lojas da Neiman Marcus em outras cidades. Uma equipe de mulheres viajava com ela, ajudando a treinar vendedoras no atendimento às clientes na hora de experimentarem a peça. Ruth achava que o marketing estava dando mais certo do que ela esperava. Ela estava cheia de planos para fazer o negócio crescer e criar novas linhas de produtos, mas quando voltava para casa, tinha mais um encontro com advogados. "Os encontros me deixavam no chão. Era simplesmente uma experiência horrível. Eu mal podia esperar para sair da cidade, voltar aos provadores e ajudar mulheres com seus seios", admitiu Ruth.

Quase dois milhões de mulheres tinham perdido um ou ambos os seios em 1977. Ruth pesquisara. Ela sabia que 83 mil mulheres tiveram câncer de mama em 1975 e que a incidência provavelmente aumentaria em quarenta mil nos dez anos seguintes. "O mercado não está expandindo, e sim explodindo. O câncer de mama afeta uma em cada catorze mulheres nos Estados Unidos", expôs Ruth em uma entrevista. "Não há como cobrirmos todo o país, mas estamos expandindo o mais rápido possível."

Ruth sabia que a cirurgia era capaz de destruir a autoimagem dessas mulheres. Ela também sabia que "um serviço personalizado e compreensão são a chave para o coração e a carteira de um cliente". Ela montou um time de mulheres como ela mesma: positivas, práticas e que também haviam passado pela cirurgia. Muitas delas foram suas primeiras clientes. "Sou possessiva e dei sangue e suor demais para confiar qualquer coisa relativa ao Nearly

Me para quem não se importa", contou a um repórter. Ela encorajava os maridos a acompanharem as esposas no provador. "Eles passam por um inferno particular quando as esposas fazem mastectomia. São criados em uma sociedade que dá importância aos seios e precisam que esse assunto seja discutido tanto quanto as mulheres!" Ruth falava por experiência própria, sabendo o preço que a doença dela tivera sobre Elliot.

Eles ainda se amavam, mas ela sentiu-se mais distante dele ao criar um negócio sozinha. Elliot era membro do conselho da Ruthton e administrava todos os assuntos pessoais do casal, mas era muito mais solitário fundar um negócio sem ele. "Não posso compartilhar experiências íntimas com Elliot, não de uma maneira profunda", expressou Ruth, melancolicamente. Elliot parecia entender. "Ela amava ajudar uma mulher a colocar um seio e vê-la sorrir, e aquilo a deixava feliz e a abria para a vida... a trazia de volta à vida. Eu simplesmente não queria mais voltar aos negócios. A Ruthton não fez muito dinheiro, mas ela amava viajar e amava o empreendimento", recordou ele.

Ruth passava quatro de cada seis semanas viajando. "Meu calendário parece uma pista de corridas. Nunca trabalhei tanto na vida nem nunca gostei tanto de fazê-lo." Ela foi à Bonwit Teller, Bloomingdale's e Marshall Field. Vendia também em lojas de artigos de saúde, para atender mulheres que achavam as lojas chiques intimidadoras demais. Algumas das lojas relutaram no começo, mas logo a Bonwith estava criando um espaço especial dentro de sua loja apenas para o Nearly Me. A gerência anunciou que estavam rejeitando a ideia de que mulheres que haviam passado por mastectomias eram más pessoas. "Ela perdeu parte do corpo", explicou seu porta-voz, "não cometeu um crime". A Bloomingdale's abriu uma butique Nearly Me.

Ruth achou que estar nos provadores com estranhas que ela nunca mais veria na vida e cujos nomes não lembraria lhe dava grande satisfação emocional. "Recebo uma mulher que entra na loja, vou atendê-la e muito provavelmente ela vai ser bem hostil, ou estar confusa, tensa ou insegura a respeito de si mesma. Eu pego essa mulher, acompanho-a até o provador, tenho uma experiência feliz e no final ela está rindo e brincando, estufando o peito e mostrando o que está usando. Metade do lugar está aproveitando aquilo com ela, e ela sai e me dá um olhar significativo, um abraço e um beijo. Eu nunca mais a vejo, mas aquele é meu barato." Apesar de as viagens levarem Ruth para longe do marido, ela estava gostando demais de por a mão na massa para cogitar parar.

Ruth estava planejando uma fábrica de 2.300 metros quadrados na segunda metade de 1977. O treinamento de atendimento e prova de roupa com os funcionários das lojas de departamento e relações públicas presentes haviam sido absolutamente bem-sucedidos. Em suas aparições nos programas de TV, ela se mostrava engraçada, solta e alegre. Ruth ainda andava como um dínamo, o cabelo branco em um corte bem curto, olhos castanhos cheios de brilho e pele que enganava a idade e qualquer dano causado pelo câncer. Ainda arranjava tempo para manter as unhas e a maquiagem perfeitas. Ela soltava suas famosas frases de efeito, abrindo um largo sorriso vermelho-rubi, arqueando a sobrancelha esquerda. "Estou cercada por peitos. Apenas me chame de escotilha do peito ou incubadora de prótese", definiu Ruth a um entrevistador. Com frequência lhe perguntavam sobre a boneca Barbie, e ela dava uma resposta padrão: "Completei um ciclo, desde criar a primeira boneca com seios, a atender as necessidades de mulheres de verdade por seios". Entrevistada por Jane Pauley no programa *Today*, Ruth afirmou que queria fazer aquilo dar certo para que "mulheres pudessem empinar os peitos". Em outro programa de televisão, ela descobriu que não estava com nenhuma prótese como amostra, então tirou uma de seu próprio sutiã e a entregou a um anfitrião em choque. O truque deu tão certo que ela começou a usar aquilo para "animar as coisas", como ela mesmo expressou. "Estávamos ganhando muita publicidade e eu estava voltando a me animar com a vida. Foi uma experiência maravilhosa ficar ali, frente a frente com mulheres, e lhes fornecer próteses que eu havia desenhado e produzido. Eu estava realmente emocionada. Aquilo foi minha salvação." Em abril, a revista *People* publicou uma matéria sobre o Nearly Me com uma foto de Ruth, a blusa aberta e um grande sorriso no rosto. Ela em si era sua melhor publicidade.

Para as mulheres que ela ajudava na prova das próteses, Ruth era a salvação. Ela recebia cartas dilacerantes e sinceras. Uma mulher de Detroid escreveu: "Precisei atravessar a estrada da aceitação sozinha... Tendo crescido em um orfanato e lares adotivos, precisei enfrentar esse pesadelo sozinha. A dor, o medo, a feiúra da cicatriz... Como era secretária, não pude voltar ao trabalho... Agradeço a Deus pela força interior e orientação, e agradeço a você por me permitir parecer 'Quase Eu'". De Honolulu, mais uma mulher pôs no papel sua gratidão: "Depois de minha radical cirurgia vinte anos atrás, eu *nunca* mais deixei de sentir dor. Mesmo à noite, meu lado direito e antebraço doíam. Vesti o sutiã com a prótese e saí da loja. Quando fui para a cama, fiquei em paz e sem dor pela primeira vez em vinte anos". Uma mulher da Tchecoslováquia escreveu cuidadosamente uma carta. "Eu o uso e o chamo de meu consolador, porque durante o período mais crítico, ele me ajudou a superar meus complexos e a recuperar minha autoconfiança. Trato-o com muito cuidado porque não posso comprar um novo Nearly Me."

Houve uma carta que Ruth fez questão de guardar em seus arquivos. Ela fora de carro até Rancho Mirage, na Califórnia, para vestir a ex-primeira-dama Betty Ford. Betty escreveu para agradecer a Ruth tanto por ir fazer a prova de sutiã nela, quanto por enviar um enchimento alternativo para ela experimentar.

Betty Rollin, correspondente da NBC, ajudou a expor a coragem de mulheres como Ruth, Ford, e Marvella Bayh, esposa do senador Birch Bayh, que haviam exposto publicamente a cirurgia. Em 1976, Rollin escreveu o livro *First, You Cry*, sobre sua experiência pessoal com câncer de mama e a mastectomia. "Parte de ter exposto aquilo", disse Rollin, "é que as mulheres estão querendo fazer os melhores ajustes possíveis. É o começo da recuperação, quando você quer fazer algo a respeito, quando quer estar o melhor possível. Isso acontece com tantas de nós que precisamos lidar com isso".

Ruth tinha sua própria visão quanto a como reconstruir a própria vida. "Quando e se a vida não for bela em algum aspecto, você precisa fazer um balanço de si mesma e descobrir o que está fazendo para destruir sua beleza. Você não pode realmente aceitar a vida até aceitar a si mesma." Ela encontrara a forma de aceitar a si mesma como uma sobrevivente do câncer, mas outro papel a aguardava, um que mais uma vez a faria se sentir horrorizada e humilhada.

* * *

Em 10 de janeiro de 1978, Ruth se encontrou com seu novo advogado criminalista, Stan Mortenson, para se preparar para o calvário do dia seguinte. Ela ia aparecer diante do grande júri federal, e ele lhe advertiu que provavelmente uma acusação viria a seguir. Ele tinha razão. Logo após o encontro com Betty Ford, em 17 de fevereiro de 1978, Ruth Handler foi indiciada por dez acusações de fraude postal, declarações falsas à SEC e declarações falsas tanto em sua declaração de registro quanto a bancos segurados pelo Governo Federal. Ela estava frente a uma multa de 57 mil dólares, o máximo permitido por lei, e a 41 anos em uma prisão federal.

O preço da fraude

Aprendi há muito tempo que, quando alguma coisa começa a dar errado, dê o fora. Não espere, porque na maioria dos casos, se não está dando certo no início, não vai dar certo depois.

No final da tarde de uma terça-feira, 5 de setembro de 1978, o tribunal do juiz Robert Takasugi, no Tribunal de Distrito Federal, em Los Angeles, estava cheio de repórteres. Os boatos afirmavam que Ruth Handler faria um acordo para a série de acusações de delitos contra ela. Ruth era notícia importante em Los Angeles, onde a Mattel havia sido uma grande empregadora e generosa doadora para obras de caridade por mais de duas décadas. Sua queda do poder como uma das poucas mulheres no topo do mercado corporativo dos Estados Unidos também atraía interesse nacional.

Ela tinha a distinção dúbia de ser parte do mais importante escândalo corporativo dos anos 1970. O negociador de *junkbonds*, títulos de alto risco e grande rentabilidade, Michael Milken ainda ia ser investigado pela SEC. Os escândalos da Enron, Tyco e WorldCom só aconteceriam dali a uma década. Martha Stewart estava só começando a construir seu império, anos antes das acusações de delitos que a enviariam a uma prisão federal por cinco meses. A avó de cabelos brancos que dera às meninas do mundo todo a amada Barbie era um ímã irresistível para os repórteres enfileirados no tribunal.

O Procurador-Geral Adjunto John Vandevelde, sentado à mesa da acusação, parecia irritado. Foram feitas reuniões no escritório da procuradora Andrea Sheridan Ordin, onde os advogados de Ruth, Herbert "Jack" Miller e Stan Mortenson, argumentaram por um acordo judicial. Miller, uma lenda do Direito, ficava sentado quieto escutando, mas se transformava em uma presença imponente assim que se levantava. Ordin estava havia menos de um ano em seu emprego como diretora do escritório, e Vandevelde era um jovem assistente, mas eles não cediam da posição do governo. Queriam pelo menos uma confissão de culpa entre as dez acusações. Achavam que o público merecia pelo menos isso. A decisão final, entretanto, estava com o juiz, e depois de encontros em sua câmara, Vandevelde percebeu que Takasugi seria mais complacente.

Ruth tivera sorte por Takasugi ter sido nomeado para seu caso. Haviam dezoito juízes federais atuando em Los Angeles. Segundo um experiente promotor, apenas dois ou três deles poderiam concordar com a declaração de não contestação dela.

Ruth chegou com uma comitiva de familiares, incluindo Elliot, os filhos e os netos. Ela precisava do apoio deles. Estava tentando desesperadamente encerrar o problema com a lei para poder voltar ao trabalho que amava na Ruthton.

O dia de seu indiciamento em janeiro havia sido horrível o bastante, mas o que se seguiu a apavorou. Ruth havia suportado a audiência na corte e seguido instruções para ir até o subsolo do foro para ser registrada. Ela ficou com Elliot e os dois advogados em uma antessala vazia, mas podia ver duas celas, uma para homens e outra para mulheres, atrás de uma porta fechada. Em alguns minutos, um policial levou Ruth sozinha pela porta. Ela achou que ia assinar papéis, mas, em vez disso, tiraram suas digitais e colocaram uma placa pendurada no seu pescoço antes de tirarem fotos do rosto dela.

"Um horror congelante desceu por minha espinha. Isso é o que fazem quando você vai ser preso", pensou ela. Uma policial mandou Ruth acompanhá-la, ordenando que ela tirasse todas as joias, acrescentando: "Seriam capazes de matar por elas". Empurrando Ruth para uma sala sem janelas, ela pediu que Ruth tirasse o relógio, a aliança de casamento, os brincos, a corrente de ouro e o cinto, e em seguida a levou até a cela feminina. Quando o guarda enfiou a chave na fechadura, Ruth correu até Elliot, gritando o nome do marido. Os advogados dela interviram, explicando ao funcionário da prisão que havia acontecido algum erro ali e que não era para Ruth ser detida. Só então Ruth, ainda tremendo de medo, preencheu a papelada que a registrou no sistema federal de justiça criminal.

As acusações movidas em janeiro pelo governo apoiavam-se no relatório de Seth Hufstedler, mas focavam em exemplos de fraude e relatórios falsos que haviam ludibriado Wall Street e influenciado empréstimos de bancos. Ruth, Rosenberg, Yoshida e mais dois foram acusados. Quarenta e cinco "atos explícitos" de fraude ao longo de um período de cinco anos foram listados, incluindo pedidos *bill and hold*, anualização de relatórios financeiros para deferir despesas falsas, manipulação de estoques excedentes, custos maquiados e despesas com royalties. Jack Ryan, que tinha muitas patentes da Mattel e sustentava um estilo de vida grandioso com seus royalties, supostamente havia sido traído. Assim como nas outras acusações, Ruth alegou não saber de coisa alguma sobre os royalties de Ryan. Talvez, especulou ela, ele pedira a redução por causa do processo do divórcio dele.

As acusações deram à empresa de auditoria de Arthur Andersen um indulto, pois descobriu-se que ela também havia recebido informações falsas da Mattel. Diferentemente da conclusão de Hufstedler, a acusação dizia que Ruth negociara ações da Mattel baseada em informações privilegiadas para enriquecer a si mesma. Em 1972, ela vendeu 8.300 ações por 191 mil dólares. Ruth ficou furiosa com a acusação, mas outra alegação a devastou. Ela e o marido sempre se orgulharam de cuidar da "família Mattel". Em novembro de 1970, dizia a acusação, Ruth e Rosenberg conversaram sobre eliminar aproximadamente 2,6 milhões de dólares da contribuição da Mattel ao plano de participação nos lucros para funcionários, a fim de melhorar os ganhos.

Imediatamente, Ruth enviou um comunicado à imprensa declarando inocência e articulando uma de suas defesas. Ela alegou que o governo havia adiado demais, esperando oito anos para fazer as acusações. Ruth afirmou que havia "deixado para lá" e permitido que falsas acusações fossem feitas contra ela porque queria fazer o que era melhor para a Mattel. Esse também foi o motivo de sua renúncia da empresa, esperando poder acelerar sua recuperação financeira. Mas ela estava mudando de tática. "Não posso mais ignorar essas acusações", disse Ruth. "Agora é a minha vez de desmentir aqueles que preferem me culpar pelos problemas da Mattel. Não sou culpada de nenhuma conduta criminosa e pretendo usar cada gota de força que tenho para provar minha inocência para o tribunal e para o público."

Para Ruth, o único ponto positivo era Elliot não ter sofrido nenhuma acusação. Ele foi beneficiado por um teste de detector de mentiras oferecido a ele por seus advogados, que afirmou inocência. Fazer um polígrafo confidencial com um interrogador certificado era uma tática comum para advogados de defesa tentando evitar uma acusação. Mas nenhum foi arranjado para Ruth. Considerando o tempo que Elliot passava na P&D e os resultados do detector de mentiras, o governo não quis indiciá-lo. "Fiquei muito feliz por [Elliot] ter ficado de fora. Não houve uma gota de ressentimento, inveja ou nenhuma outra coisa que você possa achar", afirmou Ruth. "Senti-me muito sozinha, mas isso não teve coisa alguma a ver com qualquer mágoa em relação a Elliot. Não sei se eu me sentia mais solitária sozinha ou com ele. Você pode estar solitária ao lado de alguém. Mesmo quando nós dois estávamos juntos nisso, no começo, eu ainda me sentia muito sozinha."

Durante um ano, Sam Mortenson expressou a Ruth que ele tinha certeza de que o governo ia prosseguir. A demora iria beneficiá-la, assegurava ele. Ele aconselhou Ruth a tentar resistir à publicidade e focar em seu negócio. Haviam maneiras de adiar o caso, talvez até inviabilizá-lo. Haviam argumentos de estatutos de limitações. O caso do governo era delicado. Se eles dessem imunidade, suas testemunhas poderiam ser contestadas. O julgamento estava marcado para 13 de junho, mas moções estariam voando e haveriam meses de disputas. Mortenson também achava que o governo ofereceria um acordo a Yoshida. Ele tinha razão.

Em 28 de fevereiro de 1978, o antigo vice-presidente financeiro da Mattel, Yas Yoshida, declarou-se culpado para uma acusação de enviar relatórios anuais falsos à SEC, incluindo um que exagerava as vendas da empresa em dez milhões de dólares. Ele fizera um acordo que o deixou frente a frente com possíveis dois anos na prisão e dez mil dólares em multas, mas com garantias dos promotores de que sua cooperação seria ressaltada para o juiz na hora da sentença. Para assegurar que ele cumpriria o acordo, sua sentença estava marcada para acontecer após o julgamento de Ruth. O depoimento de Yoshida contra Ruth faria o caso do governo. Isso foi especificado na transcrição do comparecimento dele diante do grande júri no verão anterior.

Yoshida implicou todos os outros acusados sem equívoco. *Ruth realmente examinava minuciosamente todos os relatórios de vendas?* Sim. *Ela geralmente conduzia os negócios cotidianos da companhia?* Sim. *Rosenberg havia estabelecido metas que precisavam ser alcançadas independentemente das vendas. Yoshida havia comunicado a Ruth o que ele havia feito para alcançar tais metas?* Sim, ele contou a ela que havia diferido dois milhões de dólares que no passado ele teria reconhecido. *Ele discutiu eliminar a contribuição para o plano de pensão com Ruth?* Sim. *Ele havia resumido para Ruth os itens que foram falsificados nos relatórios e registros? Ela pediu para que os documentos falsos do* bill and hold *fossem expurgados?* Sim e sim.

Yoshida depôs durante horas, detalhando cada ano e cada evento que envolveu o esquema fraudulento para estimular as vendas e lucros da Mattel. Seu depoimento foi preciso e condenatório. Ele trabalhara para a empresa desde 1950. Seria uma testemunha difícil, senão impossível, de afastar.

Enquanto os advogados de Ruth faziam manobras para adiar o julgamento, ou até mesmo evitá-lo, ela tentava seguir em frente com sua vida e novo negócio. Foi um verão tenso e amargo. Um dia, ela encontrava os advogados no apartamento em Century City. No seguinte, voava para fazer provas de sutiã em mais mulheres gratas em algum evento da Ruthton. Seu trabalho, no entanto, não conseguia superar o desespero que sentia. Cada artigo que Ruth lia no *Los Angeles Times*, *Wall Street Journal* ou *New York Times* parecia proclamar que ela era culpada. Ela tinha vergonha de encontrar os vizinhos no elevador do prédio. Evitava o Hillcrest Country Club, onde Elliot e ela antes iam com frequência. Ela vendeu o Rolls-Royce, não querendo chamar atenção de forma alguma. Elliot também estava "em choque", conforme escreveu Ruth em sua autobiografia. "Ele tentou de todas as maneiras me ajudar, e foi preocupado e acolhedor durante meus terríveis momentos de desespero. Mas o fato é que me sinto muito só — enfrentando o espectro de uma sentença de prisão..."

Os advogados de Ruth questionaram o uso do relatório de Hufstedler para as acusações do governo, alegando que ele havia sido recolhido em uma violação dos direitos constitucionais da acusada. Eles argumentavam que o governo havia adiado de maneira imprópria as acusações e que um estatuto de limitações de cinco anos impedia a promotoria de quaisquer atos antes de 1973. Ao todo, eles moveram oito embargos tentando dispensar as acusações. Em 4 de agosto, o juiz Takasugi rejeitou todos eles. "Moções se empilhavam e marchamos até lá para o juiz negar todas elas. Ficamos eufóricos", recordou Vandevelde.

Três semanas depois, Seymour Rosenberg declarou não contestação para as acusações contra ele. Como Ruth, ele enfrentava a ameaça de mais de quarenta anos na prisão. Em uma reunião com o juiz, os advogados do Departamento de Justiça protestaram o pedido de Rosenberg por um acordo judicial e a garantia de liberdade condicional em vez de tempo preso. Rosenberg implorou ao juiz para que considerasse a saúde debilitada da esposa. Takasugi, o primeiro japonês-americano nomeado juiz federal, estava servindo havia menos de dois anos. Aos doze, morando em Tacoma, Washington, ele fora aprisionado com a família durante a Segunda Guerra Mundial. Ele era conhecido por ser justo e por proteger os direitos das minorias. A então procuradora Andrea Ordin se lembra que ele era conhecido como um juiz mais compassivo e solidário do que outros de sua época na Corte Superior. A sentença de Rosenberg estava marcada para dezembro, mas o juiz deixou claro que ele não precisaria se preocupar em ficar longe de sua esposa enferma.

O julgamento de Ruth estava marcado para começar em 3 de outubro. Seus advogados, avisando que aquilo podia durar três meses, aceleraram suas exigências por reuniões. Ela se sentava com eles completamente arrasada. Escrevia anotações longas, desesperada para provar sua inocência e obcecada em restaurar a reputação, mas queria que aquela provação chegasse ao fim.

Um dia Ruth achou a pressão insuportável. Os advogados estavam insistindo para ela aparecer na corte em uma data na qual ela agendara uma divulgação da Ruthton fora da cidade. Suas divulgações eram marcadas com dois ou três meses de antecedência, e ela não queria cancelar. O advogado explicou que ela estava sob ordens do Tribunal e que precisava ir. Frustrada, ela comunicou a ele que não faria aquilo e perguntou se havia algo que pudesse ser feito para acabar com a pressão contínua que os problemas legais estavam criando. Ele respondeu que podia não contestar, explicando que aquilo era o equivalente a admitir a culpa, mas que ela provavelmente não seria presa. Mas ela não era culpada, protestou Ruth. Ela expressou a ele que queria declarar não contestação e também dizer que era inocente.

A ideia dela ia contra a prática aceita, mas seus advogados prometeram pesquisar para ver se podiam fazer o que ela queria. O procurador John Vandevelde já havia dado uma declaração à imprensa depois do acordo judicial de Rosenberg informando que o Departamento de Justiça "não achava ser do melhor interesse público aceitar" declarações de não contestação. Sem dúvidas, a Justiça seria igualmente feroz em lutar contra a tentativa de Ruth fazer o mesmo que Rosenberg, especialmente se ela queria impedir o entendimento comum da declaração como uma admissão de culpa. O juiz Takasugi deixou claro a Rosenberg que a declaração era equivalente à admissão de culpa, apesar de não poder ser usada contra ele em outros procedimentos.

Dentro de alguns dias, sustentando sua teoria em uma manobra legal obscura chamada um *Alford Plea*, ou Acordo de Culpa, depois de uma decisão da Suprema Corte em 1970, o advogado de Ruth aconselhou que ela podia declarar que não contestava e ainda assim alegar inocência. Sentada à mesa da defesa, sentindo como se o mundo todo estivesse assistindo, ela segurou firme a declaração que preparara e o forte desejo de alegar inocência.

O juiz Takasugi, um jurista baixo, robusto e sério, anunciou que um "acordo" havia sido alcançado. Ele resolveu deixar Ruth declarar não contestação. Em troca, ela não seria presa. O juiz deixou claro, entretanto, que ela devia entender que sua ação era o equivalente a uma declaração de culpa. Ele perguntou se Ruth entendia que estava fazendo uma confissão de culpa. "Acredito que sou inocente de qualquer atividade criminosa", respondeu Ruth, "mas resolvi, com a aprovação de meu advogado, alegar *nolo*". O juiz pareceu satisfeito, mas os promotores, não. Takasugi ordenou que fosse aplicada uma sentença de condenação em todas as dez acusações e marcou uma data para a sentença em dezembro. Então Vandevelde se levantou para protestar. Ele disse que o governo não ia participar daquele acordo. Como no caso de Rosenberg, os advogados do Departamento de Justiça sentiam que o público tinha direito à completa veiculação das acusações e evidências.

Quando a audiência acabou, o juiz declarou aos repórteres que houvera um "acordo tácito" com os promotores de que Ruth não seria presa, mas a procuradora Andrea Ordin não concordou. "Acreditamos que o interesse público exige uma resolução final, pública e inequívoca", declarou ela ao *Los Angeles Times*. A alegação de inocência de Ruth, apesar do acordo, "põe em debate a integridade do sistema", argumentou Ordin. Ela ainda não havia visto a declaração que Ruth estava entregando ao sair do tribunal.

"É do meu entendimento que não estou admitindo ser culpada de nenhuma das acusações levantadas contra mim", dizia a declaração. "Na verdade, eu nego firmemente ser culpada de qualquer atividade criminosa. E sinto que se eu fosse a julgamento, conseguiria demonstrar a falsidade dessas acusações." Ruth tinha, no entanto, "perdido o entusiasmo de lutar". A nova empresa consumia sua vida por completo. "À luz desse novo empreendimento, que não desejo por em risco por causa de compromissos pessoais com um longo julgamento." Em seu único reconhecimento para a autoridade da corte, Ruth concluiu: "Reconheço, é claro, que, mesmo que eu continue afirmando a minha inocência, por propósitos deste procedimento em particular, a corte considerará minha declaração como equivalente à culpada. E estou preparada para aceitar as consequências decorrentes deste fato".

Os promotores tiveram de se segurar para conter a raiva. Ordin deu uma entrevista ao *Herald Examiner*. Dois dias após a audiência, o jornal publicou uma matéria com a irresistível manchete: "A declaração oficial da Mattel brincou com a cara da Justiça?". Ordin foi citada expressando que o apelo sem contestação privou o público dos fatos. Em tom ameaçador, ela avisou que jamais concordaria com um compromisso "sem prisão" nem "admissão de culpa". Os advogados de Ruth escreveram para Ordin, protestando contra suas declarações públicas e expondo suas justificativas para as ações de Ruth, mas a promotora estava revoltada. "Nós pretendemos ressaltar para a corte na hora da sentença... nossa visão da relativa culpabilidade dos réus." Ordin deixou claro que o fato de um réu ter "reconhecido seus erros e aceitado responsabilidade por eles" seria um fator-chave para a recomendação do Departamento de Justiça em relação à prisão.

Ruth obtivera uma vitória momentânea, mas o custo fora perigosamente alto. Os advogados do Departamento de Justiça estavam prontos para a prisão dela. Tudo o que podia esperar era que o juiz continuasse a ser misericordioso. Mas os advogados de Ruth descobriram que Takasugi também estava zangado a respeito da declaração de inocência escrita por Ruth. Ele tinha total arbítrio para deixar de lado o "acordo tácito" a respeito de uma prisão, e a crescente pressão dos promotores podia ser suficiente para fazê-lo mudar de ideia. Ordin concluiu a carta para os advogados de Ruth com a promessa sombria de que teria um memorando de sentença para a corte antes da audiência. Ruth não conseguia entender a hostilidade de Ordin. "Essa procuradora, Andrea Ordin, ela era uma megera", desabafou. "Eu prefiro todos os homens em vez de uma mulher megera. Ela achava que havia algo de errado em sua carreira por minha causa. Disse que havia uma falha no sistema, e causou um rebuliço."

Ironicamente, assim como Ruth, Andrea Ordin era uma pioneira. Em 1918, a primeira mulher promotora fora nomeada nos Estados Unidos. Em 1977, o presidente Jimmy Carter nomeou a segunda. Ordin foi a terceira. Ela também foi a primeira mulher latina a ocupar o cargo. Ela nunca nem conhecera Ruth durante o curso do litígio, mas como chefe do ofício, se tornou o foco do ressentimento dela.

Três meses depois, na audiência de sentença, Ruth esperou sentada o juiz Takasugi entrar no tribunal. Dessa vez, ela não preparara nenhuma declaração. Apenas esperava e rezava para que ele não tivesse mudado de ideia a respeito de sua liberdade. Ela aceitava ser sentenciada a prestar serviços comunitários. Estava preparada para aquilo. Até tentara influenciar em quais serviços faria.

Cathryn Klapp, a oficial de condicional de Ruth, havia preparado um relatório pré-sentença. Se o juiz fosse em frente com a condicional, ele provavelmente confiaria nas recomendações de Klapp. Ruth levara uma proposta para a primeira reunião com Klapp, em outubro. Para o serviço comunitário, sugeriu Ruth, ela poderia oferecer próteses mamárias de graça à mulheres que precisavam, mas não podiam pagar. Estava disposta a doar centenas de milhares de dólares dos enchimentos. Ela amava a ideia e argumentou apaixonadamente que seria um grande serviço comunitário. Klapp estava cética. Não estaria Ruth apenas tentando obter publicidade positiva para o Nearly Me? Como a corte poderia ter certeza de que ela não passaria a maior parte do tempo trabalhando no lado lucrativo do negócio e delegando as doações? Apesar de cartas emocionadas de Elliot e amigos atestando a sinceridade e boa vontade de Ruth, a oficial de condicional parecia impassível.

Ruth achava que Klapp era mais uma "megera" com problemas em relação ao estilo de vida dela. Em uma visita à cobertura dos Handler para discutir o serviço apropriado para Ruth, Klapp olhou para as obras de arte nas paredes — Monet, Renoir, Pissaro, Picasso. O apartamento era como um pequeno museu de arte, com paredes cobertas de milhões de dólares em pinturas. "Vocês não têm direito de possuir artes como estas", soltou Klapp depois de alguns minutos olhando em volta. "Isto pertence a um museu. Espero que ao menos deixem para um museu em seus testamentos." Ruth só conseguia pensar: "Quem ela pensa que é para me dizer o que posso ou não ter?".

O tribunal ficou em silêncio quando o juiz Takasugi assumiu seu lugar. Ele parecia sério. Depois de ajeitar alguns papéis, falou diretamente para Ruth e Rosenberg, que estavam recebendo suas sentenças ao mesmo tempo. "Os crimes que vocês cometeram", condenou ele, "são exploradores, parasitários e vergonhosos para a sociedade". Ele ordenou que ambos pagassem a multa máxima, 57 mil dólares, e que elas fossem usadas como reparação em um programa de reabilitação ocupacional para infratores federais. Em seguida, ele os colocou em liberdade condicional por cinco anos com uma sentença de quinhentas horas de serviço comunitário a cada ano.

Virando-se para Ruth, o juiz falou que o serviço dela devia ser com alguma organização de caridade escolhida em uma consulta juntamente com a agente da condicional. A participação pessoal era exigida. Uma contribuição monetária ou esforços "usados pela riqueza da acusada" não seriam aceitáveis. Finalmente, ele deu o último golpe. Qualquer participação, advertiu ele a Ruth, "promovendo as empresas da ré devem ser cuidadosamente examinadas, rastreadas e evitadas. A corte, entretanto, não desencoraja a doação das próteses da companhia da sra. Ruth Handler a mastectomizadas sem condições de arcar financeiramente por elas". O juiz Takasugi usou a palavra que Ruth havia cunhado, mas não da maneira que ela esperava. Ele deu a ela a mais longa sentença de serviço público jamais dada, e nem um minuto daquelas horas poderia ser passado trabalhando na Ruthton.

Serviço Forçado

Eu decidi ceder graciosamente.

Ruth estava com 62 anos, era esposa, mãe e avó, fundadora de um negócio e empreendedora; uma mastectomizada e uma criminosa. Durante os anos em que dirigiu a Mattel, fora nomeada Extraordinária Mulher de Negócios do Ano pela Associação Nacional dos Contadores; recebeu o Brotherhood Award da Conferência Nacional dos Cristãos e Judeus; foi intitulada Mulher do Ano pela Associação das Agências de Publicidade dos Estados do Oeste; e honrada pelo City of Hope, pela Jewish Community Foundation, pela Sociedade Americana de Câncer e muitas instituições de caridade e organizações menos conhecidas. Ela fora nomeada pelo presidente Nixon para o National Business Council of Consumer Affairs e no Comitê Consultivo sobre o Papel Econômico das Mulheres. Lecionara na escola de gestão da UCLA, dera inúmeras palestras e recebera milhares de cartas de fãs por ter inventado tanto a Barbie quanto o Nearly Me.

No entanto, enquanto Ruth pensava em onde prestar seu serviço comunitário imposto pelo tribunal, ela sentiu desespero. Não conseguiria encarar pessoas que a conheceram antes de ser rotulada como uma criminosa. Através de seu trabalho de caridade, Ruth conheceu muitos líderes dos círculos filantrópicos de Los Angeles, mas não achava que conseguiria suportar a vergonha e humilhação.

Ruth tentou encontrar iniciativas de serviço comunitário em lugares nos quais não conhecia pessoa alguma. Ela achou parte do trabalho agradável, mas não conseguia se conformar em seguir ordens e ser monitorada. "Eu precisava que minhas horas fossem assinadas em cada instituição de caridade, toda vez. Era humilhante ir até alguém e descrever o que eu fizera para só então eles assinarem meus papéis."

Ruth finalmente arranjou um trabalho no templo que ajudara a fundar. Uma integrante deu a ela tarefas de mensageira, alfabetizando e arquivando. A mulher rastreava cuidadosamente as horas de Ruth em cartões de ponto. "Havíamos doado centenas de milhares de dólares", afirmou Ruth, "e aqui estou eu ouvindo dessa pessoa que preciso arquivar, falando comigo como se eu tivesse dez anos de idade. Humilhante". Ruth aguentou por pouco tempo. Ela pechinchou com o agente da condicional, insistindo que o tempo de deslocamento contasse como serviço. Ruth reclamou que a Ruthton demandava tanto que ela não tinha tempo nem energia para o serviço. Ele queria fazer algo significativo. "Não pense demais", aconselhou o agente. "Simplesmente arranje alguma coisa perto de casa. Você vai e volta a pé, trabalha lenta e facilmente, e ganha suas horas. Não tente provar nada. Não vai ganhar nenhum prêmio". Ruth tentou seguir o conselho.

Ela achava o sistema de condicional caótico e frustrante. Bem, quando pensou que havia chegado a um entendimento com seu primeiro oficial de condicional quanto à quais atividades podiam ser contadas como serviço público, ele foi para outro ofício. Ela recomeçou, mais uma vez tendo de discutir sobre a elegibilidade do trabalho que fazia, mas esse novo agente também foi embora. Ruth achava aquelas mudanças traumáticas. "Eu estava furiosa. Estava pronta para cometer suicídio. Era horrível... mais um, depois que eu treinara tão bem aqueles outros dois."

Para ela, Steve Wishny, o jovem que cuidou de seu caso, tinha cara de "sonhador". Ela o achava um bom samaritano cheio de idealismos. Ele garantiu que estava acompanhando o caso dela. Steve chegara à conclusão de que o oficial da condicional não estava aproveitando corretamente o potencial de Ruth. Quando ele disse aquilo, ela se derramou em lágrimas. "Por Deus, não quero que meu potencial seja aproveitado corretamente", pediu ela. Wishny estava determinado. Ele respondeu a Ruth que ela não era do tipo para esvaziar penicos ou outros trabalhos servis. Ele tinha planos maiores para os talentos dela.

Wishny estava trabalhando em um programa para condenados de colarinho branco na condicional ajudarem trabalhadores braçais na mesma situação com treinamentos profissionais e planejamento de vida. Ele colocou Ruth em contato com três homens: um contador, um ex-dono de uma empresa de plásticos e um executivo de relações públicas. Juntos, eles começaram a discutir um programa. Steve explicou que a ideia surgira de um caso recente no qual executivos da indústria da carne foram condenados por subornar inspetores do Departamento de Agricultura. O programa de treinamento profissional que eles estabeleceram, encaixando jovens ex-infratores na indústria da carne, havia sido um grande sucesso.

Ruth gostou da ideia. Ela queria começar a planejar; no entanto, percebeu que seus colegas em condicional estavam satisfeitos em conversar, mas relutantes em agir. Eles a deixavam frustrada com os meses de conversa sobre o problema, mas a recusa em planejar o que fariam a respeito. Não teriam passado nem da primeira entrevista na Mattel, pensava Ruth, enojada. "Eu realmente achava a coisa toda uma farsa", confessou ela. Apesar de gostar da ideia, ela desistiu de tentar fazê-la acontecer. Em vez disso, Ruth se esforçou para encurtar a condicional. Seu advogado apresentou um pedido para ela encerrar os serviços obrigatórios. Ela dedicou toda a energia ao plano, enfurecendo o departamento de condicional. Wishny, que havia sido caloroso em seu contato com Ruth, ficou irado ao receber o documento. O discurso dele a pegou de surpresa. "Ele me rasgou por dentro com algo terrível. Foi simplesmente horrível", contou ela.

Além de entregar o pedido para deixar mais curta a condicional, a médica de Ruth, Elsie Giorgi, mandou uma carta de três páginas e meia a Stan Mortenson, seu advogado, em março de 1979. Giorgi devia sentir uma afinidade e proximidade em relação a Ruth. Ela era a décima filha de imigrantes italianos e trabalhara no escritório de uma empresa de caminhões por doze anos para pagar a faculdade de medicina. Fora a força por trás da criação de um hospital em Watts, onde a proporção de médicos por morador era de um para 2.900 e a taxa de mortalidade infantil era o dobro da média nacional. Como Ruth, ela era uma guerreira, especialmente quando se tratava de pacientes.

Giorgi narrou que Ruth estava severamente deprimida e ansiosa. Ela sofria de baixa autoestima. Os sintomas físicos incluíam pressão alta, suores frios, fadiga e dores e queimação no peito. Todos os sintomas haviam começado após a sentença, e o único lugar no qual ela sentia satisfação ou consolo era na Ruthton. Depois de uma sessão de três horas e meia com a paciente, a médica concluiu que a sentença de Ruth estava causando danos físicos e emocionais. Giorgi temia um colapso completo. Ela pediu para que Mortenson comunicasse à corte que o trabalho de Ruth na Ruthton era sentença suficiente. A companhia de próteses de seios estava perdendo dinheiro. Ruth só fazia aquilo pelo bem que proporcionava às mulheres. Por que ela deveria ser forçada a fazer mais trabalhos à comunidade, que ainda por cima não significavam nada? Ela assegurou a Mortenson de que Ruth não lhe pedira para escrever a carta, e se ofereceu para falar diretamente com o juiz se ajudasse.

Giorgi estava certa quanto ao desespero de sua paciente. Ela sentia como se todos a estivessem pressionando — seu agente da condicional, as mulheres da empresa, até o marido. Ele estava preocupado com a saúde dela. Elliot não entendia por que ela não conseguia relaxar nem um pouco, pegar um pouco mais leve. Ele achava que vender a Ruthton seria uma boa ideia, mas Ruth nem cogitava aquilo. "Elliot está aconselhando 'larga aquilo, simplesmente assuma a perda toda e declare nos seus impostos'", expôs Ruth. "Nós não estávamos na mesma sintonia depois de todos aqueles anos, se ele conseguia falar aquilo com tanta facilidade."

A carta de Giorgi e as súplicas de Ruth não foram suficientes. Wishny dependia de Ruth para o projeto. "Sabe como você é especial?", perguntou ele a Ruth. "Não há pessoa alguma no mundo inteiro como você. Você é o tipo de pessoa que pode cair em cima de um monte de merda e sair dela com um buquê de rosas." Ele se ofereceu para tentar mudar a sentença dela, pensando na possibilidade de ela reduzir seu tempo com base na qualidade de seu trabalho, em vez de na quantidade. Ruth finalmente cedeu, contanto que pudesse trabalhar diretamente com Steve e seu chefe. Ela ainda odiava a humilhação de precisar da assinatura dele no cartão de ponto todo dia. Criando seu próprio documento, insistiu que ele assinasse na versão dela de cartão de ponto. "Eu fiz aquilo deliberadamente", confessou ela, "para humilhá-lo da mesma forma que me sentia humilhada". Ele repetira para ela várias vezes que ninguém jamais pedira que ele assinasse um papel. "Agora você sabe como é", devolveu Ruth.

Ela começou a se afeiçoar à parceria de trabalho com Wishny. Ele realmente precisava dela. Quando pediu uma recomendação de alguém para chefiar o conselho civil da Foundation for People, a organização que eles estavam formando, ela sugeriu Ed Sanders, um advogado de espírito cívico que servira em muitos conselhos proeminentes e que em breve partiria para Washington D.C. para trabalhar na administração do presidente Carter. Ela marcou um almoço com Sanders e Wishny no Hillcrest Country Club.

Sanders adorou a ideia da Foundation for People, porém o mais importante para Ruth foi o fato de ele lhe dar a afirmação pela qual ela ansiava. "Sabe por que esse projeto vai dar certo?", indagou ele a Ruth. "Porque é você que está fazendo. Sabe por que quero participar? Porque é você que está fazendo." Olhando para trás, Sanders se lembrou de Ruth como "uma mulher extraordinária, esperta como o diabo. Eu sabia que ela estava passando por um momento difícil, e estava disposto a ajudá-la de qualquer maneira". Ela estava tentando sair, mas as palavras de Sanders a ajudaram a se reconciliar com sua sentença. Ela ficou impressionada em ouvir que até o juiz acreditava nela. Wishny contou a ela que pedira ao juiz Takasugi permissão para Ruth servir no conselho da organização. Ele concordara. "Ele acha você capaz de mover montanhas", revelou Wishny a ela.

O conselho se reunia nos escritórios da Price Waterhouse, em Century City, perto do apartamento de Ruth. Ela foi nomeada presidente. Eles votaram para trabalhar juntos com um programa chamado *Boys Republic*, que ajudaria jovens problemáticos de dezoito a 21 anos a encontrar trabalho, estabilidade e direção. A Foundation for People reformou um prédio perto do campus da Universidade do Sul da Califórnia, um hotel decadente que eles transformaram em residência com espaço para aulas e uma biblioteca.

Ruth tinha orgulho de cada fase do programa. Ela teve dificuldade para encontrar significado nos terríveis eventos que a consumiram na década de 1970 — o câncer, a queda do poder, a acusação criminal, o acordo e a sentença. Em sua autobiografia, ela escreveu: "De algumas maneiras, [a Foundation for People] também me apresentou uma razão por trás da horripilante sequência de eventos que custara a Elliot e a mim o controle da empresa que havíamos criado e amado, que nos custou milhões de dólares, que afetou minha saúde e meus relacionamentos, e que mudou drasticamente minha vida. Pelo menos agora eu podia... ver que minha própria infelicidade ajudou a melhorar algumas vidas".

Com um programa e um propósito, Ruth se sentia mais confortável para usar seus contatos. Uma noite, ela foi com Elliot ao restaurante Saloon. Quando eles entraram, um homem sentado em uma das mesas começou a acenar para eles e a chamar o nome de Elliot. Alex Green e ele haviam se conhecido quando pagaram cinco dólares pela carona de Denver até a Califórnia em 1936, na época em que Elliot ficou com Ruth pela primeira vez. Eles não tinham mantido muito contato, mas Ruth sabia que Green estava administrando um negócio de sapatos.

Ela perguntou a Green como estavam os negócios. Ele respondeu que tinha quinhentos funcionários e que era o único fabricante de sapatos nos Estados Unidos, porque a indústria partira para o exterior. Ruth explicou que ele era exatamente o que ela estava procurando. Ela ligou para Green na semana seguinte, pedindo um horário para levar até a fábrica dele uma equipe do departamento de condicional. Green respondeu que adoraria recebê-los.

Ruth ficou encantada quando Wishny levou seu chefe, o dr. Jack Cox, para o tour na fábrica. Ela percebeu o quanto o projeto era importante para o departamento. "Nem nos meus sonhos mais loucos achei que [Cox] aceitaria visitar uma fábrica de sapatos", confessou Ruth.

A fábrica de Green era um modelo de produção e eficiência. Como as fábricas da Ásia, os funcionários eram acomodados em fileiras tão estreitas que tinham pouco espaço para se mexer. Eram produzidos ali três mil pares de sapatos por dia.

Green adorou mostrar a Ruth e à equipe da condicional toda a sua operação, elogiando a perspicácia empreendedora de Ruth enquanto o fazia. Ela sentiu que ele a idolatrava. "Foi emocionante por si só ele sentir aquilo por mim, porque eu não sabia que tinha amigos", relatou Ruth. Ela também tinha orgulho do que Green alcançara. Ele era dois anos mais velho que Elliot, e como os Handler, começara do zero.

Green levou seu supervisor para conversar com o grupo. O homem dirigia uma operação que tinha pouco espaço para inatividade ou erros. Ele não gostava da ideia de um programa desacelerando a produção. Ruth viu que precisaria convencê-lo a ajudar, senão o trabalho com Green estaria condenado. "Eu estava decidida a fazê-lo reconsiderar. Depois de um tempo, ele aceitou a ideia de que tinha uma responsabilidade consigo mesmo e com a esposa, e que se não quisesse que algum garoto batesse na cabeça dele para roubá-lo ou matá-lo, poderia ajudar a curar alguns dos males sociais que existem."

O supervisor teve uma ideia perfeita. Ele disse a Ruth e aos outros que havia um déficit de sapateiros. Os fabricantes do equipamento para conserto de sapatos, contou ele, forneceriam com prazer o que fosse necessário para os treinamentos. O curso durou cerca de oito semanas. Haveria trabalho de sobra, ele garantiu. Consertar sapatos era uma moda que estava morrendo.

Ruth aceitou a ideia. Conforme Wishny havia previsto, os anos e a experiência em gestão dela eram inestimáveis para o projeto. Sempre curiosa, gostava de aprender como melhorar as vidas de pessoas que não teria conhecido em outras circunstâncias. Ainda esperava, no entanto, concluir suas horas de serviço rapidamente. Ela achou a ideia de consertar sapatos "terrivelmente recompensadora e muito empolgante", mas também, continuou, "me tornou mais valiosa para o departamento de condicional quando eu quisesse sair dele". Ela tinha razão. Wishny e Cox viram como ela trabalhou duro para que o programa fosse um sucesso.

Em maio de 1982, eles recomendaram a Robert Latta, o chefe da condicional, que Ruth tivesse permissão de terminar os serviços adiantadamente. Latta escreveu para o juiz Takasugi. Ruth fizera "esforços diligentes" no programa da Foundation for People, alegou ele, recomendando que a condicional dela fosse encerrada. Em 8 de junho, o juiz assinou a ordem que tirava dezoito meses da sentença de Ruth e a liberava da condicional. Ela estava livre de advogados e ações, tribunais e juízes. Estava livre para dedicar todo o seu tempo à Ruthton. Ela estava livre para não fazer nada. Ela estava livre.

Ken e uma era de praga

Acho que as melhores pessoas, aquelas que atingiram os mais altos patamares como seres humanos, são as que também se depararam com muitas adversidades, lidaram com elas e seguiram em frente.

Em algum momento no final de 1991 ou 1992, Ken e a esposa Suzie foram para a casa de praia de Malibu de Ruth e Elliot, levando com eles a dra. Pamela Harris. O filho de Ruth havia chegado com uma missão dolorosa. Harris havia se oferecido para ajudar.

Harris, uma mulher pequena com olhos azuis inteligentes e penetrantes, tinha formação em oncologia e hematologia. Sua intuição médica a colocou na vanguarda de desvendar o segredo de um flagelo nacional vindo à tona.

Em 1978, antes de conhecer Ken, Harris trabalhava sem parar. Seu trabalho diurno era no Memorial Sloan-Kettering Cancer Center, em Nova York, e à noite ela era voluntária em uma clínica de metadona no Harlem. Homens gays chegavam durante o dia com uma doença misteriosa e terrível. À noite, ela via uma doença semelhante nos viciados em drogas que tratava. Na época, os médicos a chamavam de "gay lymph node syndrome" ["Síndrome dos gânglios gay", em tradução livre] ou apenas "doença emaciante", pelo estrago que causava no corpo ao longo do tempo. Na metade dos anos oitenta, Harris se encontrava em uma missão. Ela participara de um programa de *fellowship* em Washington D.C., e vira um certo tipo de anemia que acompanhava a doença. Viajando até Miami, ela observou os mesmos sintomas que observara em Nova York em detentos haitianos. Por volta da mesma época, o dr. Anthony Gallo anunciou que havia encontrado o vírus responsável pela doença — o HIV. Logo, um novo nome de doença entraria no léxico nacional: síndrome da imunodeficiência adquirida, ou aids.

Harris se mudou para Washington D.C. e abriu um consultório de oncologia e aids em um escritório de condomínio que ela tinha na Adams Morgan, uma parte multicultural da cidade. Certo dia, em 1990, Ken Handler entrou em seu consultório.

Ele aparentava estar doente, mas era alto, de costas retas e razoavelmente robusto. Ele ainda era casado com Suzie, mas acreditava que contraíra a doença em um encontro íntimo com um jovem. Ele estava desesperado para se curar, viajando mensalmente ao Equador, onde encontrara um homem que fazia um ritual de "cura" usando plantas nativas. Ken estava financiando pesquisas sobre remédios naturais no país sul-americano. Ele foi até Harris em busca de ajuda para seus sintomas e para consultar sua opinião como pesquisadora. Ela se tornou sua médica pessoal e amiga.

Harris ajudou Ken a contar a verdade devastadora a Suzie. "Ela é o ser humano mais amável do mundo", recordou Harris, e a esposa ficou ao lado do marido mesmo após descobrir o segredo. "A vida deles era muito rica. Suzie era uma ótima cozinheira de culinária italiana. Ver Ken tocar piano era como assistir a algo fantástico." A médica lembrou de uma vez em que visitou com o namorado a casa de Ken e ambos choraram com a maneira com que ele tocava. Tinha uma sensibilidade renascentista, e crescera com dinheiro, o que lhe permitia seguir suas paixões artísticas. Ken fez três filmes, montou peças, escreveu e tocou música e tirou incontáveis fotografias. Em 1987, na 4th Street Photo Gallery, na cidade de Nova York, ele fez uma exposição com fotografias assombrosas de homens gays assolados pela aids. Ele a chamou de *A Time of Plague: New York City Under Siege* [Tempos de Praga: Nova York Sitiada].

Ken falava com frequência sobre o ressentimento pelo boneco que levava seu nome. Ele odiava o materialismo promovido pelos bonecos Ken e Barbie, e o efeito negativo que os brinquedos tinham na autoimagem das crianças. Em uma carta queixosa, e em certos trechos até incoerente, aos pais em 1970, ele argumentou que os bonecos "curvavam-se diante daqueles que não conseguem aceitar a questão da própria sexualidade". Seus pais não sabiam coisa alguma a respeito de seu segredo, mas eles precisavam ouvir a verdade. Ken não tinha mais muito tempo de vida.

Depois de se acomodarem na casa de praia, Ken informou que ia dar uma volta. Ele combinara com Suzie e Harris que iria sair para elas contarem aos Handler as tristes notícias. Sentadas na sala envidraçada de frente para o oceano, as duas mulheres explicaram da maneira mais gentil possível a condição de Ken. Elliot ficou com os olhos cheios de lágrimas. "Então isso explica as idas constantes ao Equador", concluiu ele. Ele se levantou, foi até a foto do bar mitzvah de Ken e a encarou como se "ela fosse a coisa mais importante do mundo", relatou Harris. Ruth ficou sentada, repetindo "Ah, meu Deus". Em seguida, declarou simples e vigorosamente: "Ok, precisamos lidar com isso". Harris saiu para buscar Ken na praia, e em minutos Ruth os alcançou. "Vamos lidar com isso", reassegurou ela ao filho. Harris ficou emocionada com a reação de Ruth. "Naquela época, eu mal conseguia acreditar como alguns pais eram terríveis com os filhos ao descobrirem. Mas Ruth e Elliot foram muito amorosos", disse a médica.

Ruth podia achar que já havia passado por dores e tragédias suficientes para uma vida. Mas ela não era uma pessoa que mergulhava em autopiedade. Dedicou-se a tentar encontrar alguma maneira de ajudar Ken, da mesma forma que se recompora após a mastectomia e enfrentara suas batalhas com a justiça. Ela lutou contra o medo, reuniu seus recursos e seguiu em frente.

Ruth havia passado a década anterior reorganizando a vida após a liberdade condicional. Ela queria manter o foco em seu novo negócio, embora, às vezes, ainda lutasse para reprimir ressentimentos em relação à Mattel. Ela também teve que enfrentar problemas de saúde sérios e contínuos. Antes de saber sobre o diagnóstico de Ken, estava completamente imersa nas crescentes linhas de produtos da Ruthton, além procurar a melhor forma de vender a empresa.

Em 1982, como se exibindo a liberdade recém-adquirida, Ruth foi a modelo de traje de banho para anúncios dos maiôs Wear Your Own Bra, da Nearly Me. Nos anúncios, ela sorri para a câmera em diferentes poses para a coleção Malibu. Uma bela mulher de cabelos brancos com olhos de gazela e um corpo bem torneado, não magro, mas sólido, ela usa um maiô com decote *sunburst* e outro com decote em V disponível em azul-petróleo, lilás, framboesa e azul-turquesa. O slogan afirma: "Porque estar bonita é só o começo". Catálogos extensos mostravam os materiais e diversos produtos, junto com instruções para medir-se e perguntas e respostas para mulheres poderem comprar de casa. Haviam diversos "igualadores de silicone em gel" para mulheres escolherem, dependendo do tamanho e conforto. Ruth também criara onipresentes planilhas para os salários dos funcionários das fábricas, do escritório, das divulgações e turnês, além da fabricação, vendas e marketing. Mais uma vez, ela estava no controle. E também estava sendo solicitada.

Fern Field era uma produtora de televisão e diretora de programas de sucesso como *Maude* e *A Different Approach*. Depois de ler um artigo de revista sobre a vida de Ruth, ela a procurou querendo transformar sua história em um filme para TV. Ruth queria aprovação editorial e o projeto nunca saiu do papel, mas concordou em conceder a Field horas de entrevistas filmadas, começando em 1981 e se estendendo por mais de uma década. Ruth falava de forma franca e muitas vezes apaixonadamente. As duas mulheres, ambas pioneiras, tornaram-se amigas íntimas, saindo com seus cônjuges e viajando juntas para Israel.

Organizações mandavam pedidos recorrentes para ela palestrar sobre ser uma mulher de negócios, apesar dos problemas legais que havia enfrentado. Ruth ainda era a mãe da Barbie, a fundadora de uma empresa que nasceu em uma garagem e se tornou um colosso da indústria dos brinquedos, uma mulher que fora bem-sucedida mesmo estando cercada de homens. Seja lá quais fossem suas transgressões, outras mulheres queriam saber como havia sido essa jornada e quais conselhos ela tinha para oferecer. Quem era essa mulher cuja vida tivera tantas reviravoltas dramáticas? Ruth aceitava um número limitado de convites para palestras. Ela mantinha o foco na

Ruthton, nas mulheres que precisavam dela, nas mulheres que, como ela, estavam sofrendo.

Apesar do ritmo que mantinha, a saúde de Ruth não ia bem. Como resultado de sua primeira cirurgia, ela tinha constantes dores nos nervos e ocasionais espasmos musculares do lado esquerdo do peito, de onde o seio havia sido removido. Ela sentia fortes queimações quando engolia alimentos e sofria de uma série de problemas gastrointestinais, combinados à fadiga e à falta de ar. Seu quadril direito começou a doer, e os médicos não chegavam a uma conclusão quanto a ela ser diabética ou não.

Para aliviar dor nos nervos do peito, os médicos tentaram implantar um neuroestimulador sob sua pele, mas não adiantou. Ela encontrou algum alívio em técnicas de relaxamento por biofeedback. Para a falta de ar, o médico recomendou caminhadas rápidas para aumentar a capacidade cardiovascular, apesar de ele provavelmente não ter notado que Ruth já andava a passos rápidos. Ela foi até a UCLA para uma avaliação no final de 1982. Os médicos recomendaram diversas técnicas, incluindo acupuntura, injeções em pontos-gatilho e auto-hipnose. O psicólogo da equipe achou Ruth "bastante deprimida".

A ferida da expulsão da Mattel e a humilhação pública muitas vezes doíam tanto quanto seus problemas físicos. A Mattel se recuperara, mas ela, não. Em 1980, a Mattel era novamente uma empresa próspera. Art Spear a guiara de volta ao verde um ano depois de empurrar Ruth para fora, apesar de em 1986 ele ter saído da Mattel, após uma reestruturação causada por perdas maciças ocorridas sob sua supervisão. O Ringling Bros. e a Monogram Models revelaram-se aquisições lucrativas. "A Mattel tinha vida própria. Haviam tantas pessoas boas e processos bem estruturados, que quando elas saíam, mal afetavam os negócios", recordou Sandy Danon. Ruth e Elliot haviam vendido seus 18,5 milhões de dólares em ações, cerca de doze por cento da Mattel, depois de deixarem a companhia, mas as ações foram distribuídas por suas famílias e dadas como opções a muitos funcionários que eles consideravam amigos. Eles não conseguiam não se sentir ligados ao sucesso da empresa, independentemente de como se sentiam a respeito da maneira que foram tratados.

Ruth decidiu que o sexismo fora a causa do tratamento injusto que ela recebeu dos executivos da Mattel e dos advogados do governo. "Grande parte do que aconteceu", condenou ela, "foi influenciada pelo fato de eu ser mulher". Ela sentia que aqueles que a atacavam estavam tentando construir a própria reputação, e ela havia sido um bom alvo. Era famosa e controversa por causa de seu gênero. "Derrubar uma mulher, uma mulher famosa que teve a ousadia de chegar ao topo... pense só nas reputações que poderiam nascer ao derrubá-la", afirmou ela.

Ainda jurando inocência, Ruth desenvolveu uma resposta filosófica que dava sentido à sua tormenta. Ela contava a vários entrevistadores de TV, jornais e rádio: "Não sei se eu teria crescido tanto se não tivesse passado por tanto sofrimento. Acho que não há algo melhor do que adversidades para fazer alguém crescer". Ela contrastava seu eu antigo e novo quando falava de um mundo não dos ricos e dos pobres, e sim dos despreocupados e dos preocupados. "Acho que pessoas que não passaram por dificuldades, que têm sorte suficiente para ter uma autoimagem que lhes permite terem sucesso e poder para avançar com total confiança... lá no fundo não são tão completas quanto aqueles de nós que experimentaram sofrimentos de verdade."

Ela aprendera. Ela crescera. Encontrara significado na infelicidade. No final dos anos 1980, Ruth não culpava mais o fiasco na Mattel por seu câncer de mama. Em vez disso, resolveu encarar aquilo como parte de um plano maior. Ela via um universo misterioso no qual indivíduos precisavam escolher encontrar algum significado. O que aconteceu na Mattel precisou acontecer para a criação da Nearly Me, ela raciocinou. Ela sofreu, mas aquele foi o preço para poder fazer tanto bem no mundo e encontrar a própria paz. "Ganhar dinheiro não significa necessariamente que alguém está crescendo", alegou ela em uma entrevista. "Estou falando é de fazer as pazes com você mesmo. Acho que, às vezes, pelo menos para mim, é muito mais difícil crescer como ser humano do que ganhar muito dinheiro."

Em fevereiro de 1987, Ruth e Elliot estavam em um café da manhã no Fifth Avenue Club, Nova York, para receberem o prêmio Lifetime

Achievement da revista *Doll Reader*. Para deleite da plateia, Ken, Suzie e os filhos compareceram, apesar das reservas de Ken a respeito dos bonecos. Ele ainda era o filho que idolatrava a mãe. Ruth havia recebido outras honras da indústria, mas a mais prestigiosa só veio em 1989. Naquele ano, ela e Elliot foram introduzidos no Toy Industry Hall of Fame. O ressurgimento de Ruth como uma líder respeitada na indústria e entre colegas foi gradual, mas estável. Sua mais dura reconciliação foi com as pessoas que ela deixou para trás na Mattel.

Os funcionários da Mattel que Ruth contratara e com quem trabalhara eram, em muitos aspectos, a família dela. Antes dos planos de aposentadoria 401k, Elliot e ela haviam sido pioneiros em um plano de compartilhamento de lucros que deixou muitos funcionários ricos. E, no entanto, Ruth tinha certeza de que todos na empresa estavam "zangados com ela", como recordou Derek Gable. Ele, que trabalhara no departamento P&D, tentou manter contato. "Nós os amávamos", confessou ele. No final da década de 1980, alguns dos empregados mais antigos da Mattel, como Gable, organizaram a Mattel Alumni Association, um grupo para *networking* e trabalhos filantrópicos. Eles começaram um curso de dois anos sobre negócios chamado *Life Skills*, que empoderava jovens da cidade a dirigir empresas, e permitia que eles ficassem com metade dos lucros. "Liguei para Ruth e comuniquei a ela que queria que estivesse envolvida", contou Gable. "Ela pareceu cautelosa e relutante. Estava nervosa, não animada ou ligada como costumava ser." Ruth concordou em comparecer a uma reunião em um restaurante Denny's local. Os funcionários da Mattel a cumprimentaram calorosamente. Ela lhes confessou que achava que estavam todos desapontados e que não gostavam mais dela e de Elliot. Eles lhe garantiram que estava errada, e que sua partida havia sido uma grande perda para todos. "No final do encontro, você podia ver o brilho voltando aos olhos dela", revela Gable.

O ânimo que Ruth ganhou com os prêmios e o reconhecimento, com o crescimento da Ruthton e com os redescobertos amigos na Mattel Alumni Association a ajudaram a enfrentar um problema que estava desgastando seu corpo e sua mente.

Em 1986, seu seio direito começou a apresentar caroços novamente. Ela fez uma biópsia cirúrgica, e seu cirurgião garantiu-lhe que o resultado fora bom. Porém, alguns dias depois, ele ligou para contar que encontrara uma condição pré-cancerosa depois de realizar mais testes na amostra. Ruth perguntou a ele o que aquele resultado significava, e ele respondeu que a mama ficaria em observação. Nada precisava ser feito imediatamente.

Durante vários anos depois daquela biópsia, Ruth foi a seu médico para mamografias e revisões de rotina. Ela recebeu o mesmo conselho cauteloso de que o seio estava bem, mas que precisava ser observado. "Um dia eu me enchi de 'ficar observando'. Estava cansada de falar com aquele médico e aquela gente. Eu ia procurar alguém novo, para acabar com aquilo de vez."

Depois de anos experimentando próteses mamárias em mulheres, Ruth estava familiarizada com os diferentes tipos de cirurgias de mama. Era capaz de reconhecer o trabalho de determinado cirurgião só de ver as cicatrizes de uma mulher. Ela ligou para um cirurgião cujo trabalho admirava e marcou uma consulta.

Ruth entrou no consultório e, quando o médico perguntou o que poderia fazer por ela, ela respondeu que queria remover o seio direito. Ele olhou para ela e riu, revelando que era a primeira vez que alguém dissera isso a ele. Ela lhe mostrou seu histórico, raios-X e os resultados de exames laboratoriais. Depois de analisá-los, o médico comunicou que concordava. Seria uma boa ideia remover o outro seio.

Ruth deu instruções ao cirurgião. Ela definiu que não queria grandes grumos de carne na parte de trás da axila, como vira em muitas mulheres. Quando saiu da sala de operação, entretanto, encontrou um grumo de carne não atrás, mas na frente da axila. O médico alegou que já estava lá e que ela não havia notado. Ruth não tinha certeza se aquilo era verdade, mas estava aliviada pela cirurgia ter terminado.

Após o procedimento, o médico de Ruth revelou que a condição pré-cancerosa não havia se espalhado nem se movido, mas ela não se arrependeu da decisão. Ela preferiu acreditar que com aquilo havia deixado para trás anos de medo e as intermináveis consultas médicas e tratamentos para o câncer.

Tentando descobrir saídas para sua energia, Ruth começou a jogar bridge e a passar mais tempo com os netos. Todd Segal, filho de Barbara, a convidou para visitá-lo em Whispering Maples, na zona rural de Massachussets, para um workshop sobre culinária macrobiótica para o Natal. "Espero que possa vir, fica só a 4.800 quilômetros de Los Angeles!", escreveu ele. Ele já escrevera antes a respeito de seu interesse por macrobióticos, preocupado com a saúde de Ruth. Cheryl, irmã de Todd, que ainda morava em Los Angeles, era particularmente próxima da avó. Ruth guardara uma carta de 1983, de um oficial da universidade Pepperdine contando que Cheryl havia sido aceita. Escrevendo para Cheryl onze anos depois, Ruth expressou como sentia orgulho dela, que também fizera faculdade de Direito. "Mantenha a autoconfiança alta e continue tentando", escreveu Ruth.

Mesmo comparecendo a consultas com novos médicos para descobrir como ajudar Ken, Ruth tentava manter a família unida e nos eixos. Ela recebeu um convite para ir com a United States Jewish Appeal na missão presidencial a Budapeste e Israel da organização. Ela escreveu para Ken, Suzie e a filha deles, Samantha, que já tinham uma viagem planejada para Israel, encorajando-os a encontrarem com ela lá. Ruth estava, como sempre, esperançosa, mas a condição de Ken estava se deteriorando.

Graças a Pamela Harris, eles tinham acesso às últimas informações e ao trabalho dos maiores pesquisadores da área. Mais uma vez, Ruth fazia longas anotações em cada encontro. "O vírus é tão complexo... Resposta imune do sistema humano devia ser estimulada... Lesões de pele melhoram com medicamentos caros..." Ken estava começando a ficar demente. Altas doses do remédio AZT pareciam ajudar, mas ele se recusava a tomá-lo, preferindo remédios naturais. Na primavera de 1994, ele encontrava-se gravemente doente. Sua filha Stacey estava planejando se casar naquele verão.

O fim veio em junho. Ruth e Elliot estavam lá para ajudar, e todos se alternavam ao lado da cama de Ken. A dra. Harris estava sozinha com ele na hora em que morreu. Ela desceu as escadas até onde a família de Ken estava conversando baixinho. "Acabou", disse Harris, sabendo que havia algum alívio naquilo após o sofrimento que Ken enfrentara. Apenas um instante se passou e Ruth se levantou da poltrona e anunciou: "Vou fazer alguns sanduíches de carne enlatada". Suzie foi até a cozinha para ajudar. Eles se sentaram em volta de uma mesa cheia sanduíches de fígado fatiado e de carne enlatada, preocupados com Harris, insistindo que ela se alimentasse.

O casamento de Stacey estava marcado para o dia seguinte. Apesar de a tradição judaica indicar que o funeral deve acontecer o mais rápido possível, era aceitável aguardar um dia para que o casamento fosse realizado. Elliot levou Stacey até o altar, conforme Ruth lhe aconselhara. A vida precisava continuar.

Ruth estava terminando o manuscrito de sua autobiografia. Ela reescreveu as passagens sobre Ken, narrando apenas que ele "continuou casado e feliz com Suzie, sua namorada de infância, durante trinta anos... até sua morte precoce". Ela omitiu a causa da morte, mas falou sobre as muitas viagens dele à Amazônia. Ruth relatou a teoria dele de que as plantas na região eram mais poderosas por serem mais próximas do equador, onde o sol era mais intenso. Ela reconheceu o trabalho do filho para encontrar uma cura para o HIV e a aids, entre outras doenças. Ela pode não ter contado todos os detalhes, mas também não mentiu. Haviam familiares para proteger, afinal. Mas talvez Ruth entendesse que, como ela, Ken havia sofrido de uma doença que trazia junto medo e vergonha. Como as mulheres que perderam seios para o câncer em 1970, a doença dele também era algo a ser escondido. Ruth ajudou a mudar a necessidade das mulheres de esconderem suas mastectomias, mas ela não podia fazer muita coisa pela repulsa do público em relação a vítimas da aids.

A sutil camuflagem da história de Ken, no entanto, nunca foi corrigida. Várias versões da causa da morte circularam — que ele morrera de uma doença que contraíra em suas viagens excêntricas, que morrera de encefalite ou de um tumor cerebral, como foi reportado no obituário de Ruth no *New York Times* e *Los Angeles Times* oito anos depois. Enquanto isso, o boneco Ken se tornou um ícone gay com o lançamento da Mattel do *Earring Magic Ken*, em 1993. O boneco foi uma resposta aos pedidos das crianças por um Ken mais moderno, mas a blusa de redinha lilás, os brincos imitando diamante e os oxfords de dança pretos que ele usava tinham um apelo mais que infantil. Para a comunidade gay, ainda não assumida e sofrendo discriminações, havia uma declaração na ideia de o boneco Ken ser heterossexual ou gay.

Em uma carta à dra. Harris, escrita semanas após a morte do filho, Ruth alegou uma gratidão tão profunda que seria difícil de expressar. "Pam, você foi a única em que Kenny confiou, e o entendeu tão bem. No final, você chegou quando soube que todos precisávamos de você... o trabalho que você faz e o coração que dá a seus pacientes é tão maravilhoso. Nunca conheci alguém como você... continue tentando, talvez um dia se torne mais fácil. Obrigada, obrigada, obrigada. Com amor, Ruth."

Três anos antes, Ruth vendera a Ruthton para a Spenco Medical Corporation, na época uma divisão da Kimberly-Clark. Ela queria devotar o tempo necessário à saúde de Ken. Então, quando ele partiu, sua ausência deixou um terrível e doloroso vazio.

Do jeito dela

Barbie sempre representou o fato de que uma mulher tem escolhas.

Na primavera de 1994, Bernie Kivowitz, que fora representante de vendas da Mattel na Costa Leste em 1967, encontrou Ruth em uma comemoração do trigésimo-quinto aniversário da Barbie. Ruth havia sido trazida de volta à Mattel depois de vinte anos de exílio. Ela foi convidada a fazer aparições por todo o país, incluindo uma sessão de autógrafos no "aniversário" da Barbie, em 9 de março, na FAO Schwarz. A loja tinha uma seção inteira dedicada à boneca, chamada *Barbie na Quinta Avenida*. Ruth contou a um repórter: "Tanta gente ficou na fila por horas esperando meu autógrafo, que não tive coragem de ir almoçar, nem de ir ao banheiro. Ver que criei um produto que significou tanto para as pessoas... que experiência incrível". Para muitas mulheres, o Nearly Me havia feito de Ruth uma santa, mas Barbie fizera dela uma estrela.

Kivowitz fez planos de encontrá-la no verão em uma loja conceito da Toys "R" Us em Nova York, onde aconteceria uma sessão de autógrafos da recém-publicada autobiografia dela, intitulada *Dream Doll*. Ele ligou para Ruth na noite anterior ao evento e descobriu que Ken havia morrido semanas antes. Quando perguntou como ela conseguiria fazer a sessão de autógrafos, Ruth respondeu: "Você não tem escolha a não ser seguir em frente".

Mais de mil pessoas fizeram fila debaixo de uma chuva torrencial para Ruth autografar seus livros ou Barbies, ainda nas caixas originais, ou qualquer peça de recordação onde quisessem ter uma lembrança da mulher que consideravam ser a mãe da boneca. "Ruth ficou sentada lá o dia todo", lembrou Kivowitz. "Às vezes, ela chorava, mas falava com todos e autografou até a fila acabar." Ela estava com 75 anos de idade e ainda lutava contra uma série de problemas de saúde.

Dream Doll era menos sobre contar sua história de vida do que justificá-la. Ainda haviam assuntos a serem resolvidos, apesar de aqueles que a prejudicaram serem aludidos e não nomeados. O livro tem a qualidade cautelosa de alguém consciente do perigo de ser processada, mas determinada a contar sua versão dos fatos. Ruth teve ajuda de Jacqueline Shannon, sua colaboradora. "Eu brinquei muito de Barbie, e aquilo era muito importante para Ruth", explicou Shannon. "Mas Ruth era uma ativista com o livro."

Ruth recontou a história da sua expulsão da Mattel, da acusação criminal, do acordo, tudo enquanto reafirmava sua inocência. O livro tem muitos vilões, alguns demônios, e pouca evidência da autorreflexão, reconhecimento da responsabilidade que ocasionalmente aparecia nas entrevistas gravadas de Ruth. "Eventualmente", escreve ela, "o homem que fora contratado pelos bancos para substituir Elliot e eu foi tirado do negócio muito discretamente, sem publicidade negativa, mesmo com a empresa em colapso". Ela estava falando de Art Spear, que escapou de acusações e da humilhação pública que, na cabeça de Ruth, ele merecia e que ela sofreu em seu lugar. Perguntado se Ruth livrara-se dos ressentimentos por ter sido expulsa, Josh Denham, um dos antigos chefes de divisão não acusados que era próximo a ela revelou: "Ela nunca deixou aquilo para trás — jamais". Uma resposta melhor é que ela conseguiu deixar a vergonha e a raiva para trás gradualmente, mas nunca por completo.

Em *Dream Doll*, Ruth elogiou a nova gestão da Mattel, formada após a saída de Spear, enquanto lembra que a companhia dependia de seu legado. Ela tinha razão. Barbie, suas roupas e acessórios, e a Hot Wheels eram os produtos mais vendidos da empresa quando o livro foi lançado. A boneca Barbie teve quase oitenta carreiras, incluindo uma versão que servia no exército, uma médica com posto de sargento na Operação Tempestade no Deserto, feita em 1992. A versão presidente estreou no mesmo ano. Bonecas Barbie podiam ser compradas em mais de 150 países. A Mattel ostentava a impressionante estatística de que três bonecas Barbie eram vendidas em algum lugar do mundo a cada segundo. Em 1998, a boneca já havia sido responsável por 1,9 bilhão de dólares em vendas para a Mattel.

A empresa tinha até uma CEO que algumas pessoas diziam que se parecia com a boneca. Jill Barad, 35 anos mais nova do que Ruth, tinha o rosto estreito, um sorriso reluzente e o corpo de modelo perfeito, como se fosse uma Barbie que havia ganhado vida. Ela gostava de posar com as dúzias de Barbies que mantinha em seu escritório, mas assim como a outra mulher que dirigiu a Mattel, era determinada e competitiva. Ela também era conhecida por ser um gênio do marketing. Quando ocupou o cargo de comando da linha Barbie em 1983, concluiu que as vendas do produto estavam fracas por críticas à boneca ser sexista. Jill começou uma campanha para comercializar Barbie como um exemplo profissional, criando o slogan "Nós, garotas, podemos fazer qualquer coisa".

Ressuscitar Ruth como porta-voz da companhia era algo que se encaixava no tema de Barad e servia como contra-ataque ao argumento de que a Barbie objetificava as mulheres. "Eu trouxe Ruth de volta à Mattel depois de anos de exclusão, e foi um momento incrível para a empresa", rememorou Barad. Ruth falava com a autoridade de criadora, comunicando às plateias que a boneca fora criada para que garotas fossem livres para imaginarem a si mesmas como qualquer coisa que quisessem ser. Barad foi a primeira executiva da Mattel a reconhecer a importância do legado de Ruth.

O United Jewish Appeal tinha um grupo chamado Women of Distinction, e Ruth foi convidada a participar. Barad era uma das integrantes e foi à primeira reunião de Ruth com o grupo em Nova York. Ruth adorou a ideia de conhecer outras mulheres judias bem-sucedidas de todo o país. Ela as enxergava como verdadeiras vencedoras. Muitas delas eram desconhecidas.

Cerca de trinta ou quarenta mulheres se reuniram no suntuoso apartamento da filantropa Mona Riklis, na Quinta Avenida. Elas começaram a reunião se levantando e se apresentando. Quando foi a vez de Barad, ela declarou: "Sou Jill Barad. Sou presidente da Mattel e só tenho meu emprego porque uma mulher como Ruth Handler existiu antes de mim e criou a empresa na qual trabalho agora". Ruth, sentada no fundo da sala, ficou emocionada, e as duas se tornaram amigas.

Depois daquela reunião, a UJA fez de Ruth sua primeira homenageada do grupo, um reconhecimento que ela cobiçava, e Jill Barad fez a apresentação. Conforme mais grupos escolhiam homenagear Ruth, ela costumava pedir para Barad apresentá-la. Ruth ainda era uma perfeccionista exigente, e Barad ri ao lembrar: "Ela gritava comigo quando eu errava algum fato sobre ela". Na época em que conheceu Ruth, Barad era presidente das bonecas femininas, enquanto um homem era presidente dos bonecos masculinos. Ruth advertiu: "Não pode fazer isso. Precisa ter o título sozinha". Em 1997, Barad assumiu mais que o título de presidente. Ela se tornou presidente e diretora executiva da Mattel. Dando crédito a Ruth por sua ascensão, Barad declarou: "Ela tinha muito respeito por mim e foi uma mentora".

A fé de Ruth na Mattel começou a voltar. Depois de ter vendido todas as suas ações, ela começou a comprá-las novamente. "Um ou dois anos depois de sairmos da Mattel, vendemos todos os nossos títulos. Tudo. Mas a partir de 1992, eu, pessoalmente, comecei a comprar algumas ações, e hoje tenho algumas milhares delas, junto com um portfólio de outras ações. Trato-as como trataria quaisquer outras: como um investimento." Comprar ações da Mattel contradiz as alegações de apatia de Ruth. Ela nunca largou emocionalmente a companhia que fundara. Quando Barad a levou de volta como uma espécie de estrela emérita do marketing, Ruth se sentiu confortável em se envolver outra vez, mesmo que levemente, nas fortunas da empresa.

Barad estava construindo a linha Barbie no exterior e convidou Ruth para juntar-se a ela em uma viagem à Alemanha, onde a boneca era popular. Existiam grandes planos para uma série de eventos no vigésimo quinto aniversário da Barbie naquele país. O muro de Berlim, dividindo a Berlin Oriental controlada pelos comunistas e a Berlim Ocidental, havia caído em 1989. Uma foto no *New York Times* de uma menininha passando por cima do cimento e metal retorcido carregando uma boneca Barbie capturou a importância do momento de liberdade para aqueles no leste. "Tínhamos ternura pelas pessoas lá", rememorou Barad.

Ruth e Barad compareceram a um enorme evento na Berlim Oriental para reabertura de um museu que estava fechado desde o final da Segunda Guerra. Barad levou Ruth para o palco, e a plateia a aplaudiu de pé. "Ela estava usando um vestido deslumbrante e salto alto, e simplesmente deu um pulo e bateu um salto no outro, como quando as pessoas jogam as pernas para o lado e batem os calcanhares, e isso aos oitenta anos de idade!". Ruth não perdera a exuberância pela vida, por uma plateia ou por contar histórias. Sua energia na viagem à Alemanha deixou Barad exausta.

Ruth personificava o próprio ideal para Barbie, uma mulher que desafiava as convenções e a cultura para realizar seus sonhos. Ela se referia a suas transgressões legais como "quando renunciei da empresa" ou "quando fui forçada a renunciar da empresa", sem mencionar seu acordo nem o tempo em liberdade condicional. Quer as pessoas a julgassem inocente ou culpada, ela se redimiu por seus próprios meios e não ficou presa ao passado.

Em 1999, Barad encomendou ainda mais glamour e brilho para o quadragésimo aniversário da Barbie do que no trigésimo quinto. Em um evento black-tie no hotel Waldorf-Astoria em Nova York, estrelas de cinema entraram no baile de aniversário em um tapete cor-de-rosa. Com Dick Clark como mestre de cerimônia, a popular cantora Brandy cantou. Houve uma pausa para um desfile estilo viagem no tempo pelas roupas da Barbie, com modelos com rostos da boneca descendo pela passarela. Annie Leibovitz revelou sua obra de arte da Barbie, e a Mattel apresentou as *Amabassadors of Dreams*. Elas foram descritas como "mulheres de realizações" que ajudavam a ensinar garotas que elas podiam ser o que quisessem. Havia Muriel Siebert, a primeira mulher a comprar um assento na Bolsa de Valores de Nova York; a apresentadora vencedora do Emmy, Rosie O'Donnell; a presidente da revista *People*, Ann Moore; a grande atleta do salto em distância Jackie Joyner-Kersee; e a executiva do entretenimento Geraldine Laybourne. Ruth, que ocupou um lugar de honra como a *Ambassador of Dreams* original, deve ter sentido um enorme alívio com este reconhecimento. Ela jamais entendera ou concordara com as críticas à Barbie como sendo de alguma maneira prejudicial à autoestima das garotas. Quando Brandy cantou a música da nova campanha publicitária da Barbie, Ruth deve ter se sentido vingada. Era chamada "Be Anything" [Seja Qualquer Coisa].

Uma coisa que Barbie não era, diferentemente de Ruth, era esposa e mãe. Por mais que a Mattel tenha comercializado uma série de Barbies e Kens com temáticas, roupas e acessórios de casamento, o estado civil da Barbie sempre foi inconclusivo. Para Ruth, seu casamento era o único fato imutável e transcendente da própria vida. Em 1998, ela e Elliot marcaram o sexagésimo aniversário de casamento com uma celebração com a participação de familiares e amigos. "E já estávamos juntos cinco anos antes de nos casarmos", lembrava Ruth a todos. Derek Gable, que permaneceu próximo ao casal depois que eles deixaram a Mattel, se recorda: "Eles não envelheceram. Eram muito conectados ao mundo real. Ruth falava sobre novos empreendimentos nos quais era conselheira, consultora ou palestrante". Elliot continuou pintando, encantado e sempre confiante na trajetória da esposa. "Ela poderia fazer qualquer coisa", ele gostava de afirmar.

A ideia convencional diz que casais que trabalham juntos criam problemas no casamento. Para Ruth, era exatamente o oposto. Em sua cabeça, a chave para a longevidade do casamento era a colaboração dos Handler no local de trabalho. Quando lhe perguntavam qual era o segredo de seu casamento, ela respondia: "Tem a ver com respeito. Claro, temos amor, mas ainda mais importante, acho que nunca teríamos conseguido sobreviver a vida que tivemos sem respeito mútuo. Ele respeitou a mim e os meus talentos o bastante para me deixar fazer o que eu queria fazer, e eu respeitei os talentos dele o suficiente para não só deixá-lo fazer o que queria, como também pegar o que ele fazia, acreditar, ter entusiasmo e tentar transformar aquilo em alguma coisa. Sem isso, não teríamos construído a vida que tivemos".

Após partida de Ken, Ruth se aproximou mais da filha. Ela, Elliot e Barbara haviam viajado para o Extremo Oriente logo antes do falecimento de Ken. A perspectiva do tempo havia dado a Ruth mais entendimento do quanto sua vida profissional custara aos filhos. Ela entendeu que deve ter sido difícil crescer como filhos dos Handler. "Tentamos muito dar a eles tempo e atenção suficientes, mas vivíamos preocupados com o trabalho, estávamos consumidos pelo trabalho", admitiu. Elliot e ela amavam os filhos e se sentiam amados de volta, mas ela sabia que as crianças se sentiam confusas por terem pais famosos que viajavam e não eram como os outros pais. Ela também sabia que dar seus nomes aos bonecos havia piorado a confusão e a raiva. Depois de anos de uma relação difícil, no entanto, Barbara e ela descobriram uma amizade. "Nós duas decidimos que não íamos mais nos atacar", narrou Barbara.

Ruth tornou-se a matriarca de sua família enorme. Seu sobrinho Ron Loeb, que virou advogado, se recorda: "Quando Sarah morreu, acho que Ruth realmente assumiu o lugar dela na estrutura familiar. Todos pareciam ir até Ruth depois daquilo. Ela sempre foi uma pessoa muito preocupada, profundamente preocupada com todos os parentes, filhos e pessoas de fora da família. Ela se interessava pelo desenvolvimento das crianças, e sempre queria saber sobre minha carreira e minhas notas, e de vez em quando me ajudava financeiramente. Ruth nunca deixava de dar conselhos, mesmo quando não eram solicitados, e estava sempre disposta a ouvir quando havia um problema para discutir".

Meio século antes, após a morte de Jacob e Ida, o irmão de Ruth, Joe, a lembrara de que, em uma família, todos deviam ajudar uns aos outros, como seus pais teriam desejado. No começo do novo século, Joe havia morrido, assim como todos os irmãos de Ruth, com exceção de Aaron, mas as palavras de Joe ainda a tocavam profundamente. "Todos na família admiravam Ruth", expressou Aaron. "Ela tinha o melhor coração. Ajudava qualquer um de nós; ninguém tinha ciúme. Ela quebrava o próprio pescoço para ajudar você."

Ruth gostava de brincar, dizendo "havia vivido minha vida de seio a seio", mas não existia humor no preço que o câncer e uma vida de doenças tiveram em seu corpo. Em 2001 ela mantinha um registro diário de saúde para seu médico na clínica de dor do centro médico Cedars-Sinai. Em

20 de novembro, sua classificação, com dez sendo o nível mais doloroso, era de sete ou mais. Ela acordou às três da manhã, depois às quatro, e uma vez mais às cinco, tentou ler, tentou dormir novamente. Conseguiu tomar banho, se vestir e trabalhar por uma hora, de nove às dez, antes de receber uma injeção para a dor. Depois, ela ficou tonta de dores lancinantes, que a forçaram a se deitar. Ela conseguiu dirigir quatro quilômetros para uma hora de bridge, mais dor nível sete foi registrada, e ela ficou tonta e dirigiu de volta para casa para se deitar. Ela assistiu televisão, a dor irradiando da lateral da cabeça até o topo, o nível aumentando. Ela tentava, mas só conseguia dormir duas horas por noite. Na margem, ao final da página, escreveu: "A injeção fez a dor piorar muito. Fiquei tonta por horas e algumas vezes um pouco enjoada. Por favor, chega de injeções!".

Sempre ao seu lado, Elliot queria Ruth em casa e não no hospital, mas em janeiro de 2002 ela estava deitada no quarto quando o lençol começou a ficar cheio de sangue. Elliot a levou correndo para o hospital. Depois de operarem seu colón, os médicos não chegavam a um consenso quanto à causa do sangramento. Ela voltou para casa, mas os problemas continuaram conforme uma infecção bacteriana invadiu o estômago e voltou apesar dos remédios. Em abril, ela foi hospitalizada mais uma vez. Elliot ficou de vigília em seu leito. Barbara ia visitar todos os dias. Em 27 de abril, Elliot foi dar um beijo de boa noite nela, mas Ruth não reagiu, e parecia encarar ao longe. Ele soube que ela havia partido. "Talvez a luta seja o segredo", proferira Ruth um dia, e ela lutara mais do que qualquer um, até o final.

Uma tradicional prece judaica diz "Enquanto nós vivermos, eles também viverão, pois agora são parte de nós". Para Ruth, isso era verdade não apenas para aqueles que a conheceram e amaram, mas para uma parte muito mais ampla da humanidade. Ela criou a Barbie em toda sua glória plástica, que para muitos era apenas uma boneca, mas para Ruth e para aqueles que entenderam sua visão, era uma declaração sobre as mulheres, a vida e uma crença em possibilidades ilimitadas.

Havia sido necessário muito tempo e muita dor para Ruth imaginar sua vida como sua própria. Uma vez que ela o fez, encontrou o que estava procurando desde que a pequena Ruthie Mosko tinha pressa para alcançar o futuro: dignidade, aprovação e aceitação. Em sua última década, ela gostava de resumir sua vida para plateias adoradoras descrevendo uma simples, mas poderosa cronologia:

"Sinto como se eu tivesse vivido três vidas. Em minha primeira vida, fizemos do nosso jeito. Em minha segunda vida, fizemos do jeito deles. E em minha terceira vida, fiz do meu jeito."

Nota da autora

Li sobre Ruth Handler pela primeira vez em *Enterprising Women: 250 Years of American Business*, de Virginia G. Drachman. Eu não fazia ideia de que a boneca Barbie havia sido concebida por uma mulher, ou, ainda mais impressionante dado o sexismo da época, que a Mattel, Inc., havia sido fundada e construída por uma mulher. Quando descobri que não existia nenhuma biografia prévia sobre Ruth, percebi que mais uma vez, parafraseando Arthur Schlesinger, as maiores fatalidades da história são as histórias das mulheres.

Ruth poderia ter sido minha mãe, uma criança nascida nos anos 1910, filha de imigrantes poloneses judeus que falavam pouco inglês e trabalharam pelo direito à vida que os Estados Unidos ofereciam. Dessa maneira, a história de Ruth é não só uma narrativa de sucesso profissional, arrogância e redenção, mas também do sonho americano. Em uma geração, os Handler foram da pobreza, do medo e da repressão, para inimagináveis riqueza, conforto e segurança. Na minha família também, e em muitas daquelas que conheci crescendo em Skokie, Illinois, imigrantes viram seus filhos se tornarem médicos, advogados e empreendedores de sucesso.

A espetacular ascensão de Ruth como capitalista, combinada ao seu desprezo por limites legais e éticos, também é parte da história recorrente do país. Os populares romances de Horatio Alger no século XIX contavam apenas o lado bom de histórias com segredos mais obscuros. Existem muitas Ruth Handler na história, empreendedores magníficos que ignoraram ou se acharam acima das regras. Eles continuam a povoar os noticiários, apesar de um número incalculável jamais ser pego nem sofrer a retaliação que Ruth sofreu. Não havia coisa alguma a crédito dela em estar entre os patifes dos negócios americanos, mas havia muito a admirar em sua redenção. Sem isso, eu não teria escolhido escrever sua história.

Três mulheres reconheceram a importância da história de Ruth Handler e preservaram a crítica matéria-prima principal que usei para este livro. Fern Field, produtora de TV, abordou Ruth nos anos 1980 para fazer um filme sobre a vida dela. Para preparar o projeto, Field entrevistou Ruth ao longo de uma década, e generosamente me cedeu as transcrições. A não ser quando indicado, todas as citações atribuídas a Ruth foram tiradas desses documentos.

Em 1999, Barbara Haber, então curadora de livros na biblioteca *Arthur and Elizabeth Schlesinger Library on the History of Women in America* no Radcliffe Institute for Advanced Study, na Universidade de Harvard, começou a conversar com Ruth quanto a deixar seus documentos para a biblioteca. Janes Knowles, arquivista da faculdade Radcliffe, trabalhou para adquirir e arquivar as 35 caixas, disponíveis pela primeira vez em 2004. Esses materiais forneceram uma janela inestimável para a vida pessoal e profissional de Ruth. Sou particularmente grata a Elliot Handler por me dar permissão para acessar as correspondências familiares, que de outra forma seriam restritas. Felizmente, Ruth guardou tudo, de antigas faturas, contas, canhotos de cheques, recibos e extratos bancários, a correspondências familiares, cartas de fãs, calendários de compromissos, e suas próprias e abundantes anotações, que foram extensivas ao longo dos anos em que foi investigada e acusada pelo governo federal. A coleção Schlesinger também contém fotografias e inúmeros vídeos de Ruth falando em diversos eventos, que me ajudaram a discernir seu estilo, fala e modos no final da vida.

Antigos funcionários da Mattel, além de fornecer inestimável insight através de entrevistas, também me deram vários documentos úteis. Sandy Danon forneceu documentação de estimativas baseadas nos *W reports* de Ruth. Joe Whittaker me deu uma cópia de seu maravilhoso e iluminador discurso na Mattel Alumni Association de 1991. Tom Kalinske me deu vídeos de Ruth e de antigos comerciais de TV dos brinquedos Mattel, assim como valiosos documentos.

Além disso, os materiais listados na bibliografia foram usados para referências, contextos e citações.

Agradecimentos

A proposta para este livro permaneceu em uma gaveta até Larry Shames, romancista, amigo, conselheiro, sugerir que eu a enviasse para Stephanie Tade, que se tornou minha sábia e maravilhosa agente. Ela imediatamente entendeu por que este livro precisava ser escrito. Genoveva Llosa, da Collins, comprou o manuscrito e me ajudou a traçar um caminho junto com meu segundo editor, Toni Sciarra. Mas coube a Ben Loehnen ler, editar, reler, reeditar e guiar este livro até a publicação. Ele o fez com uma diligência, atenção aos detalhes e sábios conselhos que autores lamentam não encontrar em editores atualmente, e sou uma escritora melhor por isso. Obrigada também a Matt Inman, Hollis Heimbouch, Teresa Brady, Angie Lee, Janina Mak, Richard Ljoenes, todos da Collins. Tom Green, do DesignWorks Group, criou a capa perfeita.

A equipe da Schlesinger Library foi infalivelmente paciente e bem-humorada enquanto eu trabalhava na papelada de Ruth. A coleção, e aqueles que a reúnem e protegem, proporcionam um serviço inestimável à história das mulheres. Particularmente agradeço a Jane Knowles por seu trabalho de arquivo e Sarah Hutcheon por ajudar com tantas perguntas.

Obrigada à minha irmã, Dee Francken, pela primeira leitura; meu cunhado, John Francken, por conselhos genealógicos; minha cunhada, Marguerite Records, e a Sheila King por ajuda na leitura e pesquisa; Birgit Muller pela assistência na Alemanha; o Washington Biography Group e James McGrath Morris; Peggy Engel pelas iniciais e entusiasmadas contribuições; Mary Boland por sua leitura perspicaz; e amigas Lisa Dobbs, Fern Field, Sandy Foote, Ilana Bar-Din Giannini, Robin Gradison, Cindy Hallberlin, Marylu

Jordan, Kitty Kelley, Susan Land, Anne Maher, Peggy McCormick, Judy Rosener e Pamela Toutant pelo apoio.

Como sempre, o amor e a fé de Tony, Ariel e Sam tornam todo o resto possivel.

Bibliografia

Livros

GEDIMAN, Allison. GEDIMAN, Jay. GEDIMAN, Dan. eds. *This I Believe: The Personal Philosophies of Remarkable Men and Women*. New York: Holt, 2007.

AMERMAN, John W. *The Story of Mattel, Inc: Fifty Years of Innovation*. New York: Newcomen Society of the U.S., 1995.

BAILEY, Beth. FARBER, David. *The Fifties Chronicle*. Lincolnwood, IL: Publications International, 2006.

BillyBoy. *Barbie: Her Life and Times*. New York: Three Rivers Press, 1992.

BYRNE, Chris. *Toys: Celebrating 100 Years of the Power of Play*. New York: Toy Industry Association, 2003.

CRAWFORD, Roy J. THRONE, James L. *Rotational Molding Technology*. Norwich, NY: William Andrew Publishing, 2002.

DICHTER, Ernest. *Getting Motivated by Ernest Dichter: The Secret Behind Individual Motivations by the Man Who Was Not Afraid to Ask "Why?"*. New York: Pergamon, 1979.

_____. *The Strategy of Desire*. Garden City, NY: Doubleday, 1960.

DRACHMAN, Virginia G. *Enterprising Women: 250 Years of American Business*. Chapel Hill: University of North Carolina Press, 2002.

GALLAGHER, Carol. *Going to the Top: A Road Map for Success from America's Leading Women Executives*. With Susan K. Golant. New York: Penguin, 2001.

HANDLER, Ruth. *Dream Doll: The Ruth Handler Story*. With Jacqueline Shannon. Stamford, CT: Longmeadow Press, 1994.

HANDLER, Stacey. *The Body Burden: Living in the Shadow of Barbie.* Cape Canaveral, FL: Blue Note Publications, 2000.

GUNNIGLE, Kalinske. GUNNIGLE, Thomas. GUNNIGLE, Ryan. *The Business of Toys and Games: Top Executives on Launching New Products, Developing a Recognizable Brand, and Competing for Shelf Space.* Boston: Aspatore Books, 2006.

KREUZER, Franz. PRECHTL, Gerd. STEINER, Christoph. *A Tiger in the Tank: Ernest Dichter, an Austrian Advertising Guru.* Riverside, CA: Ariadne Press, 2007.

LORD, M. G. *Forever Barbie: The Unauthorized Biography of a Real Doll.* New York: Walker & Co., 2004.

MELODY, William H. *Children's Television: The Economics of Exploitation.* New Haven, CT: Yale University Press, 1973.

MILLER, G. Wayne. *Toy Wars: The Epic Struggle Between G.I. Joe, Barbie, and the Companies that Make Them.* New York: Times Books, 1998.

PACKARD, Vance. *The Hidden Persuaders.* New York: David McKay, 1957.

PECORA, Norma Odom. *The Business of Children's Entertainment.* New York: Guilford Press, 1998.

PLACE, Irene. PLUMMER, Sylvia. *Women in Management.* Skokie, IL: VGM Career Horizons, 1980.

POPE, Daniel. *The Making of Modern Advertising.* New York: Basic Books, 1983.

RAND, Erica. *Barbie's Queer Accessories.* Durham, NC: Duke University Press, 1995.

SARASOHN-KAHN, Jane. *Contemporary Barbie Dolls: 1980 and Beyond.* Dubuque, IA: Antique Trader Books, 1997.

SCHNEIDER, Cy. *Children's Television: The Art, the Business, and How It Works.* Chicago: NTC Business Books, 1987.

SHIACH, Morag. *Feminism and Cultural Studies.* New York: Oxford University Press, 1999.

STERN, Sydney Ladensohn. SCHOENHAUS, Ted. *Toyland: The High-Stakes Game of the Toy Industry.* Chicago: Contemporary Books, 1990.

SUTTON-SMITH, Brian. *Toys as Culture.* New York: Gardner Press, 1986.
UCHILL, Ida Libert. *Pioneers, Peddlers, and Tsadikim: The Story of Jews in Colorado.* 3rd ed. Boulder: University Press of Colorado, 2000.
WOOLERY, George W. *Children's Television: The First Thirty-five Years, 1946–1981.* 2 vols. Metuchen, NJ: Scarecrow Press, 1983–1985.

Filmes
SHLAIN, Tiffany. *The Tribe.* DVD. www.tiffanyshlain.com/ The_Tribe. html. 2005.
STERN, Susan. *Barbie Nation: An Unauthorized Tour.* DVD. San Francisco: El Rio Productions, 2004.

Artigos de jornais e revistas
AUERBACH, George. "American, Foreign Toy Makers Display Wares Here This Week." *New York Times,* 8 de março de 1959.
BURTON, Susan. "About a Doll." *New York Times Magazine,* 29 de dezembro de 2002.
BUSH, Thomas W. "Mattel Again Toying with Profit Uptrend." *New York Times,* 5 de maio de 1965.
CARBERRY, James. "How Mattel, Inc. Went from Thriving Concern to Not-So-Thriving One." *Wall Street Journal,* 20 de junho de 1973.
_____. "Mattel Holder Suit Says Top Officers Used Inside Data in Trading; Firm Sues Insurers." *Wall Street Journal,* 13 de março de 1973.
COOK, Anthony. "Life After White-Collar Crime." *Savvy,* maio de 1980.
DAVIDSON, Joanne. "Handler Overcame 'Nightmares.'" *Denver Post,* 5 de fevereiro de 1996.
DELUGACH, Al. "Ruth Handler Changes Plea; Won't Be Jailed." *Los Angeles Times,* 6 de setembro de 1978.
DORFMAN, Dan. "Heard on the Street." *Wall Street Journal,* 4 de março de 1968.
GROVES, David. "A Doll's Life: Barbie's Inventor Has Seen Her Grow from Hunch to Hit Ageless—and Controversial—Symbol of Womanhood." *Los Angeles Times,* 15 de dezembro de 1994.

HAMMER, Alexander R. "Mattel Plans Sale of Ringling Bros." *New York Times*, 19 de dezembro de 1973.

HARRIS, Roy J., Jr. "Judge Upholds Use of Special Counsel Data in Mattel Case." *Wall Street Journal*, 4 de agosto de 1978.

HEINZEL, Ron S. "Mattel Spreads Happiness in Form of Toys, Record Pro ts." *New York Times*, 29 de maio de 1969.

HILL, Gladwin. "Toy Missile No Flight of Fancy." *New York Times*, 7 de fevereiro de 1959.

HOLLES, Everett R. "American-Made—in Mexico; Satellites of U.S. Plants Employ Low-Cost Labor." *New York Times*, 31 de janeiro de 1971.

HOLSENDOLPH, Ernest. "Ex-Executives as Consultants; Many Get Fees from Their Old Companies." *New York Times*, 31 de março de 1974.

JENNINGS, C. Robert. "In the Toy Business the Christmas Rush Is On." *New York Times*, 19 de maio de 1968.

JOHNSTON, David Cay. "Arthur Spear, Who Led Mattel Through Fiscal Crises, Dies at 75." *New York Times*, 4 de janeiro de 1996.

LINDSEY, Robert. "Mattel Settles 5 Class Lawsuits." *New York Times*, 4 de novembro de 1975.

_____. "A Million-Dollar Business from a Mastectomy." *New York Times*, 19 de junho de 1977.

LOERCHER, Diana. "From Rag Dolls to . . ." *Christian Science Monitor*, 21 de março de 1972.

LOPER, Mary Lou. "Man-Wife Team Partners in Firm." *Los Angeles Times*, 29 de setembro de 1959.

Los Angeles Times, Anúncio 129, 26 de novembro de 1959.

Los Angeles Times, Anúncio 77, 29 de outubro de 1959.

Los Angeles Times, Anúncio de Casamento 18, 17 de maio de 1959.

LUKAS, Paul. "How a Stylish Doll Became a Head-Turning Classic and Put a Pair of Fledgling Entrepreneurs in Play." *CNNMoney.com*, 1 de abril de 2003. http://money.cnn.com/ magazines/fsb/fsb_archive/2003/04/01/341015/index.htm.

MARTIN, Judith. "Interview with a Superstar." *Washington Post*, 7 de abril de 1974.

MEYER, Wendy Haskell. "Traveling Abroad 'Imperial V.I.P. Class.' " *New York Times*, 18 de julho de 1971.

MILTON, Brock. "Case of the Teen-Age Doll." *New York Times*, 21 de abril de 1963.

MORRIS, Kathleen. "The Rise of Jill Barad." *Business Week*, 25 de maio de 1998.

New York Times, "Business Is Brisk as Toy Fair Opens," 10 de março de 1959.

New York Times, "For Christmas, Dolls That Grow and Dolls That Don't," 22 de novembro de 1975.

New York Times, "4 Ex-Oficers of Mattel Among 5 Indicted on Conspiracy Charges," 17 de fevereiro de 1978.

New York Times, "New President Named by Toy Manufacturer," 10 de junho de 1967.

New York Times, "16 Named by Nixon to Panel on Women," 7 de junho de 1973.

New York Times, "Toy Factory Started in a Garage Parlayed into $4,000,000 Business," 22 de julho de 1951.

NUCCIO, Sal R. "Toy Makers Plan Off-Season Drive." *New York Times*, 15 de outubro de 1961.

O'CONNELL, Patricia. "To Ruth Handler, a 21-Barbie Salute; So What That Her Creation Was Anatomically Impossible?". *Business Week*, 1 de maio de 2002.

PENN, Stanley. "Securities Analyst Rues Rosy Reports He Wrote for Investors in Mattel Stock." *Wall Street Journal*, 5 de novembro de 1975.

QUINN, William G. "Ruth Handler: Intrepid Entrepreneur." *Dynamic Years*, março de 1985.

RAMSEY, Sonya. "Women Inventors; Women's Inventions Improve Our Lives." *USA Today*, 22 de março de 1989.

ROSENBLATT, Robert A. "Leaders Heckled; Game Gets Rough for Mattel as Stockholders Yell Foul." *Los Angeles Times*, 30 de maio de 1974.

_____. "The Mattel Debacle: How It Took Shape." *Los Angeles Times*, 9 de novembro de 1975.

Salt Lake Tribune, "A Talk with the Woman Who Created Barbie," 6 de dezembro de 1994.

SANSWEET, Stephen J. "Mattel Ex-Aides Tried Cover-Up, Report Asserts." *Wall Street Journal*, 4 de novembro de 1975.

_____. "Study of Mattel's Past Financial Affairs Begun by U.S.; Lengthy Report Involved." *Wall Street Journal*, 11 de novembro de 1975.

SEDERBERG, Arelo. "Ruth Handler Happily Toys with Big Business." *Washington Post*, 3 de janeiro de 1968.

SIMROSS, Lynn. "10 Honored as Times Women of the Year." *Los Angeles Times*, 11 de março de 1975.

SLOANE, Leonard. "Toy Industry Sees Sales Surge in '64." *New York Times*, 11 de março de 1964.

SMITH, David C. "Feel for Kids' Tastes, Massive TV Use Help Mattel Lead Toy Field." *Wall Street Journal*, 24 de novembro de 1964.

TALBOT, Margaret. "Little Hotties." *New Yorker*, 4 de dezembro de 2006.

TAYLOR, Frank J. "Million-Dollar Music Box." *Saturday Eve- ning Post*, 6 de dezembro de 1952.

Time, "All's Swell at Mattel," 26 de outubro de 1962.

Wall Street Journal, "Changes in Stockholdings," 19 de setembro de 1968.

Wall Street Journal, "Commerce and Industry," 6 de junho de 1967.

Wall Street Journal, "Ex-Oficial of Mattel Pleads Guilty to Filing False Reports to SEC," 28 de fevereiro de 1978.

Wall Street Journal, "Ex-Oficials of Mattel Placed on Probation for Five Years, Fined," 11 de dezembro de 1978.

Wall Street Journal, "Federal Judge Accepts Plea of No Contest of Ex-Mattel Oficer," 28 de agosto de 1978.

Wall Street Journal, "Mattel and Remco, Big Toy Makers, Indicate Pre--Christmas Sales Trailed Expectations," 28 de dezembro de 1964.

Wall Street Journal, "Mattel Appoints Panel to Review Operations," 28 de julho de 1972.

Wall Street Journal, "Mattel Expects Fiscal '66 Net Above Prior Year," 27 de agosto de 1965.

Wall Street Journal, "Mattel Founder Pleads No Contest to Charges of Falsifying Reports," 6 de setembro de 1978.

Wall Street Journal, "Mattel, Inc. Says Net and Sales Increased in Year Ended Jan. 31," 9 de março de 1967.

Wall Street Journal, "Mattel Names Spear President and Omits Its Quarterly Dividend," 21 de março de 1973.

Wall Street Journal, "Mattel Posts Profit for Fourth Quarter, Fiscal 1974 Net Loss," 3 de abril de 1974.

Wall Street Journal, "Stockholder Meeting Briefs," 20 de maio de 1970.

Wall Street Journal, "Three Former Mattel Aides Seek to Block Use of Data Collected on Alleged Fraud," 10 de janeiro de 1977.

Washington Post, "Five Mattel Executives Indicted in Stock Fraud," 18 de fevereiro de 1978.

Washington Post, "Mattel Sued for Ringling Acquisition," 3 de março de 1974.

WEINSTEIN, Mark. "Creator of Barbie Thriving, Surviving." *York (PA) Daily Record*, 27 de setembro de 1996.

WOO, Elaine. "Ruth Handler Was Creator of Barbie Doll." *Los Angeles Times*, 28 de abril de 2002.

YOCKEL, Michael. "Living Doll," *City Paper Online*, 25 de dezembro de 2002. www.citypaper.com/special/story.asp?id=3367.

Entrevistas

As seguintes pessoas foram entrevistadas para este livro:

ANTIGOS FUNCIONÁRIOS DA MATTEL
Marvin Barab
Jill Barad
Boyd Browne
Sandy Danon
Josh Denham
Derek Gable
Fred Held

Cedric Iwasaki
Tom Kalinske
Bernie Kivowitz
Lou Miraula
Rita Rao
Pat Schauer
Frank Sesto
Lou Silberman
Joe Whittaker

MEMBROS DA FAMÍLIA HANDLER
Elliot Handler
Ron Loeb
Aaron Mosko
Barbara Handler Segal

OUTROS ENTREVISTADOS
Richard Blum
Jacqueline Brandwynne
Fern Field
Gordon Fitzgerald, profissional da indústria de brinquedos
Alix Getty, entrevistador
Pamela Harris
Seth Hufstedler
Isaac Larian, CEO da MGA Entertainment
Catherine Leicester
Andrea Ordin
Ed Sanders
Larraine D. Segil, conhecida de Ruth
Jacqueline Shannon
Barbara Smith, secretária
John Vandevelde
Zachary Zemby

Este livro foi impresso pela Lisgrafica, em 2023, para a HarperCollins Brasil. O papel do miolo é pólen natural 70g/m², e o da capa é cartão 250g/m².